我国低碳经济发展框架与科学基础

——实现 2020 年单位 GDP 碳排放降低 40%～45%的路径研究

刘卫东　陆大道　张　雷　王礼茂　等著
赵建安　李胜功　马　丽　唐志鹏

商务印书馆

2013 年·北京

图书在版编目(CIP)数据

我国低碳经济发展框架与科学基础/刘卫东等著. —北京:商务印书馆,2010(2013.10重印)
ISBN 978-7-100-07143-7

Ⅰ.①我… Ⅱ.①刘… Ⅲ.①气候变化-影响-经济发展-研究-中国 Ⅳ.①F124

中国版本图书馆 CIP 数据核字(2010)第 082185 号

所有权利保留。
未经许可,不得以任何方式使用。

我国低碳经济发展框架与科学基础

刘卫东 陆大道 张 雷 王礼茂 等著
赵建安 李胜功 马 丽 唐志鹏

商 务 印 书 馆 出 版
(北京王府井大街36号 邮政编码 100710)
商 务 印 书 馆 发 行
北京瑞古冠中印刷厂印刷
ISBN 978-7-100-07143-7

2010年5月第1版　　　开本 787×1092　1/16
2013年10月北京第2次印刷　印张 12¾
定价:39.00元

致　谢

本书的出版得到了国家科技支撑计划专题"产业转型对中国碳排放影响的检测与分析技术"（2007BAC03A11-04）、国家科技基础性工作专项课题"经济地理学方法研究"（2007FY140800-2）以及国家科技支撑计划专题"气候变暖背景下我国减缓和适应重大问题对策研究"（2007BAC03A12-6-2）的支持，特此致谢！

《我国低碳经济发展框架与科学基础》
研究组

顾　问：陆大道　中国科学院院士、中国地理学会理事长
　　　　　刘　毅　中国科学院地理科学与资源研究所所长、研究员
　　　　　葛全胜　中国科学院地理科学与资源研究所副所长、研究员
　　　　　彭斯震　中国21世纪议程管理中心副主任、研究员

课题组：刘卫东　中国科学院地理科学与资源研究所研究员
　　　　　张　雷　中国科学院地理科学与资源研究所研究员
　　　　　王礼茂　中国科学院地理科学与资源研究所研究员
　　　　　赵建安　中国科学院地理科学与资源研究所研究员
　　　　　李胜功　中国科学院地理科学与资源研究所研究员
　　　　　马　丽　中国科学院地理科学与资源研究所副研究员
　　　　　张雷明　中国科学院地理科学与资源研究所副研究员
　　　　　唐志鹏　中国科学院地理科学与资源研究所助理研究员
　　　　　胡中民　中国科学院地理科学与资源研究所助理研究员
　　　　　宋周莺　中国科学院地理科学与资源研究所助理研究员
　　　　　刘红光　中国科学院地理科学与资源研究所博士研究生
　　　　　高菠阳　中国科学院地理科学与资源研究所博士研究生
　　　　　李红强　中国科学院地理科学与资源研究所博士研究生
　　　　　余金艳　中国科学院地理科学与资源研究所硕士研究生
　　　　　李艳梅　中国科学院地理科学与资源研究所博士研究生
　　　　　刘杏认　中国科学院地理科学与资源研究所博士后
　　　　　方　杰　中国科学院地理科学与资源研究所硕士研究生
　　　　　王志辉　中国科学院地理科学与资源研究所工程师

《我国低碳经济发展框架与科学基础》
执笔人

第一章　我国低碳经济发展的基本框架
　　　　……………………………… 刘卫东、陆大道、唐志鹏、刘红光
第二章　我国能源消费与供应格局情景分析 ………………… 马　丽
第三章　结构节能减排的潜力分析 ……………………… 张　雷、李艳梅
第四章　工业技术节能减排的途径与潜力分析 ………………… 赵建安
第五章　低碳能源发展情景及减排潜力分析 …………… 王礼茂、李红强
第六章　交通出行节能减排途径与潜力分析 ………………… 高菠阳
第七章　建筑节能减排潜力分析 ……………………………… 余金艳
第八章　生态系统的碳汇效应分析
　　　　……………………… 李胜功、张雷明、胡中民、刘杏认、方杰

观点摘要

在哥本哈根世界气候变化大会上,温家宝总理向世界各国宣布,到 2020 年,我国单位国内生产总值(GDP)的二氧化碳排放量将比 2005 年下降 40%～45%。这个减排指标将作为约束性指标被纳入我国国民经济和社会发展的中长期规划。本报告在对已有研究成果进行系统梳理的基础上,分析了影响我国碳排放的主要因素,核算了主要减排途径的碳减排潜力,提出了至 2020 年我国发展低碳经济的路线图。

从根本上讲,人类社会经济系统的能源消耗取决于 3 个基本因素:消费、出口和投资。此外,与耗能相关的技术、管理和节约意识等,影响着能源使用的效率,从而也影响到能源消耗量。从产生碳排放的角度来看,一次能源结构(非化石能源所占比例)决定着单位能源消耗的碳排放强度。根据以上考虑,本报告主要从两大领域分析发展低碳经济的途径,即降低能源消耗量和优化一次能源结构,并且主要关注那些在宏观上可以调控的减排途径。前者包括产业结构调整、工业技术节能、建筑节能、道路交通节能等;后者主要是指发展非化石能源。在这些方面,国家可以出台硬指标或约束性指标来推动节能减排,实现低碳经济的发展目标。

一、2005 年我国碳排放现状

2005 年我国能源消费总量为 22.47 亿吨标准煤。其中,煤炭占 69.1%,石油占 21.0%,天然气占 2.8%,水电核电占 7.1%。长期以来,煤炭占我国一次能源消费总量的比重一直在 70% 左右,没有大的变化。以煤为主的能源结构,是我国能源消费和碳排放的基本特点。

从部门结构来看,工业特别是冶金、化工、建材等行业是主要的耗能行业。2005 年,工业能源消费量为 15.95 亿吨标准煤,占能源消费总量的 71.0%。其中,冶金、化工和建材三个行业就占全部能源消费量的 46.8%。此外,生活消费、商业与交通运输业也是我国主要的能源消耗部门,分别占能源消费总量的 10.4% 和 9.6%。

2005 年我国碳排放总量为 14.26 亿吨碳,其中第二产业占 84.8%。单位 GDP 碳排放强度为 1.8 万吨碳/亿元(GDP 按 1990 年不变价计,下同)。从直接排放来看,电力和冶金两大行业是最大的排放部门,分别占当年我国碳排放总量的 46.9% 和 16.5%。在电力行业的直接排放中,38.0% 是由于最终消费引起的,31.0% 是由于资本形成引起的,34.3% 是由于出口引起的(投入产出表存在误差,因此合计值不等于 100%,下同)。冶金行业的直接碳排放则主要是由于投资和出口活动引起的。此外,交通运输和化工也是直接碳排放量较高的部门。

受投入产出联系的影响,直接排放不能反映最终需求导致的碳排放。通过非竞争型投入产出表,可以计算出各部门的完全碳排放量,即最终使用的碳排放量。2005年,建筑业和机电行业以及服务业(包括金融保险、房地产、文教体卫、科研机关、公共管理等其他服务业)是主要的完全排放部门,其完全排放量分别占当年我国排放总量的25.1%、25.4%和13.7%。建筑业的完全排放主要是由国内投资引起的,机电行业的完全排放则主要是由出口和国内投资活动引起的,服务业的完全排放则主要是由国内消费引起的。

根据非竞争型投入产出表,还可以计算出不同部门的碳排放敏感度。2005年,我国碳排放敏感度最高的行业是机电工业和建筑业。机电工业的产出每增加一个百分点,我国碳排放总量增加0.254个百分点;其中机电工业出口每增加一个百分点,我国碳排放量增加0.145个百分点。建筑业投资每增加一个百分点,会导致碳排放总量增加0.211个百分点。

二、影响我国碳排放的主要因素及减排潜力

1. 发展方式与产业结构

能源消费导致的碳排放强度与产业结构水平之间存在一条倒"U"字型的曲线。按照一般规律,在工业化初期,工业部门的快速增长导致碳排放总量和强度都呈上升趋势;在工业化中期,虽然电力、冶金、化工、建材等原材料部门的快速增长导致碳排放总量继续上升,但是由于第三产业比重上升,碳排放强度呈现比较稳定甚至下降的状态;工业化后期,原材料工业发展达到高峰,工业在经济活动中的比重下降,第三产业比重继续上升,导致碳排放强度呈现下降趋势。

虽然半个世纪以来,我国的碳排放强度变化基本符合这个规律,但是在2002~2005年,我国的碳排放强度出现反弹性上升。这与加入WTO后我国经历的新一轮重工业化密切相关。2002年以来,受出口高速增长的带动,电力、冶金、化工、建材等部门迅速扩张,占工业总产值的比重由2002年的22.8%迅速上升到2007年的24.6%。而第三产业比重不但没有上升,反而略有下降。

低端产品"世界工厂"的发展模式在带来高速经济增长的同时,也使我国付出了巨大的资源和环境成本。以2007年为例,出口活动产生的增加值仅占我国GDP的27%,但产生的完全碳排放量却占全国的34%。如果不能尽快转变这种发展模式的话,其他减排途径的效果会随着低端产品的出口而漏失!

对1995年以来我国单位GDP能耗进行的数学拟合分析表明,第三产业比重和高耗能部门比重(火电、冶金、化工和建材)可以很好地解释我国过去15年来单位产出能耗的

变化趋势（误差只有0.93%）。假定一次能源结构不变，则这两个变量也解释了碳排放强度的变化情况。根据这个拟合函数，若2020年我国第三产业比重达到47%（每年提高0.6个百分点），高耗能工业比重下降到22%（每年下降0.2个百分点），则碳排放强度将下降为1.34万吨碳/亿元GDP，比2005年降低25.6%。若2020年第三产业比重达到50%（接近日本1990年的结构水平，上升速度恢复到20世纪90年代的水平），而且高耗能工业比重下降到20%，则碳排放强度将下降为1.19万吨碳/亿元GDP，比2005年降低33.9%。

因此，发展方式的转变和产业结构的调整是我国发展低碳经济的主要路径。加快结构调整对实现2020年碳强度降低40%～45%目标的贡献程度在75%以上。可以说，没有实质性的结构调整就无法完成2020年的减排目标。

2. 技术节能

技术进步可以提高能源使用效率，降低单位产出的能耗，从而在能源结构不变的情况下降低碳排放强度。尽管我国近年来十分重视节能减排工作，但工业、建筑、交通等部门的能源使用效率、耗能指标等仍与国内外先进水平有一定的差距。进一步推广节能技术，是降低我国碳排放强度的重要途径。按照适度的节能技术推广力度，2020年我国工业、建筑和道路交通等三大领域可节能8.13亿吨标煤，减少碳排放5.32亿吨，对实现2020年减排目标的贡献率可达20%左右。

在电力生产方面，我国的发电煤耗、线损率和厂用电率与国外先进水平仍有一定的差距。若2020年发电煤耗下降到325克标煤/千瓦时，线损率下降到4.0%，厂用电率下降到4.5%，则可节煤2.86亿吨标煤，减少碳排放1.81亿吨。通过兼并重组、更新改造和推广新工艺，2020年冶金工业可节能6700万吨标煤，减少碳排放4252万吨。若2020年全部落后产能被淘汰，建材工业可节能8280万吨标煤，减少碳排放5255万吨。

我国单位建筑面积能耗是发达国家的2～3倍。采用国际先进技术，可以使相关产品的能耗下降30%～80%。建筑节能的途径很多，主要包括采用复合墙体和隔热窗、推广节能灯和节能家电、利用价格杠杆、树立节能意识等。若新建建筑都采用节能设计和节能材料，2020年现有建筑的节能改造率达到60%、现有用电设备的节能更新率达到45%，则可节能2.9亿吨标煤，减少碳排放2.0亿吨。

近年来，交通运输部门的能源消耗增长速度一直高于我国全社会的能源消耗增长率。因此，减少该部门的能源消耗，是降低我国碳排放强度的重要途径。道路交通节能的环节很多，主要包括提高公交出行比例、鼓励发展小排量汽车、降低单车百公里油耗、实施更高排放标准等。若2020年我国大中城市的公交出行比重达到40%，小排量汽车市场占有率达到60%，新增机动车单车百公里平均油耗达到6.5升，30%的汽车尾气排放达到欧Ⅳ标准，则道路交通领域可节能8746万吨标煤，减少碳排放5545万吨。

3. 非化石能源

碳排放主要是化石能源消费导致的。以煤为主的能源结构必然导致同样能源消费量的碳排放量偏高，因而优化能源结构，改变煤炭比例过高的现状，积极发展非化石能源，是降低碳排放强度的重要途径。非化石能源主要包括可再生能源和核能，其中可再生能源又以水电、生物能源、风电、太阳能为主。

根据对我国各种非化石能源发展现状和发展趋势的分析，在适度低碳情景下，2020年我国非化石能源规模将达到6.66亿吨标煤。其中，水电规模达到2.7亿千瓦，核电规模达到6210万千瓦，风电规模达到8600万千瓦，光伏发电规模达到874万千瓦，太阳能热水器达到3.0亿平方米。若2020年我国能源消费总量为45亿吨标煤，非化石能源的比例达到15.1%，则可减少碳排放2.24亿吨（超出7.1%比例以上部分的减排量，下同）。若2020年我国能源消费总量为37亿吨标煤，非化石能源的比例达到17.9%，则可减少碳排放2.54亿吨。

三、低碳经济发展的基本框架

本书设定的经济增长情景为："十二五"期间GDP年均增长速度保持在8%，2015年GDP总量达到18.9万亿元（GDP按1990年不变价计）；"十三五"期间GDP增长速度保持在7%，2020年GDP总量达到26.5万亿元。在这个增长情景下，实现碳排放强度下降40%~45%的目标，所需要的减排总量在20.3~21.6亿吨。

根据上面的分析，在所有减排途径中，产业结构调整起着主导作用。即使是按过去15年的趋势延伸下去，产业结构变化对2020年碳排放强度下降40%~45%的贡献程度也将在63.9%~56.8%。事实上，我国能否实现2020年单位GDP碳排放下降40%~45%，关键在于我们能否切实转变经济增长方式，加快产业结构调整。这里我们把这个主导减排因素设为两种情景：

- 产业结构基准情景：2015年第三产业比重上升为44%（"十二五"期间每年上升0.6个百分点）、高耗能产业比重下降为23%（"十二五"期间每年下降0.2个百分点），2020年第三产业比重和高耗能产业比重分别为47%和22%。
- 加快产业结构调整情景：2015年第三产业比重上升为45%（"十二五"期间每年上升0.8个百分点）、高耗能产业比重下降为22%（"十二五"期间每年下降0.4个百分点），2020年第三产业比重和高耗能产业比重分别为50%和20%。

基于这两种结构变化情景的低碳经济发展基本框架见表1和表2。

- 产业结构基准情景：2015年亿元GDP碳排放下降为1.235万吨（比2005年下降31.36%），2020年下降为1.054万吨（比2005年下降41.43%）。在2020年的减排总量中，结构调整贡献61.5%，工业技术节能贡献14.3%，建筑节能贡献

10.1%，增加非化石能源贡献 11.3%，道路交通贡献 2.8%。在此情景下，2020年我国一次能源消费总量为 44.2 亿吨标煤，其中非化石能源消费 6.66 亿吨标煤，占一次能源消费的比例达到 15.1%。

- 加快产业结构调整情景：2015 年亿元 GDP 碳排放下降为 1.186 万吨（比 2005 年下降 34.12%），2020 年下降为 0.891 万吨（比 2005 年下降 50.52%）。在 2020 年的减排总量中，结构调整贡献 67.2%，工业技术节能贡献 11.8%，建筑节能贡献 8.3%，增加非化石能源贡献 10.5%，道路交通贡献 2.2%。在此情景下，2020 年我国一次能源消费总量为 37.2 亿吨标煤，其中非化石能源为 6.66 亿吨，占一次能源消费的比例达到 17.9%。

四、主要结论

节能减排、发展低碳经济，不仅是为应对全球气候变化的政府间谈判的需要，而且也是我国必须要走的一条可持续发展之路。降低社会经济发展的能源消耗强度，可以减少发展对环境的损害，增强可持续发展能力，而且也可以提高国家安全的程度。无论围绕全球气候变化的国际政治角逐如何进行下去，低碳经济都应成为我国今后发展的战略性任务。

2020 年碳排放强度降低 40%～45%的目标可以实现，但前提是发展模式转变和产业结构调整必须取得实质性成效。碳排放强度与产业结构演化之间存在一条倒"U"字型曲线，进入工业化中期以后，第三产业比重上升和高耗能产业比重下降是碳排放强度降低的主要原因。**没有发展模式的根本性转变和产业结构的实质性调整，我国将无法完成 2020 年的减排目标。**

尽管"十五"以来我国大力推行工业技术节能，但至今仍有很大潜力。在不同情景下，工业技术节能对实现 2020 年减排目标的贡献程度在 12%～14%。建筑节能和增加非化石能源规模分别可以起到 10%左右的贡献。道路交通的贡献率为 2%～3%。

与一些人认为只要保持经济高速增长就可以实现碳排放强度降低 40%～45%的目标相反，我们认为，只有保持适度增长才能实现这个目标。过去 20 年的经验表明，我国实现两位数的经济增长主要是依靠出口高速增长带动的，没有出口的增长，我们的 GDP 增长速度就只能维持在 7%～8%左右。而出口带动的高速增长会导致"结构畸形"，即第二产业比重和高耗能产业比重偏高、第三产业比重偏低。2002～2008 年我国的经济增长就是这样的结果。本书的研究表明，这种"结构畸形"是导致碳排放难以下降的主要原因。可以说，**不切实转变经济增长方式，继续依赖出口带动高速经济增长，我们是很难实现 2020 年单位 GDP 碳排放下降 40%～45%的目标的！**

尽管本书给出了两种不同情景下低碳经济发展的路线图，但这些路径并不等同于最终的实施方案。实施方案的确定还要考虑各种途径的成本、代价和风险。路线图仅粗略地考虑了这些因素，实施方案还有待进一步的研究。

表 1　低碳经济发展框架——产业结构基准情景

减排领域	减排途径	标志性指标	"十二五"或 2015 年 指标值	2015 年减排量(万吨碳)	"十三五"或 2020 年 指标值	2020 年减排量(万吨碳)
降低能源消费量	结构调整	第三产业比重	每年上升 0.6 个百分点	56182	每年上升 0.6 个百分点	122150
		高耗能产业比重	每年下降 0.2 个百分点		每年下降 0.2 个百分点	
	工业技术节能	火电煤耗/千瓦时	330 克标煤	13207	325 克标煤	18137
		输电线损率	5.5%		4.0%	
		火电厂用电率	5.0%		4.5%	
		吨钢综合煤耗	610 公斤标煤	4074	600 公斤标煤	2475
		吨铝综合能耗	8.8 吨标煤	866	8.5 吨标煤	1155
		水泥综合能耗	115 公斤标煤	4744	110 公斤标煤	5255
		乙烯综合能耗	900 公斤标煤	924	850 公斤标煤	1494
		炼油综合能耗	95 公斤标煤		90 公斤标煤	
	道路交通节能	公交出行比例	30%	1891	40%	5545
		小排量汽车比重	50%		60%	
		单车百公里油耗	7 升		6.5 升	
	城镇建筑节能	新增建筑节能	节能 50%	8163	节能 50%	14004
		既有建筑改造	每年改造 4%	1435	每年改造 4%	2153
		照明设备节能	每年更新 10%		更新完毕	
		用电设备节能	每年更新 3%	2659	每年更新 3%	3817
		树立节能意识	每年节能 2%		每年节能 2%	
改善能源结构	非化石能源	水电规模	2.20 亿千瓦	增加非化石能源消费 2.05 亿吨标煤;减少碳排放 1.3 亿吨	2.70 亿千瓦	增加非化石能源消费 3.53 亿吨标煤;减少碳排放 2.24 亿吨
		核电规模	3500 万千瓦		6210 万千瓦	
		风电规模	4500 万千瓦		8600 万千瓦	
		光伏发电规模	200 万千瓦		874 万千瓦	
		太阳能热水器	2.27 亿 m²		3.00 亿 m²	
		沼气等	315 亿 m³		440 亿 m³	
		燃料乙醇	600 万吨		1200 万吨	
总体减排结果		年减排量(亿吨碳)	9.42+1.3=10.72		17.62+2.24=19.86	
		单位 GDP 碳排放(万吨/亿元)	1.237(比 2005 年下降 31.28%)		1.054(比 2005 年下降 41.43%)	

注:①经济增长情景按文中所设。即"十二五"期间增速为 8%,2015 年 GDP 达到 18.9 万亿元;"十三五"期间增速为 7%,2020 年 GDP 达到 26.5 万亿元。GDP 为 1990 年不变价。
②碳减排量指与 2005 年排放强度相比总排放量的减少值。
③非化石能源新增量指当年非化石能源消费量扣除按 2005 年比例 7.1%折算量后的增加量。(2020 年能源消费总量为 44.1 亿吨标煤,其中非化石能源消费量为 6.66 亿吨标煤,占 15.1%)

表 2 低碳经济发展框架——产业结构加快调整情景

减排领域	减排途径	标志性指标	"十二五"或2015年 指标值	2015年减排量(万吨碳)	"十三五"或2020年 指标值	2020年减排量(万吨碳)
降低能源消费量	结构调整	第三产业比重	每年上升0.8个百分点	64941	每年上升1.0个百分点	162604
		高耗能产业比重	每年下降0.4个百分点		每年下降0.4个百分点	
	工业技术节能	火电煤耗/千瓦时	330克标煤	13207	325克标煤	18137
		输电线损率	5.5%		4.0%	
		火电厂用电率	5.0%		4.5%	
		吨钢综合煤耗	610公斤标煤	4074	600公斤标煤	2475
		吨铝综合能耗	8.8吨标煤	866	8.5吨标煤	1155
		水泥综合能耗	115公斤标煤	4744	110公斤标煤	5255
		乙烯综合能耗	900公斤标煤	924	850公斤标煤	1494
		炼油综合能耗	95公斤标煤		90公斤标煤	
	道路交通节能	公交出行比例	30%	1891	40%	5545
		小排量汽车比重	50%		60%	
		单车百公里油耗	7升		6.5升	
	城镇建筑节能	新增建筑节能	节能50%	8163	节能50%	14004
		既有建筑改造	每年改造4%	1435	每年改造4%	2153
		照明设备节能	每年更新10%	2659	更新完毕	3817
		用电设备节能	每年更新3%		每年更新3%	
		树立节能意识	每年节能2%		每年节能2%	
改善能源结构	非化石能源	水电规模	2.20亿千瓦	增加非化石能源消费2.15亿吨标煤;减少碳排放1.36亿吨	2.70亿千瓦	增加非化石能源消费4.01亿吨标煤;减少碳排放2.54亿吨
		核电规模	3500万千瓦		6210万千瓦	
		风电规模	4500万千瓦		8600万千瓦	
		光伏发电规模	200万千瓦		874万千瓦	
		太阳能热水器	2.27亿 m²		3.00亿 m²	
		沼气等	315亿 m³		440亿 m³	
		燃料乙醇	600万吨		1200万吨	
总体减排结果	年减排量(万吨碳)		10.30+1.36=11.66		21.66+2.54=24.20	
	单位GDP碳排放(万吨/亿元)		1.187(比2005年下降34.04%)		0.891(比2005年下降50.52%)	

注:①经济增长情景按文中所设。即"十二五"期间增速为8%,2015年GDP达到18.9万亿元;"十三五"期间增速为7%,2020年GDP达到26.5万亿元。GDP为1990年不变价。

②碳减排量指与2005年排放强度相比总排放量的减少值。

③非化石能源新增量指当年非化石能源消费量扣除按2005年比例7.1%折算量后的增加量。(2020年能源消费总量为37.2亿吨标煤,其中非化石能源消费量为6.66亿吨标煤,占17.9%)

目　　录

观点摘要
第一章　我国低碳经济发展的基本框架 1
　　第一节　引言 1
　　第二节　2005 年我国碳排放现状及其分解 3
　　第三节　影响我国碳排放强度的主要因素 9
　　第四节　主要减排途径及其减排潜力 20
　　第五节　至 2020 年低碳经济发展框架 37
　　第六节　小结 39
第二章　我国能源消费与供应格局情景分析 46
　　第一节　我国能源消费的发展趋势与增长因素分析 46
　　第二节　未来我国的能源消费需求预测 49
　　第三节　未来我国的能源供应情景预测 60
　　第四节　小结 64
第三章　结构节能减排的潜力分析 68
　　第一节　基本认识与判断方法 68
　　第二节　我国产业结构演进过程及特征 70
　　第三节　我国能源消费及其行为特征 72
　　第四节　我国产业结构节能减排的潜力分析 85
　　第五节　小结 91
第四章　工业技术节能减排的途径与潜力分析 94
　　第一节　我国工业能源消费及二氧化碳排放的国际比较 94
　　第二节　我国工业实现节能减排的主要问题 101
　　第三节　工业节能减排的主要途径与减排潜力测算 103
　　第四节　实现工业节能减排的主要对策 112
第五章　低碳能源发展情景及减排潜力分析 116
　　第一节　低碳能源发展现状与资源基础 116
　　第二节　低碳能源发展情景与规模预测 120
　　第三节　不同情景下我国低碳能源发展潜力评估 128

  第四节 低碳能源对实现国家减排承诺的贡献 ……………………………… 131
  第五节 2020年非化石能源占15%目标的可行性分析和路径设计 ………… 133
  第六节 小结 …………………………………………………………………… 136
第六章 交通出行节能减排途径与潜力分析 ………………………………………… 139
  第一节 交通运输部门碳排放量现状 ………………………………………… 139
  第二节 道路运输行业减排途径 ………………………………………………… 142
  第三节 交通出行减排潜力测算 ………………………………………………… 148
  第四节 交通出行减排对策 ……………………………………………………… 151
第七章 建筑节能减排潜力分析 …………………………………………………………… 153
  第一节 建筑能耗的定义及其构成 ……………………………………………… 153
  第二节 我国建筑能耗现状及与其他国家的对比 …………………………… 156
  第三节 建筑节能的途径 ………………………………………………………… 160
  第四节 我国建筑节能减排潜力分析 ………………………………………… 163
第八章 生态系统的碳汇效应分析 …………………………………………………………… 175
  第一节 过去30年土地利用变化对生态系统碳汇的影响 …………………… 175
  第二节 生态系统碳汇功能的现状 ……………………………………………… 177
  第三节 增加生态系统碳汇的可能途径与未来增汇潜力 …………………… 181
  第四节 小结 ……………………………………………………………………… 185

第一章 我国低碳经济发展的基本框架[①]

第一节 引 言

　　2009年9月22日,在联合国气候变化峰会上,胡锦涛主席代表我国政府向世界承诺,到2020年我国非化石能源占一次能源消费的比重达到15%左右。2009年11月25日,温家宝总理主持召开国务院常务会议,研究部署应对气候变化的工作,决定到2020年我国单位国内生产总值(GDP)的二氧化碳排放量比2005年下降40%～45%,并将其作为约束性指标纳入国民经济和社会发展中长期规划。在哥本哈根世界气候变化大会上,温家宝总理向世界各国宣布了这一减排目标,表明了中国政府的减排决心。无论围绕全球气候变化的国际政治角逐如何进行下去,从我国能源供给、环境变化和可持续发展的角度看,节能减排都是我们必定要追求的一条道路。低碳经济只不过是这条可持续发展之路的代名词而已。

　　对于40%～45%这样一个碳排放强度降低目标,并不存在能否实现的问题,而只是成本和代价有多大的问题。碳减排与发展权密切相关,肯定是要付出一些代价的。毋庸置疑,摆在我们面前的低碳路径并不少,但是,各条路径在成本、代价和风险上存在差异。因此,实现碳排放强度降低40%～45%的目标,并不是一个简单地罗列各种减排途径的问题,而是需要科学地分析和论证,选择成本、代价、风险最小,而减排效果最明显的路径。但是,这样深入的工作并非短期内就可以完成的;在短短1～2个月的时间内,本报告只能对已有的研究成果进行梳理和集成,分析影响我国碳排放的主要因素,核算主要减排途径的碳减排潜力,提出至2020年我国发展低碳经济的路线图。具体的实施方案有待更加深入的研究和论证。

　　此外,由于对地区间投入产出的联系尚缺乏研究,我们目前还难以确定和区分不同地区间在碳排放上的责任,因而也无法将减排指标科学合理地落实到各地区。例如,内蒙古过去几年碳排放增长很快,但这到底是其他地区对能源(特别是电力)的强劲需求所带动的,还是内蒙古自我发展导致的? 如果内蒙古不发展那么大规模的煤炭和火电产业,我们巨大的能源需求又能到哪里去满足? 我们认为,在相当大的程度上,最终需求是问题的关键。在对不同地区间碳排放的联系和责任进行深入研究之前,我们不能武断地将减排指

[①] 本章是在后面各章的基础上完成的总报告。部分内容与后面章节有重复。

标分配到各地区,否则可能会导致一些关键产业链的断裂,影响国民经济的正常发展。

大气中温室气体的来源是多样化的,既有自然过程的排放,也有人类活动导致的排放。目前主流的观点是,人类消耗的化石能源是大气中温室气体浓度较快上升的主要根源,而且二氧化碳浓度与升温被紧紧地联系起来。尽管这个观点不断遭到挑战,但它主导着围绕全球气候变化所进行的国际间政治和经济角力。其实,不论这个观点能否经得起历史的考验,从化石能源的不可再生性来看,减少社会经济发展对化石能源的依赖、发展低碳经济,都是正确的选择。因此,本报告不过多涉及气候变化问题,而是紧紧围绕节能减排这个核心,着重从能源消费的角度研究实现 2020 年单位 GDP 碳排放降低 40%～45%这一目标的主要途径。

我们的社会经济系统是一个庞大而复杂的系统,能源是这个系统运转的基础,其消耗渗入到系统的每一个环节。因而,可以节能减排的环节应该是不计其数的。但从根本上讲,这个系统的能源消耗取决于三个基本因素:消费(最终使用,与收入水平相关);出口(与国际竞争力相关);投资(基本建设,与发展水平相关)。此外,与耗能相关的技术、管理和节约意识等,影响着能源使用效率,从而也影响到能源的消耗量。当然,从产生碳排放的角度来看,一次能源结构(非化石能源比例)决定着单位能源消耗的碳排放强度。根据以上考虑,本报告主要研究那些在宏观上可以调控的减排途径,包括产业结构调整、能源结构调整、工业技术节能、建筑节能、交通节能等。在这些方面,国家可以出台硬指标或约束性指标来推动节能减排、实现低碳经济的发展目标。而对于个人树立低碳消费意识(如适度消费)等途径,只能采取鼓励和引导的措施,不宜设立"硬"指标。**本章的主要结论为:**

- 2020 年碳排放强度降低 40%～45%的目标可以实现,但前提是发展模式转变和产业结构调整取得实质性成效。碳排放强度与产业结构演化之间存在一条倒"U"字型曲线,进入工业化中期之后,第三产业比重上升和高耗能产业比重下降是碳排放强度降低的主要原因。结构调整对实现 2020 年减排目标的贡献率在 62%～67%。**没有发展模式的根本性转变和产业结构的实质性调整,我国无法完成 2020 年的减排目标。**

- 尽管"十五"以来我国大力推行工业技术节能,但仍有很大潜力。在不同情景下,工业技术节能对实现 2020 年减排目标的贡献程度在 12%～14%。建筑节能和增加非化石能源规模分别可以起到 10%左右的贡献;道路交通的贡献率在 2%～3%;若采取相应的增汇措施,2020 年,我国生态系统的固碳能力可达到当年碳排放量的 10%左右,成为一个重要的减排措施。

- 与一些人认为只要保持经济高速增长就可以实现碳排放强度降低 40%～45%的目标相反,我们认为,只有保持适度增长才能实现这个目标。过去 20 年的经验表明,我国实现两位数的经济增长主要是依靠出口高速增长带动的,没有出口的增长,我们的 GDP 增长速度只能维持在 7%～8%左右。而出口带动的高速增长会导致"结构畸形",即第二产业比重和高耗能产业比重偏高、第三产业比重偏低,2002~2008年我国的经济增长就是这样的结果。本报告的研究表明,这种"结构畸形"恰恰是导致碳排放难以下降的主要原因。可以说,**不切实转变经济增长方式、继续依赖出口带动的高速经济增长,我们是很难实现 2020 年的减排目标的**!

第二节 2005 年我国碳排放现状及其分解

一、2005 年我国能源消费概况

2005 年我国能源消费总量为 22.47 亿吨标准煤。其中,煤炭占 69.11%,石油占 21.0%,天然气占 2.8%,水电核电占 7.09%(按电耗煤计算)。长期以来,煤炭占我国一次能源消费总量的比重一直在 70%左右,没有大的变化。以煤为主的能源结构,是我国能源消费和碳排放的基本特点。

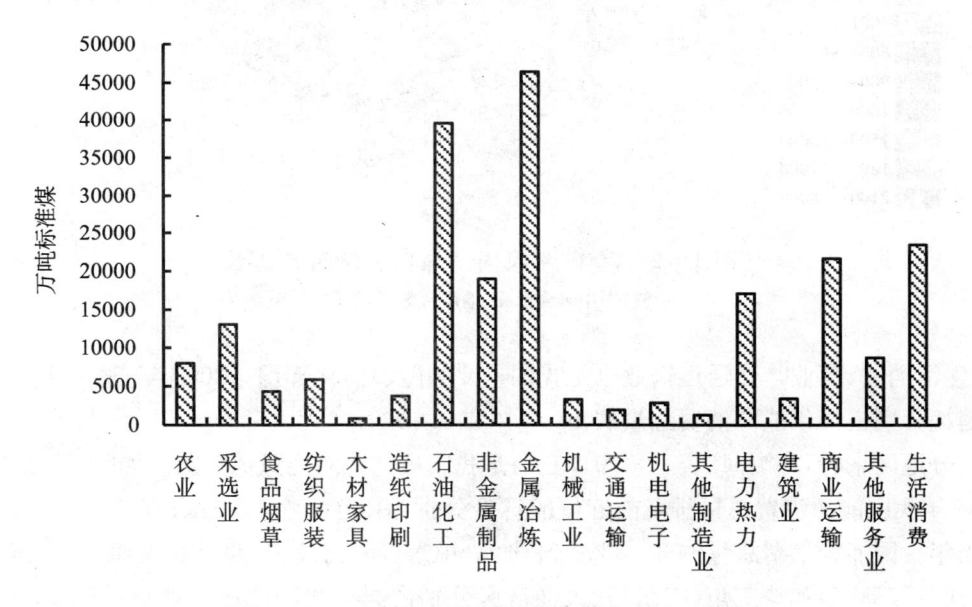

图 1—1 2005 年我国能源消费的部门结构

从部门结构来看,工业特别是冶金、化工、建材等行业是主要的耗能行业。2005 年,工业能源消费量为 15.95 亿吨标准煤,占能源消费总量的 70.99%。其中,冶金、化工和建材三个行业就占全部能源消费量的 46.78%(图 1—1)。电力行业作为主要的能源加工转换部门,虽然自身消费量不高,却是能源消耗的主要环节。2005 年,我国火电行业消耗原煤 11.46 亿吨,折合 8.19 亿吨标准煤,占当年一次能源消耗总量的 36.44%。除工业

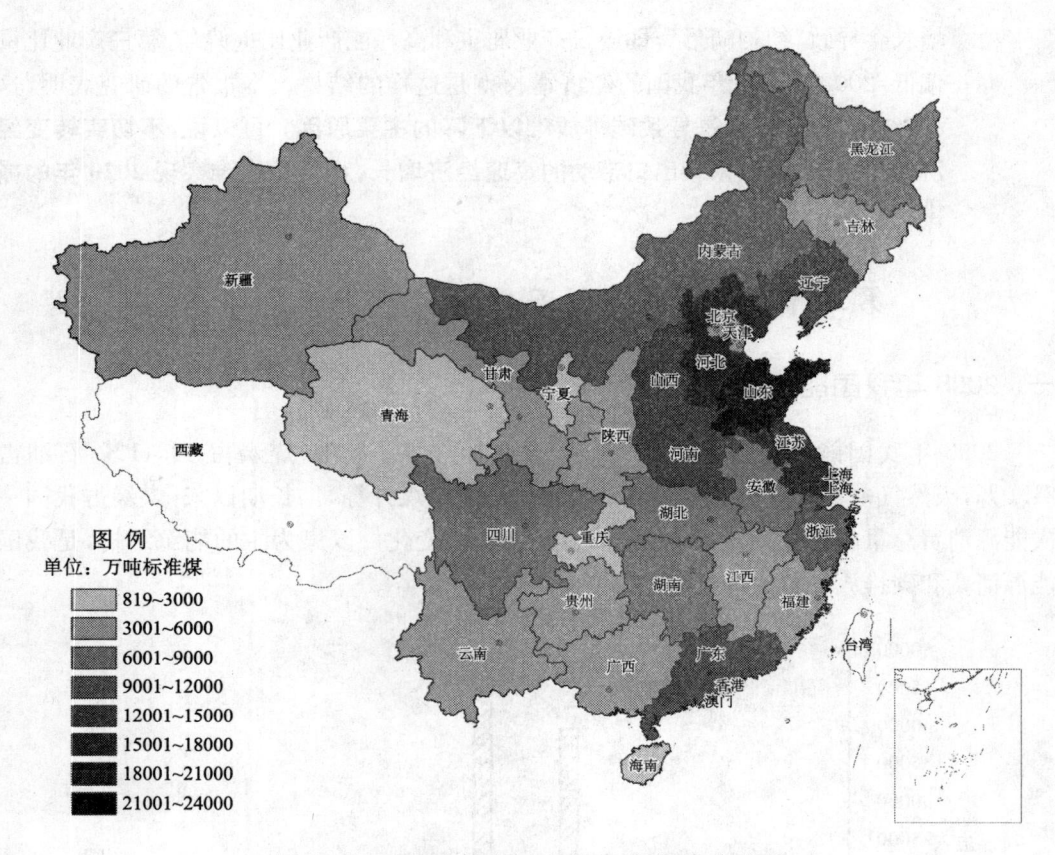

图 1—2　2005 年我国分地区能源消费总量
注：图中未含西藏、港澳台数据，下同。

外，生活消费、商业与交通运输业也是我国重要的能源消耗部门。2005年，这两个部门能源消耗分别占当年能源消费总量的10.44%和9.64%。

分地区来看，环渤海、长三角和珠三角是我国最主要的能源消费区。如图1—2所示，2005年我国能源消费总量排名前五位的省份分别为山东、河北、广东、江苏和辽宁，合计占当年我国能源消费总量的35.3%。环渤海（山东、河北、辽宁、北京和天津）、长三角（上海、江苏和浙江）和珠三角（广东）三大经济区分别占当年我国能源消费总量的25.77%、14.18%和6.77%，合计占46.72%。

二、2005年我国分行业碳排放现状

根据我国各部门含碳能源分品种消费量（加工转化部门为投入量），结合IPCC2006指南提供的计算方法，可以计算出2005年我国碳排放总量为14.26亿吨碳，折合52.29亿吨二氧化碳。其中第一产业排放3.02亿吨碳，第二产业排放12.09亿吨碳，第三产业

排放1.21亿吨碳,生活消费排放0.66亿吨碳。可见,产业活动是我国主要的排放部门。将产业活动划分为22个部门(附表3),各产业部门能源消费产生的直接碳排放量如图1—3所示。

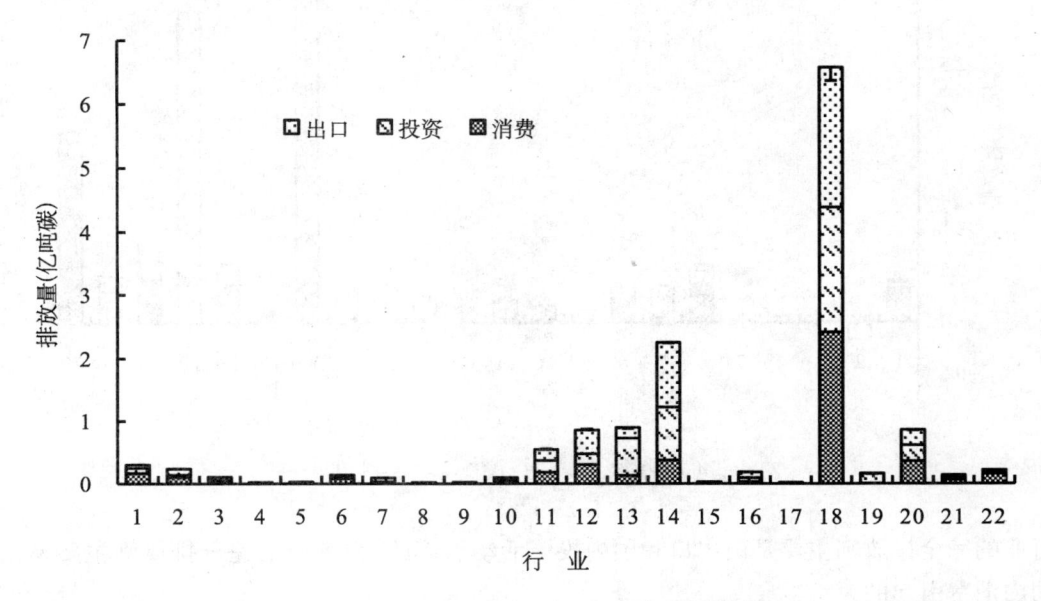

图1—3 2005年我国分行业直接碳排放量
注:行业数字对照见附表3,下同。

从直接排放来看,电力热力(18)和金属冶炼(14)两大行业是最大的排放部门,其直接排放量分别占当年我国碳排放总量的46.9%和16.5%。在电力热力行业的直接排放中,38.0%是由最终消费引起的,31.0%是由资本形成引起的,34.3%是由出口引起的(投入产出表存在误差,因此合计值不等于100%)。冶金行业的直接碳排放则主要是由投资和出口活动引起的。除此之外,交通运输、化工、建材、非金属制品行业和石油加工等行业也是主要的碳排放部门。除了建材行业的直接排放主要是由投资引起的以外,其他行业中消费、投资和出口的贡献大致各占1/3。因此,从直接排放看,电力热力、冶金、化工以及交通运输业是主要的碳排放部门。

由于每个部门都涉及大量的投入品,因此,一个部门的直接排放量并不能反映该部门最终使用所产生的碳排放量。根据2005年我国非竞争型投入产出表(区分国内产品和进口产品的投入产出表),我们可以计算出该年度各部门的完全碳排放量及其结构(图1—4)。

从完全排放来看,建筑业和机电行业以及服务业(金融保险、房地产、文教体卫、科研机关、公共管理等其他服务业)是主要的完全排放部门,其完全排放量分别占当年我国排放总量的25.1%、25.4%和13.7%。建筑业的完全排放主要是由国内投资引起的,机电

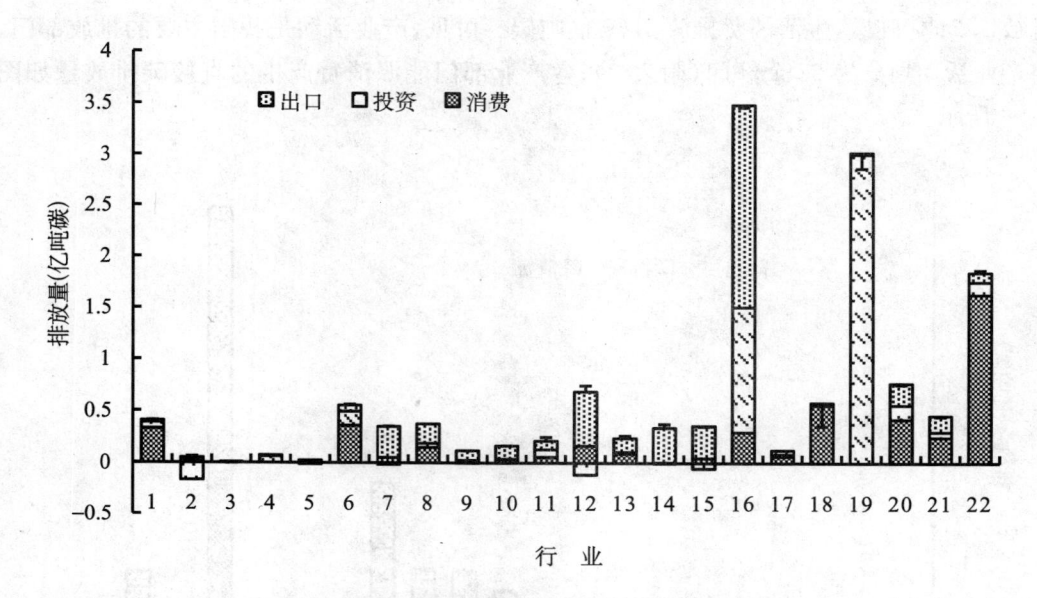

图 1—4 2005 年我国分行业完全碳排放量

行业的完全排放则主要是由出口和国内投资活动引起的,服务业的完全排放则主要是由国内消费引起的。

随着我国经济发展水平和人民生活水平的提高,与基础设施建设和住宅建设紧密相连的建筑业迅速发展。而建筑业是水泥和石灰等非金属产品、钢铁和铝材等金属材料以及塑料等化工产品的主要最终使用部门,建筑业的迅速扩张必然引起这些行业碳排放的增加。机电行业不仅在生产过程中需要消耗能源,而且也需要大量钢铁、化工等原材料作为中间投入。目前我国已经成为机电产品的出口大国,2005 年机电产品出口额达到 3220 亿美元,对该行业增加值的贡献程度达到 56%,这导致机电行业成为完全排放量最大的部门之一。因此,从完全排放的角度来看,国内建筑业的扩张(基础设施和住宅需求),机电产品的出口,化工、金属等高耗能产品的出口,以及国内对食品、电力以及服务业的需求,是我国碳排放增长的主要来源。

三、2005 年我国分地区碳排放现状

根据全国 30 个省区市(受资料限制,未包括西藏及港澳台地区)2005 年能源平衡表中的数据,搜集整理各省区市分产业、分品种的含碳能源消费总量(实物量),同时考虑能源加工转化过程中的损失量以及运输过程中的损失量,可以计算出 2005 年我国各地区的直接碳排放量(图 1—5 和附表 7)。

从图 1—5 可以看出,我国碳排放量的区域差异与能源消费总量的区域差异基本一致。环渤海地区、江苏、广东,以及山西、内蒙古等能源大省,是我国主要的碳排放地区。

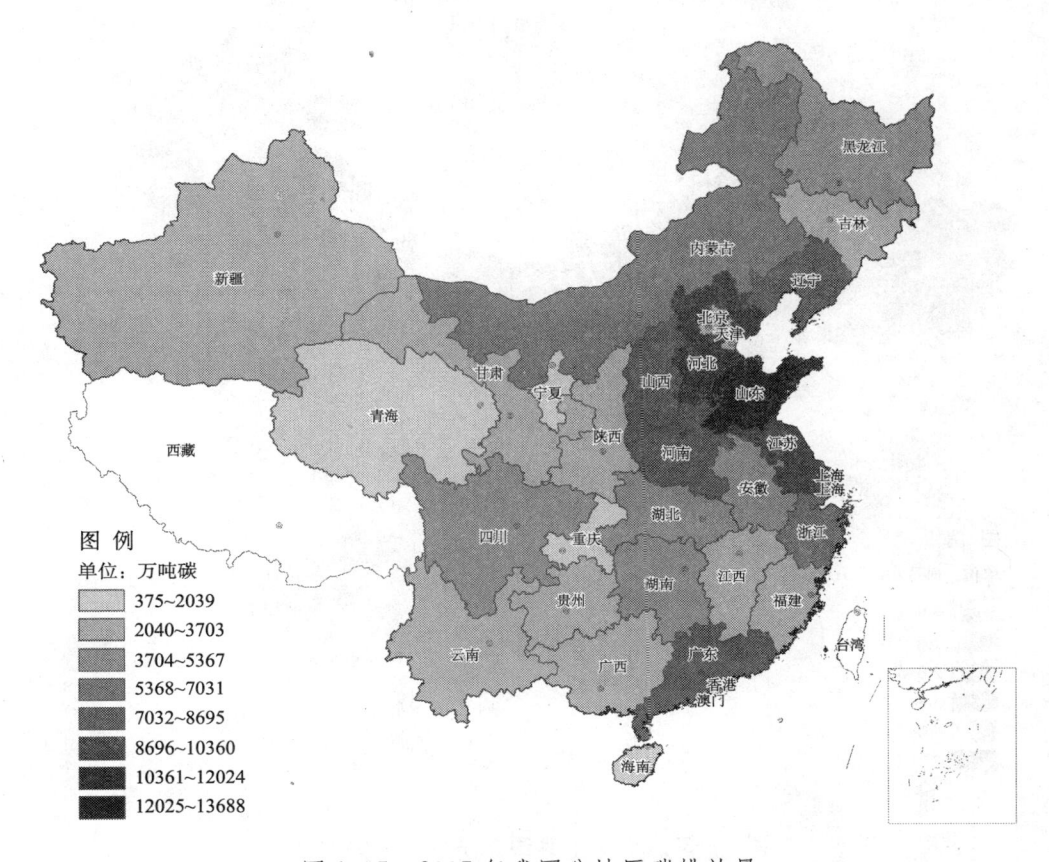

图1—5　2005年我国分地区碳排放量

碳排放量排名前五位的省份为山东、河北、江苏、河南和广东，合计占我国当年碳排放总量的37.2%。

从分地区碳排放强度（直接排放）来看，西部地区特别是一些能源大省的碳排放强度远高于中、东部地区（图1—6）。2005年，我国平均碳排放强度为0.691吨碳/万元GDP（GDP按当年价计），碳排放强度大于1的省份有7个，分别是宁夏、贵州、山西、内蒙古、甘肃、河北和吉林。其中，宁夏碳排放强度最高，为2.291吨碳/万元GDP，是碳排放强度最低的北京市的6.82倍。

四、不同产业的碳排放敏感度分析

产业结构调整的碳排放敏感性，即某一部门经济活动水平变化一个百分点时引起区域碳排放总量的变化程度。根据敏感性分析公式和本研究的碳排放计算公式，可以得出产业结构调整的碳排放敏感性模型。根据敏感性模型，利用2005年我国非竞争型投入产

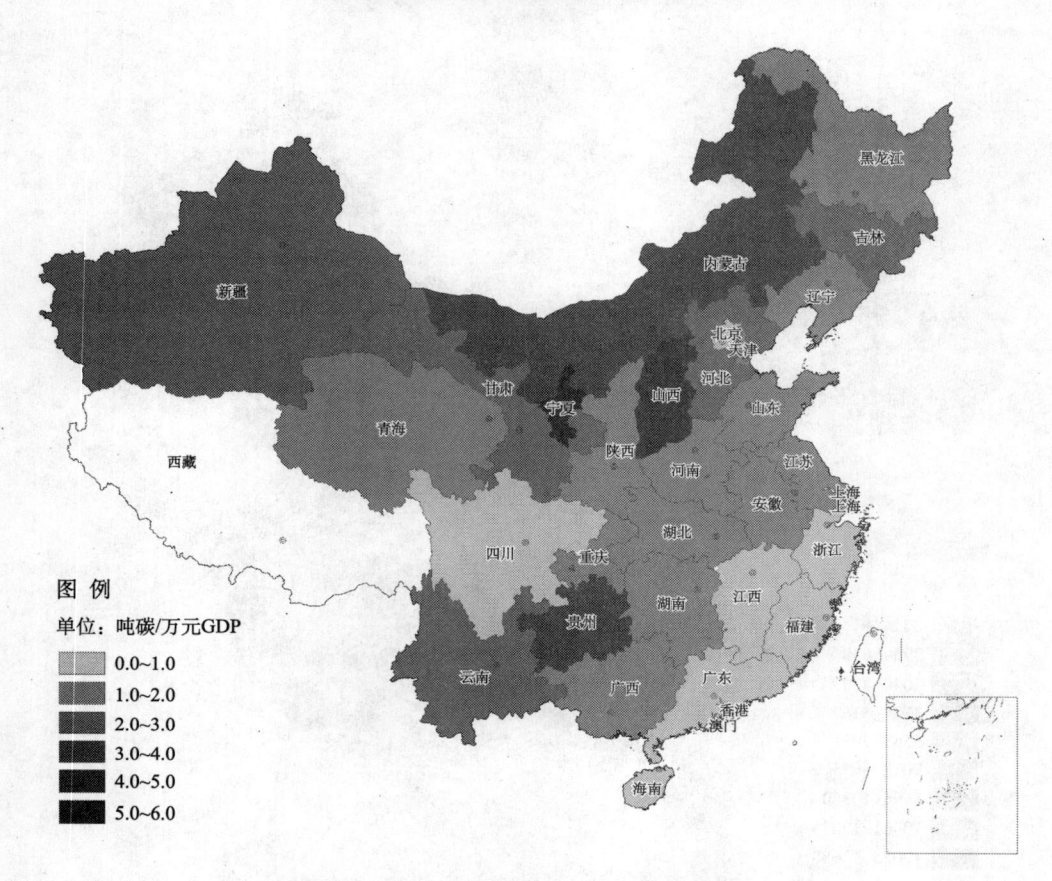

图 1—6 2005年我国分地区碳排放强度

出表和分行业碳排放系数,可以得出我国2005年分行业产业结构(最终使用结构)调整的排放敏感性系数(表1—1所示)。

表 1—1 我国分行业产业结构(最终使用结构)调整的排放敏感性

行业	最终使用	消费	投资	出口	总误差
农业	0.030	0.024	0.004	0.001	0.000
煤炭采选业	−0.008	0.002	−0.012	0.002	0.001
石油和天然气开采业	0.000	0.000	0.000	0.000	−0.001
金属采矿业	0.005	0.000	0.005	0.001	0.000
非金属矿开采业	0.001	0.000	−0.001	0.002	0.000
食品制造和烟草加工业	0.041	0.026	0.010	0.004	0.001
纺织业	0.025	0.004	−0.001	0.022	0.000
服装皮革羽绒及其制品业	0.027	0.011	0.003	0.014	0.000
木材加工及家具制造业	0.008	0.002	0.000	0.007	0.000

续表

行业	最终使用	消费	投资	出口	总误差
造纸印刷及文教用品制造业	0.012	0.002	0.000	0.009	0.000
石油加工、炼焦及燃料加工业	0.018	0.004	0.005	0.006	0.003
化学工业	0.046	0.012	−0.008	0.038	0.004
非金属矿物制品业	0.019	0.006	0.001	0.010	0.002
金属冶炼及压延加工业	0.027	0.000	0.000	0.024	0.003
金属制品业	0.022	0.003	−0.004	0.023	0.000
机械交通电气设备制造业	0.254	0.022	0.089	0.145	−0.002
其他工业	0.009	0.005	0.001	0.003	0.000
电力及热力生产和供应业	0.026	0.041	0.000	0.002	−0.016
建筑业	0.211	0.000	0.221	0.001	−0.011
交通运输、仓储和邮政业	0.056	0.031	0.010	0.016	−0.001
批发零售和住宿餐饮业	0.033	0.018	0.004	0.011	−0.001
其他部门	0.137	0.120	0.009	0.007	0.002
合计	1.000	0.332	0.336	0.349	−0.017

注：个别行业由于固定资本形成中库存减少，可能导致弹性系数为负值，负值没有意义。

第三节 影响我国碳排放强度的主要因素

一、发展模式

从投入—产出的角度看，决定一个地区能源消耗量的基本因素是消费、出口和投资。其中，消费是最终使用，与收入水平密切相关；出口对于生产国而言也是最终使用，与国际竞争力有关；投资既与发展水平相关，也与国民收入的分配结构有关。消费、出口和投资组合在一起，实际上反映了一个国家或地区的发展模式。也就是说，发展模式与碳排放总量和强度都有着直接关系。这一点是我们以往思考碳排放问题时通常忽略的重要因素。

过去20多年，我国走过了一条以出口为主带动高速经济增长的发展道路，已经成为"世界工厂"。2000年以来，总出口对我国GDP增长率的贡献程度一直保持在1/3左右。2009年，在金融危机席卷全球的背景下，我国一跃成为世界第一大出口国。尽管这是举世瞩目的成就，但低端产品"世界工厂"的发展模式在带来高速经济增长的同时，也使我国付出了巨大的资源和环境成本。就碳排放而言，以2007年为例，出口活动产生的增加值仅占我国GDP的27%，但产生的完全碳排放量却占到34%。这表明，由于产品附加值低，我国出口产品的碳载荷高出我国单位GDP碳排放强度25.9%。目前，政府间的气候谈判还不承认"碳泄露"问题，由出口引发的碳排放还是记在生产国的账户上。因此，如果不尽快改变这种发展模式,我们降低碳排放强度的目标就会面临巨大的困难,就只能是"事倍功半"。我们其他减排途径的效果也会随着低端产品的出口而流失。

当然,发展模式是客观环境和主观选择共同塑造的,具有路径依赖性,不是轻而易举地在短期内就可以改变的。例如,1998年亚洲金融危机发生时,我国提出要进行战略性结构调整,摆脱过度依赖出口的经济增长方式。然而,事与愿违,在此后10年中,加入WTO的"红利"使我国经济增长对出口的依赖程度不但没有下降,反而有所上升。在本轮全球金融危机中,我国再次提出扩大内需、转变经济发展方式的战略任务,这个任务能否完成同样面临着挑战。其中一个很重要的原因是,按照一般的看法,我国的年度经济增长率不能低于8%,否则就会出现严重的就业问题,威胁到社会稳定。处于这个两难境地,要做出正确的抉择需要痛下决心,也需要恰当的时机。即使目前做出决策,真正见效也需要相当长一个时期。

二、产业结构

从对碳排放现状的分析我们可以看到,目前我国的直接碳排放集中在工业部门,其中主要是电力、冶金、建材、化工等部门。这表明,产业结构的变化会影响碳排放总量及排放强度。事实上,能源消费导致的碳排放强度与产业结构(工业化或发展水平)之间存在一条倒"U"字型曲线。按照一般规律,在工业化初期,工业部门的快速增长导致碳排放(能耗)总量和强度都呈上升趋势;在工业化中期,虽然电力、冶金、化工、建材等原材料部门的快速增长导致碳排放(能耗)总量继续上升,但是由于第三产业比重上升,碳排放(能耗)强度处于比较稳定的状态;工业化后期,原材料工业达到发展高峰,工业在经济活动中的比重下降,第三产业比重继续上升,导致碳排放(能耗)强度呈现下降的趋势。

建国以来,我国单位GDP能耗变化的趋势基本上符合这个倒"U"字型曲线(图1—7),相应的碳排放强度变化也呈现这一趋势。1980年以来,我国单位产出的能耗一直呈现快速下降的趋势。但是,在2002~2007年,我国的碳排放(能耗)强度出现了明显的反弹(图1—7和图1—8),这与加入世界贸易组织(WTO)后我国经历的新一轮重工业化密切相关。2002年以来,受出口高速增长的带动,电力、冶金、化工、建材等部门迅速扩张,占工业总产值的比重由2002年的22.8%迅速上升到2007年的24.6%。因此,2002年以来我国能源消费量迅速上升以及碳排放强度反弹,从长期趋势来看是"非正常"的,与加入WTO后出口大幅度增长对能源原材料的强劲需求有关。本轮国际金融危机爆发后,我国的WTO"红利"期已经结束,产业结构演变将回归正常趋势。

图 1—7 我国单位产出能耗的变化

图 1—8 我国一次能源消费总量的变化（1952～2007 年）

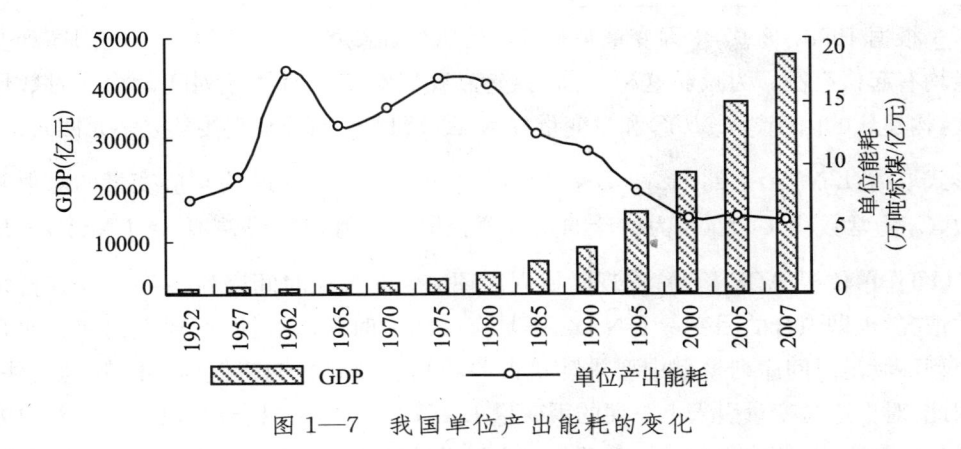

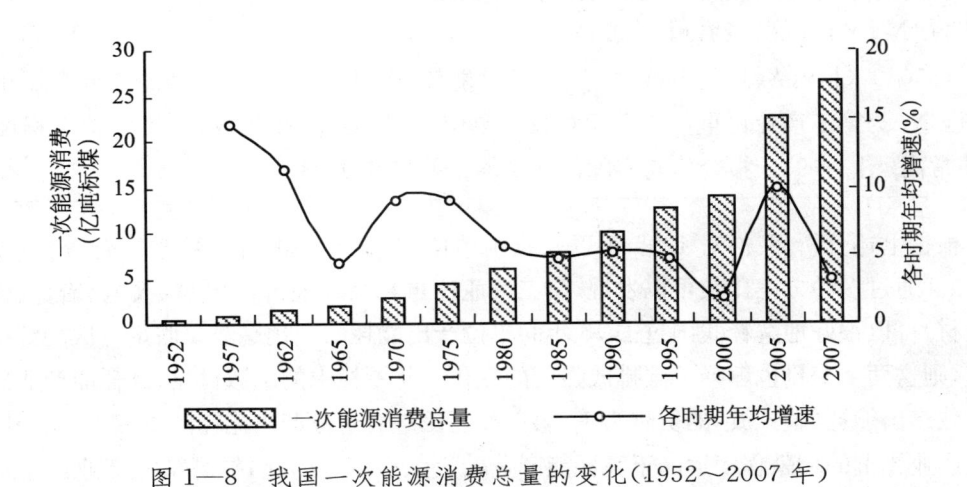

专栏 1—1

单位 GDP 能耗的多元回归拟合分析

回归分析是一种有效的时间序列分析方法，它是一种建立在对客观事物进行大量试验和观察的基础上，用来寻找隐藏在那些不确定现象背后的统计规律性的统计方法。通过建立回归分析模型，可以分析引起因变量变化的主要影响因素。从影响机理来看，我们认为引起单位 GDP 能耗（变量 Y）强度变化的两个关键因素为高能耗部门占工业增加值的比重（变量 $X1$）以及第三产业增加值占 GDP 的比重（变量 $X3$）。

> 根据1998~2007年因变量和自变量的历史曲线图,我们发现3个时间序列变量均有起伏震荡。为减弱这种震荡的趋势,我们对3个时间序列变量均取对数形式,构建新的因变量 $LN(Y)$ 和自变量($LN(X_1)$ 和 $LN(X_3)$),直接建立多元回归,其形式取为:$L\hat{N}(Y)=C_0+\hat{C}_1*LN(X_1)+\hat{C}_2*LN(X_3)$;$LN$ 为相应变量的对数函数,C_0 为常数项,$\hat{C}_1$ 和 $\hat{C}_2$ 为估计的系数项。拟合后对随机误差项 $e=LN(Y)-L\hat{N}(Y)$ 作单位根 ADF 检验,发现随机误差项 e 为非平稳时间序列,e 序列存在自相关情况,也即拟合的因变量 $L\hat{N}(Y)$ 还具有一定的时间趋势性,所建立的多元回归模型不满足时间序列模型中要求随机误差项相互独立且期望值为零的假设条件。因此,对上述自变量引入上一期的因变量 $LN(Y)_{t-1}$,再次拟合,发现随机误差项为平稳时间序列,所建方程的常数项与自变量系数均通过显著性 t 检验。拟合的方程为:$L\hat{N}(Y)_t=0.622714-0.823077\times LN(Y)_{t-1}+0.724528\times LN(X_1)_t-2.487049\times LN(X_3)_t$,其中,$Y$ 为单位 GDP 能耗(碳排放)强度,X_1 为高耗能产业比重,X_3 为第三产业比重。该方程对我国单位 GDP 能耗(碳排放)强度的拟合程度非常高(图1—9)。拟合值与实际值的平均误差只有0.93%。

根据上述分析,我们对1995年以来我国单位 GDP 能耗进行了数学拟合分析(专栏1—1)。通过多种方案比较可以发现,第三产业比重和高耗能部门比重(火电、冶金、化工和建材)可以很好地解释我国过去15年间单位产出能耗的变化趋势。假定一次能源结构不变,则这两个变量也解释了碳排放强度的变化。从专栏中的函数可见,高耗能产业比重对单位产出能耗(碳排放)的贡献为正,第三产业比重对单位产出能耗的贡献为负。其中,第三产业比重的贡献程度远高于高耗能产业的贡献程度。因此,提高第三产业比重是降低单位 GDP 能耗(碳排放)的主要途径。

从正常发展趋势看,电力、冶金、化工和建材这4大高排放部门在未来10~15年内将达到发展高峰(表1—2)。事实上,目前我国钢铁和有色冶金工业的生产能力已经基本达到顶峰,即将进入总量控制下的结构调整和空间布局调整阶段。受住房需求和基础设施建设的带动,建材工业还将持续增长一个时期,预计在"十二五"末生产规模也将达到高峰。受国内油品和下游产品需求旺盛以及已有生产规模有限的影响,石油加工及石油化工业目前还处于规模扩张阶段,预计在2020~2030年生产规模将到达顶峰。根据电力发展规划,火电工业的扩张将持续到2020~2030年,但2020年之后增长速度将大大减缓。因此,可以预见,我国的碳排放强度将随着这些高耗能部门比重的下降而持续下降。

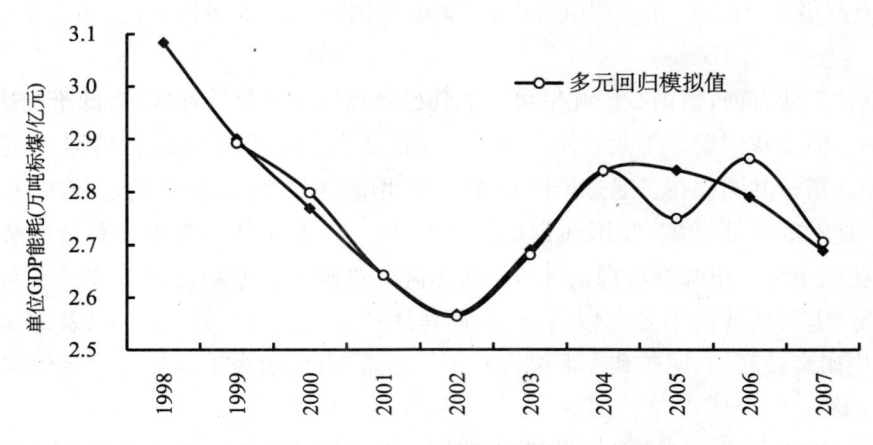

图 1—9　我国单位 GDP 能耗的多元回归模拟值与实际值的对比

表 1—2　主要高能耗产业的未来产品规模预测

主要能耗产业	表征产品	2007 年	2010 年	2015 年	2020 年
石油加工、炼焦及核燃料加工业	石油加工量(亿吨)	3.3	4.0	4.2	5.0
化学原料及化学制品制造业	乙烯(万吨)	1027.0	1550.0	2000.0	3400.0
非金属矿物制品业	水泥(亿吨)	13.6	15.0	16.0	16.0
黑色金属冶炼及压延加工业	钢(万吨)	48928	50000	55000	61000
有色金属冶炼及压延加工业	铝(万吨)	1000	1300	1500	1600
电力、热力的生产和供应业	火电装机(万千瓦)	60000	65000	78000	90000

资料来源：见本书第二章。

三、节能技术

技术进步可以提高能源使用效率，降低单位产出的能耗，从而在能源结构不变的情况下降低碳排放强度。尽管我国近年来十分重视节能减排工作，但工业、建筑、交通等部门的能源使用效率、耗能指标等仍与国内外先进水平有一定差距。进一步推广节能技术，是降低我国碳排放强度的重要途径。

1. 工业节能

在电力生产和供热方面，整体粉煤燃烧技术（PCC）、煤气化联合循环（IGCC）、超（超）临界、大型循环流化床（FBC）等先进发电技术，可以降低火电煤耗。目前，我国火电平均煤耗为 342～343 克标煤/千瓦时，距离国际先进水平（312 克标煤/千瓦时）仍有 9% 的差距。其次，输变电技术也有很大的进步余地。800 千伏直流输电和 1000 千伏交流特高压输电技术，都可以大幅度降低线损。目前我国输电平均线损超过 8%，而国际先进水平仅为3%,差距很大。此外,在厂用电方面,我国距离国际先进水平(4%)也还有至少2%的差距。

在钢铁工业方面,目前我国吨钢可比能耗已经达到602公斤标煤,略低于发达国家的平均水平。但是我国钢铁工业总体上处于多层次状态,不同的技术装备结构、先进与落后的技术经济指标共同存在。通过推广喷煤技术、熔融还原技术、直接铸造技术、成材热送热装轧钢技术等节能措施,我国吨钢能耗仍有10%以上的节能潜力。有色冶金工业方面,目前我国单位产出综合能源消耗水平与国际先进水平的差距已经不超过10%。通过用大型预焙电解槽替代小型自焙槽、扩大拜耳法和烧结法等生产工艺,以及缩短流程工艺、共伴生矿高效利用、尾矿和赤泥综合利用等措施,有色冶金工业综合能耗仍有25%以上的节约潜力。

在建材工业方面,以2005年为基准,我国的综合能源消耗比国外先进水平高20%~50%。其中水泥综合能耗的节约潜力在30%左右。水泥新型干法生产线的广泛应用,可以较大幅度地降低综合能耗及碳排放。其他行业如平板玻璃、建筑陶瓷,与国际先进水平的差距在1/3以上,也具有一定的节能减排空间。

在石油和化工产业方面,炼油、乙烯、大型合成氨、烧碱等的综合能耗与国际先进水平有20%左右的差距,具有较大的节能减排空间。乙烯的技术节能减排方向主要是通过裂解炉的改造和大型化,降低裂解炉能耗;通过高效换热器的改造和配套,全面回收烟气余热和低温热能,并与燃气轮机和加热炉实现热电联产;应用在线烧焦技术和低耗分离技术,提高原料的回收率;装备自动化点火控制装置,提高火炬气回收率等。合成氨技术节能减排的主要方向仍然是装置的大型化和集成化,并全面配套一段炉烟气余热回收设备;对既有的中小型合成氨装置,要将淘汰与实用技术改造相结合,以及鼓励新型催化剂的使用;通过提升信息化水平,提高装置的自动化控制能力,实现精确节能;加大对烟煤、褐煤合成器技术的研发应用等。烧碱的技术节能减排主要通过大规模采用离子膜法替代石墨阳极隔膜法,改造隔膜电解槽,装置大型化等技术更新改造举措。

2. 建筑节能

2005年,我国单位建筑面积耗能为218吨标煤/万平方米。据建设部统计,目前我国单位建筑面积能耗是发达国家的2至3倍。采用国际先进技术水平,可以使相关产品的能耗下降30%~80%。

具体来说,建筑节能的重大技术发展方向是超高效电器,比如高效空调系统、半导体照明以及其他先进节能电器等。可以应用先进的采暖和制冷技术;鼓励采用蓄冷、蓄热空调及普及冷热电联供技术;中央空调系统安装采用变频调速技术的风机水泵;采用节能节水电器、热泵、太阳能热水器;普及供热计量仪表;建立技术咨询和信息网络;建立建筑能源管理系统;实施能源审计;实施需求管理;对各种电器设备全面实施能效标准和标识制度；制定家用电器标准，使用节能灯等。同时，热泵、太阳能热水和采暖系统以及分布式太阳能、风能发电系统，加上储能系统如氢和燃料电池系统的应用，都将对未来的电力和能源供应产生重大影响。

建筑节能的另一项重要措施是综合建筑设计，着眼于将节能与建筑设计综合起来，同时考虑各个部分的一致性和相互匹配，如节能门窗、电器设备、采暖以及通风等。特别是，未来的建筑可以采用监控系统，以达到最佳节能效果。对大型商用建筑来说，这样的系统具有非常大的节能潜力，参照国外先进指标，可以节能65%以上。

3. 道路交通节能

虽然目前我国交通运输部门二氧化碳排放量所占比重较其他国家低，但排放基数较大，增长速度较快。为进一步提高运输效率，降低能源消耗和排放水平，至2020年我国道路运输部门可通过发展公共交通、鼓励发展小排量汽车、降低机动车单耗、控制排放物标准等途径，进一步深度挖潜减排潜力。

目前，汽车领域降低机动车油耗技术的进步主要体现在四个方面：①混合电动汽车的研发。该技术将内燃机、电力驱动系统及电池结合起来，主要通过回收制动能量、减小发动机体积、关闭发动机来节省怠速运行能耗，利用电驱动替代内燃发动机低效运行的状态来提高效率，降低单耗。目前，欧美、日本等国家已经推出了多款混合电动汽车，耗能在低速起停阶段仅为传统汽车的一半，在城市路况下使用混合电驱动的中型卡车单耗可降低23%～63%。②材料轻质化。即通过减轻车身重量来降低车辆燃油消耗。目前，美国福特公司已经展示了重量仅为900千克的中型小汽车原型，车身重量比普通小汽车减少550千克，可有效降低能耗20%。目前，一些采用铝合金的小汽车已经投入使用，如奥迪A8、新型大众POLO等，后者百公里耗油量仅为3升/百公里，远低于我国8.06升/百公里的平均油耗。③直喷汽油和柴油发动机。直喷汽油发动机已经在日本和欧洲投入使用，这种新型发动机比传统汽油发动机的燃料经济性提高大约35%，减排25%。④车用燃料电池。燃料电池可以达到比现有发动机高1倍的效率，并且直接排放基本为0。考虑到燃料电池所用氢气来自于天然气，从开采到车用所形成的二氧化碳排放比常规发动机减少了40%左右。但由于制氢过程中所排放的二氧化碳浓度较大，因此可以采用收集技术。

在控制排放物标准方面，通过技术手段，也能够有效降低碳排放量。虽然我国目前已经发布了四个机动车污染物排放标准，并于2000年开始实行欧Ⅰ标准，2004年实行欧Ⅱ标准，2008年至今实行欧Ⅲ标准，但欧盟国家已于2008年开始实施欧Ⅴ标准。按照欧Ⅴ标准，轻型汽油汽车的一氧化碳排放率将比欧Ⅲ标准减少54.5%，碳氢化合物减少62.5%。未来10年内，如果我国能够进一步严格排放物限定标准，逐步实施欧Ⅳ、欧Ⅴ限制，辅以车载诊断系统(OBD)实时监测，将能够有效地控制机动车的碳排放量。

4. 一次能源结构

在能源消费量固定的情况下,不同的能源结构所产生的碳排放有很大的不同。例如,由于热值和燃烧效率不同,同样消耗 1 吨标煤,如果是煤炭的话将排放 0.775 吨碳,如果是石油的话将排放 0.585 吨碳,而如果是天然气的话只排放 0.448 吨碳。因此,10 亿吨标煤的能源消费量,如果石油占 50%、天然气占 20%、煤炭占 30%,将排放 6 亿吨碳;如果煤炭占 70%、石油占 20%、天然气占 10%,将排放 6.9 亿吨碳;如果煤炭占 60%、石油占 20%、天然气占 5%、非化石能源占 15%,则碳排放量将下降为 5.9 亿吨。以煤为主的能源结构必然导致同样能源消费量的碳排放量偏高,相应的碳排放强度也会偏高。因此,优化能源结构,改变煤炭比例过高的现状,积极发展非化石能源,是降低碳排放强度的重要途径。

与世界主要能源消费大国比较,我国能源消费是较为特殊的,即能源消费以煤炭消费为主。1973 年,我国的煤炭生产量只占世界的 18.70%;2008 年已上升到 47.80%,同一年度我国煤炭消费占全球煤炭消费量的 42.57%。另外,我国工业的终端能源消费比重高,占全部能源消费的 43.80%,无论是已完成工业化的美国、日本、英国、德国、法国、俄罗斯等国家,还是印度、巴西等发展中国家,均无如此之高的煤炭消费和工业能源消费比例。

表 1—3 2001~2008 年我国一次能源生产及消费结构 (单位:万吨标煤、%)

生产消费	年份	产量/消费量	煤炭	石油	天然气	水、核、风电等
生产	2001	137445	71.8	17.0	2.9	8.2
	2005	205876	76.5	12.6	3.2	7.7
	2006	221056	76.7	11.9	3.5	7.9
	2007	235415	76.6	11.3	3.9	8.2
	2008	260000	76.7	10.4	3.9	9.0
消费	2001	143199	66.7	22.9	2.6	7.9
	2005	224682	69.1	21.0	2.8	7.1
	2006	246270	69.4	20.4	3.0	7.2
	2007	265583	69.5	19.7	3.5	7.3
	2008	285000	68.7	18.7	3.8	8.9

资料来源:《中国统计年鉴》,2009 年。

近年来,煤炭一直占我国一次能源生产量的75%以上,占一次能源消费量的68%~69%(表1—3)。在我国的煤炭消费中,50%左右用于发电。可以说,对电力的需求不断上升以及电力高度依赖煤炭,是我国煤炭消费迅速增长的主要原因。目前,火电占我国发电量的83%(表1—4)。来自国际能源组织的数据表明,2007年我国电力生产量占世界总量的16.59%,居世界第二位,但煤电生产量占世界的比重却高达32.28%,比美国高出6.54个百分点(表1—5)。目前,我国已经占全球煤炭消费产生的二氧化碳排放量的40.9%(表1—6)。因此,尽可能降低我国一次能源消费中煤炭的比例,对于实现2020年碳排放强度比2005年下降40%~45%的目标具有重要意义。

表1—4 2009年我国电力生产基本状况

项目	电力装机容量 (10^4 kw)	比重(%)	项目	电力生产量 (10^8 kwh,6000kw 以上机组)	比重(%)
总装机容量	87407	100.00	生产总量	35964	100.00
火电	65205	74.60	火电	29868	83.05
水电	19679	22.51	水电	5127	14.26
核电	908	1.04	核电	700	1.95
风电	1613	1.85	风电	269	0.75

资料来源:根据2010年1月18日中电联发布的"2009年全国电力工业统计快报"整理。

表1—5 2007年世界电力生产状况

国家	煤电生产量(TWh)	占世界比重(%)	国家	电力生产总量(TWh)	占世界比重(%)
中国大陆	2656	32.28	中国大陆	3279	16.59
美国	2118	25.74	美国	4323	21.87
印度	549	6.67	日本	1123	5.68
日本	311	3.78	俄罗斯	1013	5.12
德国	311	3.78	印度	803	4.06
南非	247	3.01	加拿大	640	3.24
世界合计	8228	100.00	世界合计	19771	100.00

资料来源:根据IEA《世界能源统计》(2009)整理。

表 1—6　我国及世界主要国家煤炭消费的二氧化碳排放量　　　　（单位：百万吨）

国家	1990年	1995年	2000年	2005年	2007年	2007年占世界总量比重(%)
世界合计	8308	8541	8827	11019	12228	100.00
美国	1792	1891	2120	2120	2115	17.30
日本	294	318	367	427	445	3.63
德国	505	370	337	332	348	2.85
法国	73	57	57	54	51	0.42
英国	238	174	138	145	147	1.20
澳大利亚	137	152	189	221	223	1.82
俄罗斯	688	492	450	422	428	3.50
印度	406	528	635	782	895	7.32
中国大陆	1889	2539	2433	4170	5003	40.91

资料来源：根据 IEA《世界能源统计》(2009)整理。

5. 生活方式与节约意识

节能减排与居民消费习惯和节约意识息息相关。改革开放 30 年来，我国不仅在经济发展和基础设施建设上取得了长足进步，在消费方式上也开始效仿西方发达国家的模式。生产力发展和生活水平提高使人们对生活质量的关注逐渐从"温饱"、"冷暖"等基本需求向高能耗、高污染的超前消费模式转变，社会上出现了奢侈消费的倾向。这种消费模式的转变不仅在消费环节中扩大了能源需求，同时也在一定程度上导致企业倾向于生产高耗能、高污染的产品，形成了恶性循环。

为了树立节能减排意识，2007 年我国开展了"节能减排全民行动"系列活动。为直观地反映社会公众的节能减排潜力，科技部向全社会公布了《全民节能减排手册》，选取了百姓生活中衣、食、住、行、用等六大类 36 种日常行为（如少买不必要的衣服、减少粮食浪费、合理使用空调、每月少开一天车、减少一次性筷子使用等），研究了每一项日常行为指标的节能减排潜力并换算成了节能减排的量化数据，用以提倡人们在不降低现有生活水平的前提下，选择科学合理、节约能源的绿色生活方式。换算的结果表明，如果民众能够积极参与工作和生活方式的改变，36 项日常生活行为的年节能总量将达到 7700 万吨标准煤，并相应地减排二氧化碳约 2 亿吨，减排效果十分显著。因而，工作、生活方式改变和节能意识的培养是促进低碳经济发展的重要因素。

首先，节能减排需要改变生活方式和消费模式。不同的消费模式，耗能差异极大。我国面临着高耗能、高污染和超前消费模式带来的危机，房子越住越大、汽车排量越换越大，冬天室内温度过高，夏天空调温度过低。如此生活方式给环境带来了巨大的压力，与科学消费、绿色消费的节能减排现代生活模式相去甚远。由奢侈型消费向节约型消费转变是碳减排的有效方式,实现低碳发展应当:提倡选择乘公交车、骑自行车和步行等方式出行;普及节能环保型轿车和家用电器;购买适度面积的房子,控制对取暖、制冷、照明等热能和电能的需求等。

其次,节能减排的关键在于节能意识。用能观念和认识上的差距,对居民的生活消费方式具有重要影响。应引导全民深刻认识到我国的能源和环境现状,认清节能减排工作的紧迫性和必要性,树立资源忧患意识、节约意识和责任意识,积极参与节能减排行动,变"节能意识"为"节能习惯"、"节能责任"。通过电视、广播加强宣传教育,指导居民了解节能知识、培养节能习惯;通过健全用能产品节能认证标识,引导市民购买节能产品。从而在全社会形成健康、文明、节约、环保的新生活方式和节能意识。

最后,政府部门应为节能减排消费模式提供基础保障和正确引导。为鼓励公共交通发展,政府应当提高城市公共交通服务水平,重视和改善行人交通设施,科学规划和加强步行交通系统的建设;推进城市公共交通,尤其是轨道交通的建设,发展大运量的快速公交系统;实施紧凑型城市空间规划,减少交通需求量;发展网络化、集约化、节约化的综合交通运输模式,提高城市公共交通的出行分担率,从根本上实现交通运输部门的节能减排。

6. 生态系统的碳汇效应

土地利用变化,尤其是热带国家森林的无节制大面积采伐,是导致全球气候变化的重要因素之一。另一方面,生态系统,不管是自然的还是人工的,通过光合作用吸收并固定二氧化碳,在减缓和稳定大气温室气体浓度方面发挥着极其重要的作用。因此,发展低碳经济要考虑到生态系统的碳汇功能。在发展低碳经济方面,与其他技术措施相比,发挥生态系统,特别是陆地森林生态系统的碳汇功能有其独特的优势。

第七次全国森林资源清查结果显示,截至 2008 年,我国森林面积 19545.22 万公顷,森林覆盖率达到 20.36%,森林蓄积量 137.21 亿立方米,森林面积占全球的 4.95%。根据方精云等人的计算结果,从 1980 年到 2000 年,我国森林的平均碳密度由 3.69 公斤碳/平方米增加到 4.10 公斤碳/平方米;年均碳汇为 0.75 亿吨碳。此外,草地生态系统、湿地生态系统等也都具有一定的碳汇功能。利用生物量与土壤清查资料,结合遥感和大气二氧化碳浓度反演模型模拟的方法所进行的研究表明,上世纪 80 年代和 90 年代,我国陆地生态系统每年从大气中固定 1.9~2.6 亿吨碳,约占同期我国工业温室气体排放二氧化碳当量的 28%~37%,这一比例与美国森林固碳所抵消的二氧化碳排放的比例(20%~40%)相当。因此,加强生态系统管理,采取有效的增汇措施,可以提高我国各类生态系统在抵消大气中累积的由于人类活动所产生的温室气体中的贡献。间接而言,也就降低了我国实际的碳排放强度。

第四节 主要减排途径及其减排潜力

2005年,我国的单位GDP能耗为2.842万吨标煤/亿元相应的单位GDP碳排放强度为1.8万吨碳/亿元。按照碳排放强度下降40%~45%的要求,2020年单位GDP碳排放量应为1.08~0.99万吨/亿元。若"十二五"GDP增长速度保持在8%左右、"十三五"保持在7%左右,则2020年GDP总量为26.5万亿元,碳排放总量为27.5~26.2亿吨/年。下面我们将分析主要的减排途径及其对降低碳排放强度的潜在贡献程度。

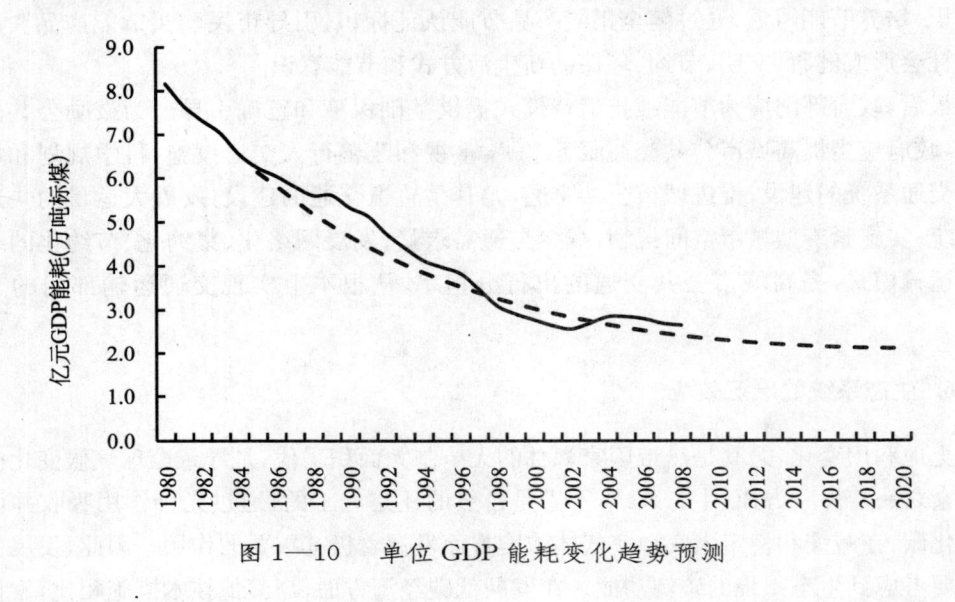

图1—10 单位GDP能耗变化趋势预测

专栏1—2

单位GDP能耗ARIMA模型趋势外推

趋势外推的可供选择的预测方法较多,但总体而言都是根据自身的历史趋势呈现出一定的特点,或借助于时间变量,或借助于前期自身变量来模拟自身历史变化的曲线,并按照该曲线的走向推断未来的发展。趋势外推的预测方法由于不需要参照其他影响要素,操作简便,实用性强。我国单位GDP能耗(碳排放)强度历史曲线从1980~2008年间在波折起伏中呈缓慢下降的趋势,通常的趋势外推方法很难模拟刻画出这样的趋势,同时还必须要保证足够的模拟精度,才能够让人在更大的程度上接受这样的推断预测。鉴于此,我们采用ARMA或ARIMA模型,对单位GDP能耗(碳排放)强度这一时间序列变量做单位根ADF检验,发现该时间序列变量为非平稳时间序列变量；由于 ARMA 模型要求时间序列变量必须是平稳变量，因此，我们采用 ARIMA（autoregressive integrated moving average model）模型。ARIMA 模型是 Box 和 Jenkins 于上世纪 70 年代首次提出的，它是时间序列分析中较常用的预测方法，主要优点在于能用于非平稳时间序列的预测，短期预测精度较高。ARIMA 模型的基本思想是：将预测对象随时间推移而形成的数据序列视为一个随机序列，用一定的数学模型来近似地描述这个序列。此模型一旦被识别后就可以从时间序列的过去值及现在值来预测未来值，但一般用于短期预测。该模型适用于对时间序列发展趋势的预测，可描述时间序列的动态变化及发展规律。

ARIMA(p,d,q)模型包括 AR(p)自回归模型，p 为回归阶数；MA(q)为移动平均模型；d 为单整的阶数，也即使序列平稳取差分的次数，若变量本身平稳，则 d 为 0。ARIMA(p, d, q)模型的一般表达式为：

$$\hat{y}_t = \alpha_0 + \alpha_1 y_{t-1} + \alpha_2 y_{t-2} + \cdots + \alpha_p y_{t-p} + \beta_0 \mu_t + \beta_1 \mu_{t-1} + \beta_2 \mu_{t-2} + \cdots + \beta_q \mu_{t-q}$$

为减弱原单位 GDP 能耗（碳排放）强度这一时间序列变量的波折起伏，对其取对数构建新的时间序列变量，再对新变量取二阶差分后做 ADF 检验，发现新的时间序列变量平稳，根据新的平稳时间序列变量，反复尝试，发现建立 ARIMA(3，2，3)模型模拟的效果较好，且滞后多项式倒数根也都落入单位圆内，满足过程平稳的要求。具体方程如下：

$$\hat{y}_t = 0.00169 - 0.366804 * y_{t-2} + 0.184431 * y_{t-3} + \mu_t \\ - 0.157777 * \mu_{t-1} + 0.0743 * \mu_{t-2} - 0.908828 * \mu_{t-3}$$

其中，$\hat{y}_t$ 为 t 时期单位 GDP 能耗（碳排放）强度的模拟值，y_{t-2} 为 $t-2$ 时期单位 GDP 能耗（碳排放）强度取对数再二次差分后的实际值，y_{t-3} 为 $t-3$ 时期单位 GDP 能耗（碳排放）强度取对数再二次差分后的实际值，μ_t、μ_{t-1}、μ_{t-2} 及 μ_{t-3} 分别为 t 时期、$t-1$ 时期、$t-2$ 时期及 $t-3$ 时期的随机误差项。该方程对我国单位 GDP 能耗（碳排放）强度的模拟值与实际值之间的平均误差为 7.8%，见图 2。我们认为这个方程模拟的精度可以接受，因此可以采用该方程来推断我国 2015 年和 2020 年的单位 GDP 能耗（碳排放）强度。

1. 结构减排

如前所述，产业结构演化是碳排放强度变化的主要影响因素。第三产业比重和高耗能部门比重的变化，可以很好地解释我国过去 15 年间碳排放强度的变化。根据之前的发展趋势，通过 ARIMA 模型进行预测分析，可以得到未来一个时期我国单位 GDP 能耗的变化（图 1—10 和专栏 1—2）。这样的变化趋势实际上所反映的，是按照此前的产业结构演化趋势延伸下去能耗强度的变化，也就是在不采取额外措施时的变化趋势。根据这个趋势,2015年我国单位GDP能耗为2.17万吨标煤/亿元,2020年为2.11万吨/亿元。若一次能源结构不发生变化,则2015年和2020年单位GDP碳排放强度将分别达到1.38万吨/亿元和1.34万吨/亿元。也就是说,在自然延伸趋势下产业结构变化对2020年碳排放强度下降40%~45%目标的贡献程度为63.9%~56.8%。利用拟合函数反推回去(表1—7),要实现这个碳排放强度下降情景,2015年第三产业比重应达到46.5%(假定

表1—7 单位产出能耗确定的情景下第三产业比重测算值

年份	单位产值能耗（万吨/亿元）	高能耗部门比重		第三产业比重	第三产业比重模拟预测值	
1998	3.084	0.2331		0.3623	情景一	情景二
1999	2.900	0.2331		0.3777	0.3783	0.3783
2000	2.769	0.2316		0.3902	0.3917	0.3917
2001	2.643	0.2334		0.4046	0.4044	0.4044
2002	2.568	0.2283		0.4147	0.4129	0.4129
2003	2.691	0.2300		0.4123	0.4132	0.4132
2004	2.839	0.2439		0.4038	0.4054	0.4054
2005	2.842	0.2428		0.4008	0.3965	0.3965
2006	2.791	0.2454		0.3998	0.3992	0.3992
2007	2.690	0.2457		0.4037	0.4060	0.4060
		情景一	情景二			
2008	2.648	0.2450	0.2450		0.4134	0.4134
2009	2.365	0.2443	0.2428		0.4281	0.4275
2010	2.321	0.2436	0.2406		0.4494	0.4482
2011	2.282	0.2428	0.2385		0.4544	0.4526
2012	2.247	0.2421	0.2363		0.4590	0.4565
2013	2.216	0.2414	0.2342		0.4632	0.4600
2014	2.190	0.2407	0.2321		0.4668	0.4630
2015	2.167	0.2400	0.2300		0.4700	0.4654
2016	2.148	0.2380	0.2280		0.4721	0.4675
2017	2.133	0.2359	0.2259		0.4736	0.4690
2018	2.122	0.2339	0.2239		0.4747	0.4700
2019	2.114	0.2320	0.2220		0.4752	0.4705
2020	2.110	0.2300	0.2200		0.4752	0.4704

注:根据因素分析中产业结构与能耗的拟合函数计算。

高耗能部门比重由 2008 年的 24.5% 下降到 23%,即恢复到上世纪 90 年代末的水平),2020 年应达到 47.0%(假定高耗能部门比重下降到 22%)。

如果采取推进增长方式转变和产业结构调整的措施,加快第三产业发展,则产业结构变化对碳排放强度降低的贡献程度将更大。若 2015 年我国第三产业比重达到 45%,而且高耗能工业比重下降为 23%,则我国单位 GDP 能耗将下降为 2.30 万吨标煤/亿元;若 2020 年第三产业比重达到 50%(接近日本 1990 年的产业结构水平),而且高耗能工业比重下降为 20%,则我国单位 GDP 能耗将下降为 1.87 万吨标煤/亿元。假设一次能源结构不变,2015 年和 2020 年碳排放强度将分别下降为 1.46 万吨/亿元和 1.19 万吨/亿元。按照这个情景,推进产业结构调整对 2020 年碳排放强度下降 40%~45% 目标的贡献程度将高达 86.0%~75.7%。

也就是说,如果我国第三产业比重上升趋势恢复到上世纪 90 年代的水平,即每年提高 0.75 个百分点,则 2020 年第三产业比重将达到 49%。即使一次能源结构保持不变,仅产业结构调整这一个因素也将使 2020 年我国的碳排放强度下降 33% 左右。

当然,产业结构调整的难度相当大。如果我们继续保持低端产品"世界工厂"的发展模式,不放弃高度依赖出口带动高速经济增长的发展思路,那么,降低高耗能产业的比重和大幅度提升第三产业的比重都将是难以实现的任务。2001 年底加入 WTO 后,我国的进出口增长异常迅速,年均增速达到 26%,同时 GDP 也获得了两位数的增长。但是,这一方面使高耗能产业的比重反弹上升,另一方面使第三产业的比重出现了小幅下降的趋势(2002~2006 年下降了 1.5 个百分点)。这种增长方式使我国的单位产出能耗在长期下降的趋势中出现反弹性上升。尽管 2005 年后再次呈现下降趋势,但 2007 年的单位产出能耗仍高于 2001 年的水平。

2. 工业技术减排

工业占我国终端能源消费的一半左右,而且我国高耗能工业部门的能耗水平与国际先进水平相比仍有 20%~30% 的差距。因此,加强工业节能技术推广,提高工业能源利用效率,是降低我国碳排放强度的途径之一。

据测算,2015 年和 2020 年,我国工业技术节能的潜力分别为 4.16 亿吨标煤和 5.18 亿吨标煤,可以减少碳排放 2.64 亿吨/年和 3.29 亿吨/年。其中,2015 年和 2020 年高耗能工业部门的节能潜力分别为 4.03 亿吨标煤和 4.98 亿吨标煤,可以减少碳排放 2.56 亿吨/年和 3.16 亿吨/年(表 1—8)。2020 年工业技术减排量占目标减排量的 16.2%(碳排放强度下降 40%)或 15.2%(碳排放强度下降 45%)。也就是说,工业技术减排对 2020 年碳排放强度下降 40%~45% 目标的贡献程度为 16.2%~15.2%。

表 1—8　2015 年和 2020 年我国工业主要耗能产业技术节能减排潜力

项目	2015 年 节能（万吨标煤）	2015 年 减排碳（万吨）	2020 年 节能（万吨标煤）	2020 年 减排碳（万吨）
电力、供热产业	20811	13207	28579	18137
钢铁工业	6419	4074	3900	2475
有色金属工业	1800	1142	2800	1777
非金属矿物业	7475	4744	8280	5255
石化、化工	1456	924	2354	1494
煤炭开采洗选业	1150	730	2050	1301
石油天然气业	1200	762	1800	1142
合 计	40311	25582	49763	31581

表 1—9　2015 年和 2020 年我国电力、供热产业技术节能减排潜力

项目	2015 年 节能（万吨标煤）	2015 年 减排碳（万吨）	2020 年 节能（万吨标煤）	2020 年 减排碳（万吨）
单位能耗下降节能减排	15546	9866	18900	11994
线损率下降节能减排	3825	2427	7119	4518
厂用电率下降节能减排	1440	914	2560	1625
合 计	20811	13207	28579	18137

注：①单位能耗节能减排比较均以 2005 年火电单位供电标准煤耗为基数；②热电联产节能减排额已包含在单位能耗节能减排中；③线损率和厂用电率分别以 2005 年供电煤耗为比较的基础。

2010～2020 年，我国电力、供热产业技术节能减排的主要途径包括：①继续坚持"上大压小"的政策，关停小火电机组，全面推广和应用整体粉煤燃烧技术(PCC)、煤气化联合循环(IGCC)、超(超)临界、大型循环流化床(FBC)等先进发电技术，以降低火电供电煤耗，力争在 2015 年关停全部 10 万千瓦以下机组，煤电供电煤耗下降为 330 克/千瓦时，2020 年下降为 325 克/千瓦时(世界先进水平为 312 克/千瓦时)；②通过特高压输电线路及变电设备容量建设，增加国家电网骨干线路的输送能力，降低线损率和厂用电率，争取在 2015 年将输电线损率下降到 5.5%，2020 年下降到 4.0%(世界先进水平为 3.0%)；③降低厂用电率，力争 2015 年下降到 5.0%，2020 年下降到 4.5%(世界先进水平为 4.0%)。若上述节能目标实现，2015 年和 2020 年电力和供热产业可以分别减少碳排放 1.32 亿吨和 1.81 亿吨(表 1—9)。

"十一五"以来,我国钢铁工业进行了较大规模的兼并重组和更新改造,提高了集中度。2008年,钢铁工业吨钢综合能耗达到629公斤标煤,比2005年(876公斤标煤)下降了28.2%。若以2005年综合能耗为基数,2010~2020年我国钢铁工业有270~280公斤标煤/吨钢的节能潜力,2020年可减少碳排放2475万吨(表1—10)。主要途径包括淘汰落后产能、提高产业集中度,积极引进或创新生产工艺、缩短生产工艺流程,积极运用信息技术、实现生产过程精确化控制等。

表1—10 2015年和2020年我国钢铁工业技术节能减排潜力

项目	2015年 节能(万吨标煤)	2015年 减排碳(万吨)	2020年 节能(万吨标煤)	2020年 减排碳(万吨)
提高产业能力集中度节能减排	2140	1358	1300	825
工艺、流程技术节能减排	4279	2716	2600	1650
合计	6419	4074	3900	2475

注:节能减排的比较基数以2005年为基础。下同。

有色金属工业占我国工业能源消费的比重并不高,但这个行业的单位产出电耗非常高。其中,铝、铜两大品种的能耗占有色金属行业能耗的90%以上。近年来,有色金属工业在不断更新改造中扩张产能,单位综合能源消耗水平与国际先进水平的差距已经缩小到不超过10%。2010~2020年,该行业的技术节能减排主要是依靠淘汰落后的产能和资源综合利用,如淘汰反射炉及鼓风炉炼铜产能、烧结锅炼铅产能、落后的锌冶炼产能、落后的小预焙槽电解铝产能,扩大拜耳法、烧结法等生产工艺,以及实施炼短流程工艺、共伴生矿高效利用、尾矿和赤泥综合利用等资源综合利用的工艺技术。以2005年为基准,有色金属工业的技术节能减排潜力在25%~30%。2020年,可减少碳排放1777万吨(表1—11)。

表1—11 2015年和2020年我国有色金属产业技术节能减排潜力

项目	2015年 节能(万吨标煤)	2015年 减排碳(万吨)	2020年 节能(万吨标煤)	2020年 减排碳(万吨)
铝冶炼及压延业节能减排	1365	866	1820	1155
其他有色金属节能减排	435	276	980	622
合计	1800	1142	2800	1777

表 1—12　2015 年和 2020 年我国非金属矿物及制品业技术节能减排潜力

项目	2015 年 节能（万吨标煤）	2015 年 减排碳（万吨）	2020 年 节能（万吨标煤）	2020 年 减排碳（万吨）
水泥工业技术节能减排	6500	4125	7200	4569
其他非金属矿物制品业节能减排	975	619	1080	685
合　计	7475	4744	8280	5255

非金属矿物及制品业的主体是建材工业，其中又以水泥、平板玻璃、玻璃纤维、建筑与卫生陶瓷、混凝土及水泥制品、非金属矿及制品、玻璃钢复合材料及新型墙体材料等为主。其中，水泥占该行业能源消费的 70% 以上。"十一五"以来，我国建材行业的节能降耗及产业结构调整工作进展较快。预计到 2010 年，新型干法水泥比重占 70% 以上，浮法玻璃占总生产能力的比重达 90% 以上，平板玻璃深加工率大于 30%；玻璃纤维池窑拉丝比例达 70%；新型墙体材料产量比重达 50% 以上。以 2005 年为基准，我国建材工业能源综合消耗比国外先进水平高 20%～50%，其中水泥综合能耗节能潜力在 30% 左右。若 2020 年全部落后的产能被淘汰，则水泥综合能耗下降为 110 公斤标煤/吨。总体上，在加大节能减排力度的情况下，2020 年非金属矿物及制品业可以减少碳排放 5255 万吨（表 1—12）。

与国际先进水平相比，我国的化工（含炼油）行业能耗水平还有很大差距。以炼油、乙烯、合成氨和烧碱为例，若 2020 年能达到目前的国际先进水平，则可以降低能耗 2354 万吨标煤，减少碳排放 1494 万吨（表 1—13）。其中，乙烯的技术节能减排主要是通过裂解炉的改造和大型化，降低裂解炉能耗；通过高效换热器的改造和配套，全面回收烟气余热和低温热能，并与燃气轮机和加热炉实现热电联产；应用在线烧焦技术和低耗分离技术，

表 1—13　2015 年和 2020 年我国石化、化工技术节能减排潜力

项目	2015 年 节能（万吨标煤）	2015 年 减排碳（万吨）	2020 年 节能（万吨标煤）	2020 年 减排碳（万吨）
炼油工业技术节能减排	360	228	630	400
乙烯加工业技术节能减排	103	65	204	129
合成氨制造业技术节能减排	825	524	1160	736
烧碱制造业技术节能减排	168	107	360	228
合　计	1456	924	2354	1494

提高原料的回收率;装备点火的自动化控制,提高火炬气回收率等。合成氨的技术节能减排主要仍是装置的大型化和集成化,并全面配套一段炉烟气余热回收设备;对既有的中小型合成氨装置,要将淘汰与实用技术改造相结合,鼓励引用新型催化剂;通过提升信息化水平、提高装置的自动化控制能力,实现精确节能;加大对烟煤、褐煤合成器技术的研发应用等。烧碱的技术节能减排途径主要是大规模地采用离子膜法替代石墨阳极隔膜法、改造隔膜电解槽、装置大型化等。

3. 清洁能源减排

碳排放主要是化石能源消费导致的,因而改变能源结构、增加非化石能源比重是在保持能源消费量不变的情况下降低碳排放强度的主要途径。非化石能源主要包括可再生能源和核能,其中可再生能源又以水电、生物能源、风电、太阳能为主。根据各领域的发展规划和发展潜力,预计2015年和2020年,我国非化石能源的发展规模将如表1—14所示。表中包含了对两种情景的预测结果,一种是适度低碳,一种是强化低碳。按照适度低碳情景,到2020年我国非化石能源占一次能源消费的比例略低于15%(14.8%);按照强化低碳情景,2020年我国非化石能源占一次能源消费的比例可达到18.7%。具体折算量见表1—15。这里,2020年能源消费总量按照单位GDP能耗比2005年下降40%以及本报告所设定的经济增长情景计算。

表1—14　2015年和2020年我国非化石能源发展规模预测

分类	2008年实际值	2015年 适度低碳	2015年 强化低碳	2020年 适度低碳	2020年 强化低碳
1. 发电领域					
(1)水电/万千瓦	17200	24000	26000	27000	30000
(2)风力发电/万千瓦	1217	5600	7400	8600	11900
(3)光伏发电/万千瓦	14	374	514	874	1246
(4)生物质发电/万千瓦	315	525	665	675	915
(5)核电/万千瓦	910	3710	4060	6210	8310
2. 供热/供气领域					
(1)供气(沼气等)/亿立方米	140	315	315	440	440
(2)太阳能热水器/亿平方米	1.25	2.27	3.67	3	5.4
(3)固体燃料/万吨	20	300	1175	500	2000
3. 交通燃料领域					
(1)燃料乙醇/万吨	160	767	1058	1200	1700
(2)生物柴油/万吨	20	196	313	300	500

表1—15　2015年和2020年我国不同终端领域的非化石能源折算量

(单位：万吨标煤)

分类	2015年 适度低碳	2015年 强化低碳	2020年 适度低碳	2020年 强化低碳
1. 发电领域				
(1)水电	28728	31122	32319	35910
(2)风力发电	3830	5062	5882	8140
(3)光伏发电	230	316	538	767
(4)生物质发电	718	910	923	1252
(5)核电	9885	10818	16547	22142
小计	43392	48228	56210	68211
2. 供热/供气领域				
(1)供气(沼气等)	2401	2401	3353	3353
(2)太阳能热水器	4086	6606	5400	9720
(3)固体燃料	150	588	250	1000
小计	6637	9594	9003	14073
3. 交通燃料领域				
(1)燃料乙醇	707	976	1107	1568
(2)生物柴油	181	289	277	461
小计	888	1265	1384	2029
合计	50917	59086	66596	84313

2005年，我国一次能源消费中非化石能源消费量占7.1%，折合为1.60亿吨标煤。假定一次能源的结构不变，若2020年碳排放强度减排目标为40%(能源消费总量为45亿吨标煤)，当年非化石能源消费量为3.195亿吨标煤，则适度低碳情景下新增非化石能源消费量为3.47亿吨标煤，强化低碳情景下新增非化石能源消费量为5.24亿吨标煤。若2020年碳排放强度减排目标为45%(能源消费总量为41亿吨标煤)，在一次能源结构不变的情况下当年的非化石能源消费量为2.911亿吨标煤，则适度低碳情景下新增非化石能源的消费量为3.75亿吨标煤，强化低碳情景下新增非化石能源的消费量为5.52亿吨标煤。

4. 交通减排

政府间气候变化专门委员会第三工作组(IPCC WGIII)(2007)的研究结果表明，2006年世界各国交通运输部门能源消耗产生的碳排放量约占能源消费所产生的碳排放总量的23%。2007年，我国交通运输部门能耗占全社会能耗的7.77%，能源消费总量为2.06亿吨标煤，所产生的碳排放占全社会排放量的7.5%。2000年以来，我国交通运输部门的能源消耗增长速度一直高于全社会的能源消耗增长率。因此,减少该部门的能源消耗和碳排放,是降低我国碳排放强度的重要途径。

近年来,我国政府相关部门相继制定、实施了《建设节约型交通的指导意见》《交通部关于进一步加强交通行业节能减排工作的意见》《关于做好道路运输行业节能减排工作的实施意见》《交通行业实施节约能源法细则》《交通行业节能管理实施条例》《交通行业节能技术政策大纲》《全国在用车船节能产品(技术)推广应用管理办法》等一系列部门规章政策。但是,我国交通运输部门的能源利用效率仍与国外有较大的差距。其中,机动车燃油经济性水平比欧洲低25%,比日本低20%,比美国整体水平低10%。因此,该行业节能减排的潜力很大。

首先,大力发展公共交通,扩大公共交通出行规模,是降低能耗和碳排放的有效战略。建设部城市交通工程技术中心的统计资料显示,2005年在中国660多个城市的居民出行结构中,50万人口以上大城市居民公交出行的比例大多仍在10%左右,只有少数城市在20%左右;为数众多的50万人口以下的中等城市和小城市,居民公交出行的比重则普遍不足5%。气候变化委员会的研究表明,公共交通单位运输量的能耗和排放水平大大低于私人车辆交通。公共汽车每乘客公里二氧化碳排放量约为轻型汽车的1/3,地铁和区域快速铁路的二氧化碳排放量仅为小汽车的1/20。在机动化出行方式中,轨道交通和公共汽车的能源消耗量最小,提高公共交通出行比例将极大地促进交通部门的碳减排。

其次,鼓励优先发展小排量汽车、加快小型汽车的技术升级,也是降低碳排放的途径。小排量汽车车体轻、油耗少,排放量较低。资料显示,经济型轿车每公里二氧化碳排放量约为134克,中档和高档车分别为148克和161克,而高档豪华车则为198克。目前,小排量轿车的二氧化碳排放量可控制在107~120克之间。

第三,降低单车百公里油耗也可以有效地降低碳排放。目前,汽车领域降低机动车油耗技术的发展主要体现在4个方面(表1—16)。①混合电动汽车的研发;②材料轻质化;③直喷汽油和柴油发动机;④车用燃料电池。

表1—16 车辆技术方面的节油途径与措施

提高行驶效率	减小行驶阻力	减小空气阻力:改进车身形状、改善通用件结构
		减小滚动阻力:改进轮胎
	车身轻型化	使轻型化:轻型材料、轻型设计技术
		使构成部件、附属器轻型化:辅机、电器设备轻型化
	提高驱动效率	提高驱动系统的传动效率:优质轴承、离合器
		改进变速装置:应用AMT、DCT等高效变速器

续表

原动机 高性能化	改进现有 发动机	提高热效率:高温化、改善燃烧、减少冷却损失
		改善部分负荷性能:可变正时、可变排气量等
		提高机械效率:降低运转部件的摩擦损失和驱动辅机的损失
		采用电子控制实现最优化:微机控制
	开发替代 原动机	研制高效率发动机循环:斯特林发动机、兰金循环
		利用化学能:燃料电池
		利用氢能:氢气发动机、氢燃料电池
		利用电能:改良蓄电池、电动车
能源合理化	能源使用合理化	回收废能:涡轮增压、中冷
		回收制动能:储能装置
		提高辅机效率:空调机、电器等装备高效化
	利用代用燃料	低质燃油的利用技术:外燃发动机
		液化气的利用技术:液化天然气、液化石油气等
		合成燃料的利用技术:乙醇、煤的液化燃烧
	利用新能源	氢能的利用:氢气混合燃烧法、氢气储存法
		太阳能的利用:太阳能电池、利用太阳热能

资料来源:司康:"汽车节能及我国近期发展重点",《技术与应用》,2009年第10期。

根据上述分析,我们从以下4个指标设定减排情景,即①居民公交出行比重;②小排量汽车市场占有率;③新增机动车单车百公里平均油耗;④控制汽车尾气排放标准。具体情景设计见表1—17。

表1—17 交通节能情景设定及情景描述

政策措施	情景描述
情景一:低度减排情景 制定、实施低度的交通减排政策措施和行业标准	2005~2010年维持2005年标准,即公交出行比重为10%,小排量汽车市场占有率为20%,未采取节油措施,汽车排放实行欧Ⅲ标准;2010~2015年实现公交出行比重30%,小排量汽车市场占有率50%,新增机动车单车百公里平均油耗达到7L,汽车尾气排放实行欧Ⅲ标准;2015~2020年维持此标准。

续表

政策措施	情景描述
情景二:中度减排情景 制定、实施中度的交通减排政策措施和行业标准	2005～2010年维持2005年标准,即公交出行比重为10%,小排量汽车市场占有率为20%,未采取节油措施,汽车排放实行欧Ⅲ标准;2010～2015年实现公交出行比重30%,小排量汽车市场占有率50%,新增机动车单车百公里平均油耗达到7L,尾气排放实行欧Ⅲ标准;2015～2020年实现公交出行比重40%,小排量汽车市场占有率60%,新增机动车单车百公里平均油耗达到6.5L,30%汽车尾气排放实行欧Ⅳ标准。
情景三:强化低碳情景 针对能源安全问题和减排压力,更大力度地实施强化的交通减排政策措施	2005～2010年维持2005年标准,即公交出行比重为10%,小排量汽车市场占有率为20%,未采取节油措施,汽车排放实行欧Ⅲ标准;2010～2015年实现公交出行比重40%,小排量汽车市场占有率60%,新增机动车单车百公里平均油耗达到6.5L,40%汽车排放实行欧Ⅳ标准;2015～2020年实现公交出行比重50%,小排量汽车市场占有率70%,新增机动车单车百公里平均油耗达到6L,50%汽车排放实行欧Ⅳ标准。

按2015年我国汽车保有量为9000万辆,2020年我国汽车保有量为15000万辆计算,可得到不同情景下道路交通运输的碳减排量,见表1—18。在低度减排情景下,2015年道路交通的碳减排量为1881万吨,相当于减少能源消费量2967万吨标煤;2020年道路交通的碳减排量为4055万吨,相当于减少能源消费量6396万吨标煤。在中度减排情景下,2015年道路交通的碳减排量为1891万吨,相当于减少能源消费量2983万吨标煤;2020年道路交通的碳减排量为5545万吨,相当于减少能源消费8746万吨标煤。在强化减排情景下,2015年道路交通的碳减排量为2183万吨,相当于减少能源消费量3443万吨标煤;2020年道路交通的碳减排量为7148万吨,相当于减少能源消费量11274万吨标煤。

表1—18 道路交通运输部门碳减排潜力测算结果

减排途径	减排力度	碳减排量(万吨)	
		2015年	2020年
情景一: 低度减排	2005～2015年:公交出行比重为20%,小排量汽车市场占有率为30%,新增机动车单车百公里平均油耗达到7.5L,汽车排放实行欧Ⅲ标准;2015～2020年:公交出行比重30%,小排量汽车市场占有率50%,新增机动车单车百公里平均油耗达到7L,汽车尾气排放实行欧Ⅲ标准。	1881	4055

续表

减排途径	减排力度	碳减排量(万吨) 2015年	碳减排量(万吨) 2020年
情景二：中度减排	2005～2010年：公交出行比重为20%，小排量汽车市场占有率为30%，新增机动车单车百公里平均油耗达到7.5L，汽车排放实行欧Ⅲ标准；2010～2015年：公交出行比重30%，小排量汽车市场占有率50%，新增机动车单车百公里平均油耗达到7L，尾气排放实行欧Ⅲ标准；2015～2020年：公交出行比重40%，小排量汽车市场占有率60%，新增机动车单车百公里平均油耗达到6.5L，30%的汽车尾气排放实行欧Ⅳ标准。	1891	5545
情景三：强化低碳	2005～2010年：公交出行比重为20%，小排量汽车市场占有率为30%，新增机动车单车百公里平均油耗达到7.5L，汽车排放实行欧Ⅲ标准；2010～2015年：公交出行比重40%，小排量汽车市场占有率60%，新增机动车单车百公里平均油耗达到6.5L，40%的汽车排放实行欧Ⅳ标准；2015～2020年：公交出行比重50%，小排量汽车市场占有率70%，新增机动车单车百公里平均油耗达到6L，50%的汽车排放实行欧Ⅳ标准。	2183	7148

5. 民用建筑减排

民用建筑包括居住建筑和公共建筑。居住建筑主要是指住宅建筑；公共建筑则包含办公建筑（写字楼、政府办公楼等），商业建筑（商场、旅馆饭店等），科教文卫建筑，通信建筑以及交通运输用房等。建筑能耗就是指建筑运行使用过程中的能量消耗，它包括采暖、通风、照明、动力、空调、炊事燃料、家用电器和热水供应等能耗，其中以采暖和空调能耗为主。目前，我国的建筑能耗依其特点一般分为农村建筑能耗、北方地区城镇建筑采暖能耗、长江流域城镇建筑采暖能耗、城镇住宅除采暖外能耗，以及城镇公共建筑除采暖外能耗等5大类。由于农村建筑能耗比重很小，所以截至目前为止的研究较多的是针对后四类建筑能耗。2003～2007年我国城镇建筑分类能耗见表1—19。

建筑节能的途径很多，主要包括采用复合墙体和隔热窗（如中空断桥窗）、推广节能灯和节能家电、利用价格杠杆等。2005年，我国城镇单位建筑面积耗能为218.1吨标煤/万平方米。2003～2007年，我国城镇总建筑面积的年增长速度为5.49%。若"十二五"和"十三五"期间GDP增长速度分别保持在8%和7%，则城镇建筑面积年增速度应在5%左右。参考建设部《关于发展节能省地型住宅和公共建筑的指导意见》，结合我国建筑节能现状及潜力，设计至2020年我国城镇建筑节能情景指标如表1—20。

表1—19　2003~2007年我国城镇各类建筑能耗　　（单位：万吨标煤）

分类	2003	2004	2005	2006	2007
北方城镇建筑采暖	9565.02	10994.40	13487.42	14215.33	15208.95
长江流域建筑采暖	2488.38	2974.68	3255.58	3500.22	3963.48
住宅建筑除采暖外	8054.10	8816.70	10085.62	11050.62	12328.61
公共建筑除采暖外	7008.52	7845.72	9023.21	9847.48	11186.00
能耗小计	27116.03	30631.49	35851.79	38613.64	42687.06
对应的建筑面积（万 m^2）	1408114	1489313	1643778	1743440	1743440

资料来源：俞允凯，2009。

表1—20　至2020年我国建筑节能情景设计（以2005年为基准年）

类别	标志性指标	节能标准
新建建筑	每年新增建筑5%	节能50%
改造北方既有采暖建筑	每年改造北方既有采暖建筑4% 2020年完成改造60%	节能40%
建筑设备节能	照明设备节能：每年新增建筑照明设备5%；每年淘汰更新建筑照明设备10%；2015年完成淘汰更新100%	节能75%
	用电设备节能：每年新增用电设备5%；每年淘汰更新用电设备3%；2020年完成淘汰更新45%	节能40%
	节能意识提高：每年节能意识提高带来节能占总能耗2%	节能2%

表1—21　各种建筑节能途径的节能潜力测算　　（单位：万吨标煤）

年份	新增城镇建筑节能	已有建筑节能改造	照明设备节能	用电设备节能	节能意识提高	合计
2009	3863	863	455	750	872	6803
2010	4953	1079	574	953	915	8473
2011	6097	1295	695	1162	961	10210
2012	7298	1511	819	1379	1009	12015
2013	8559	1726	945	1603	1059	13893
2014	9883	1942	1073	1836	1112	15846

续表

年份	新增城镇建筑节能	已有建筑节能改造	照明设备节能	用电设备节能	节能意识提高	合计
2015	11274	2158	1205	2076	1168	17880
2016	12733	2374	1265	2325	1226	19923
2017	14266	2590	1328	2583	1288	22055
2018	15876	2805	1394	2851	1352	24279
2019	17566	3021	1464	3129	1420	26600
2020	19341	3237	1537	3417	1491	29023

若今后我国新增城镇建筑都采用节能复合墙体及保温窗(节能50%),则2020年可节能1.93亿吨标煤。若至2020年现有建筑节能改造率达到60%,则可以节能0.324亿吨标煤。若能完成表1—20中提出的建筑设备节能指标,则2020年可节能0.645亿吨标煤。合计可以节能2.9亿吨标煤。具体见表1—21。考虑到建筑采暖以煤炭为主,而建筑设备主要使用电力(暂忽略太阳能),因而根据不同能源品种折算建筑节能的减排效果见表1—22。总体上,2020年我国实施城镇建筑节能可以减少碳排放2.0亿吨。

表1—22 各种建筑节能途径的减排潜力测算 (单位:万吨碳)

年份	新增城镇建筑减排	已有建筑改造减排	照明设备节能减排	用电设备节能减排	节能意识提高减排	合计
2009	2797	574	252	414	631	4668
2010	3586	718	317	526	663	5810
2011	4414	861	384	642	696	6998
2012	5284	1005	452	762	731	8234
2013	6197	1148	522	886	767	9521
2014	7156	1292	593	1014	805	10861
2015	8163	1435	666	1147	846	12257
2016	9220	1579	699	1285	888	13671
2017	10330	1723	734	1427	932	15146
2018	11496	1866	770	1575	979	16687
2019	12719	2010	809	1729	1028	18295
2020	14004	2153	849	1888	1079	19974

6. 碳汇

① 森林生态系统增汇技术途径与增汇潜力

森林作为主要的陆地生态系统,在应对气候变化中发挥着极其重要的作用。在国家《应对气候变化国家方案》中,保护和发展森林资源被列为我国应对气候变化的重要手段。主要途径包括:大力倡导保护现有森林植被及其生物多样性与碳库资源;植树造林恢复被破坏的森林植被;加强现有森林的可持续管理,通过适度间伐、择伐并控制轮伐期、施肥、套植等集约化营林措施,提高林分质量及增加碳汇能力;严禁不可持续的乱砍滥伐或非法征占林地行为,预防森林火灾和病虫害,避免其碳汇功能或水平的下降。

根据《全国生态环境建设规划》和《林业"十五"计划和到2010年长期规划》,我国生态环境建设目标为:2000~2010年全国现有天然林资源得到有效保护和恢复,退耕还林500万公顷,新增森林面积2300万公顷,2010年森林覆盖率达到19.9%。2011~2030年新增森林面积4600万公顷,森林覆盖率达24.2%。综合考虑造林、毁林以及森林管理的固碳作用,未来我国林业活动总的表现为碳汇,并呈持续增长趋势。以1990年为基准,2010年和2030年的林业活动碳汇量分别为0.61亿吨碳和1.57亿吨碳。未来20年林业活动碳汇潜力与当年温室气体排放量之比将呈上升趋势,2020年以后此一比例将维持在7%~8%左右(气候变化国家评估报告,2007)。根据国家林业局发布的《应对气候变化林业行动计划》,全国年均造林、育林面积在500万公顷以上,到2020年森林覆盖率增加到23%,森林蓄积量达到140亿立方米,这将使我国的森林碳汇功能进一步提高。陈泮勤等人的研究表明,2000~2050年,6大林业重点工程(天然林资源保护工程、退耕还林工程、京津风沙源治理工程、三北及长江中下游地区等重点防护林工程、野生动植物保护及自然保护区建设工程、重点地区速生丰产用材林基地建设工程),将使我国陆地生态系统在2000年的基础上增加固碳量16~52亿吨碳,平均固碳能力达到1.49~2.75亿吨碳/年。

② 草地生态系统增汇技术途径与增汇潜力

我国草地生态系统是最大的陆地生态系统,过去数十年来,由于不合理的过度利用,尤其是过牧导致超载,草地退化问题比较突出。近年来,国家采取退耕、退牧还草等草地植被恢复措施,恢复退化草地生态系统的结构与功能。显然,恢复草地植被,在改善生态环境的同时,将增加草地的固碳水平。此外,加强草地管理,减轻放牧强度,优化放牧方式,防治草原病虫鼠害,建立优质高产人工草地,也是提高草地固碳潜力的有效途径。郭然等人的研究表明,采取减轻放牧强度、草地围封、人工种草等措施,可以使我国草地的固碳潜力分别增加0.66亿吨碳、0.12~0.18亿吨碳和0.14亿吨碳。

③ 农田生态系统增汇技术途径与增汇潜力

在保证粮食产量和土壤肥力的前提下,采取适当的减排途径可以减少农田温室气体的排放。主要措施包括施用有机肥、秸秆还田、免耕、作物品种更换、耕作制度变化、农田水分管理等。根据黄耀、孙文娟的研究,我国农田生态系统表层土壤(0~20厘米)有机碳储量每年以 0.15~0.2 亿吨碳的速率在增加。根据经验模型的推算,秸秆还田、施用有机肥和免耕等农田管理措施可使我国农田固碳 1.0 亿吨;如果这些措施得到进一步的推广和应用,则农田固碳量可达 1.82 亿吨。

在兼顾水稻产量、保持土壤肥力、不增加其他温室气体排放的条件下,减少稻田甲烷排放也是一个重要途径,但实施的难度大,目前研究的深度也还不够。蔡祖聪等人的研究表明,冬季淹水稻田的甲烷排放量高于排水良好的稻田。李庆逵发现,我国现有各类冬季淹水稻田的面积约为 273 万公顷,约占稻田总面积的 12%,主要分布在西南地区。因此,改冬季淹水休闲为冬季排水种植旱作物,不但可以提高作物总产,还可以减少水田的甲烷排放。

④ 湿地生态系统增汇技术途径与增汇潜力

提高湿地固碳作用的主要途径包括:退田还湖、退田还泽、合理发展湖泊养殖、防止湖泊污染、保护和恢复退化湿地的水位与植被等。段晓男的研究表明,采取退田还湖,退田还泽措施后的固碳潜力分别为 30260 吨碳/年和 220 吨碳/年。根据 2003 年公布的《全国湿地保护工程规划》,2030 年将恢复 140 万公顷湿地,根据实施规划,湿地保护工程在 2005~2010 年每年可固定 6570 吨碳。

⑤ 小结

综上所述,我国各类生态系统具有明显的碳汇潜力。研究指出,1981~2000 年,我国陆地生态系统植被和土壤年均碳汇分别为 0.96~1.06 亿吨碳(相当于同期中国工业二氧化碳排放量的 14.6%~16.1%)和 0.4~0.7 亿吨碳。加强生态系统管理,采取有效的增汇措施,可以提高我国各类生态系统在抵消大气中累积的由于人类活动所产生的温室气体方面的贡献。如果按照 2004 年我国温室气体排放量 16.636 亿吨碳计算,这一贡献可达 10%以上(表 1—23)。若 2020 年我国可以实现新增造林面积 4000 万公顷,则森林蓄积量将比 2005 年增加 13 亿立方米。按森林蓄积量每增加 1 立方米能吸收 0.50 吨碳计算,则 13 亿立方米的森林蓄积量可以增汇 6.5 亿吨碳,年均 0.43 亿吨碳。

表 1—23 中国生态系统碳汇贡献分析

生态系统	增汇措施	固碳现状(百万吨碳/年)	固碳潜力(百万吨碳/年)
森林	人工造林	28.88	43.35
	退耕还林	16.22	27
	减少采伐	1.99~6.57	29.4
	防火	2.02~2.86	1~3.28
	防治病虫害		4.97~11.61

续表

生态系统	增汇措施	固碳现状（百万吨碳/年）	固碳潜力（百万吨碳/年）
	小计	49.11~54.53	100.75~114.64
草地	减低放牧强度		66.42
	围封	11.67~17.64	
	人工种草	14.14	
	小计	25.81~31.78	66.42
农田	施用化肥	40.51	94.91
	秸秆还田	23.89	42.23
	施用有机肥	35.83	41.38
	免耕	1.17	3.58
	小计	101.4	182.1
湿地	退湖还田	0.03	0.003
总计		176.35~187.74	349.27~363.16

资料来源：王效科、逯非，2008。

第五节 至2020年低碳经济发展框架

按"十二五"期间我国GDP年均增长速度保持在8%计算，2015年GDP总量将达到18.9万亿元，是2005年的2.39倍；以"十三五"期间GDP增长速度保持在7%计算，2020年GDP总量将达到26.5万亿元，是2005年的3.35倍。以此作为经济增长情景，若单位GDP能耗和一次能源结构没有变化，则2015年我国能源消费总量将高达53.76亿吨标煤，碳排放总量达34.1亿吨；2020年这两个指标分别为75.4亿吨和47.8亿吨。而要实现碳排放强度下降40%~45%的目标，2020年碳排放总量应为27.5~26.2亿吨/年。因此，要实现碳排放强度下降40%~45%的目标，所需要的减排总量在20.3~21.6亿吨之间。要完成这个减排量，一方面取决于能源消费总量的下降，另一方面取决于一次能源结构的改善，特别是非化石能源比重的增加。

在上述经济增长情景和一次能源结构不变的情况下，只要2020年能源消费总量在45.2亿吨标煤以下，就可满足碳排放强度降低40%的要求；如果2020年能源消费总量在41.5亿吨标煤以下，则可满足碳排放强度降低45%的要求。由于2020年非化石能源比重比2005年上升7.9个百分点（即达到15%），因而能源消费限值可以稍微放宽，即2020

年在49亿吨标煤以下可满足碳排放强度降低40%的要求,在44亿吨以下可满足碳排放强度降低45%的要求。但是,在49亿吨标煤能源消费限值下(40%减排目标),2020年适度低碳情景下的非化石能源发展规模不能满足在一次能源消费中占15%的比重要求(非化石能源发展规模见前一部分的分析)。如果选择2020年适度低碳情景下的非化石能源发展规模,则能源消费总量不能超过45亿吨标煤限值;若选择强化低碳情景下的非化石能源发展规模,则能源消费总量限值可上调至49亿吨标煤。也就是说,非化石能源规模越大,其他减排途径的压力就越小;非化石能源规模越小,其他减排途径的压力就越大。

在所有减排途径(降低单位产出的能源消费量)中,产业结构调整起着主导作用。如前所述,即使是按过去15年的趋势延伸下去,产业结构变化对2020年碳排放强度下降40%~45%目标的贡献程度也将在63.9%~56.8%。事实上,我国能否实现2020年单位GDP碳排放下降40%~45%,关键取决于我们能否切实加快产业结构调整,转变经济增长方式。这里我们把这个主导减排因素设为两种情景:

- **产业结构基准情景**:2015年第三产业比重上升为44%("十二五"期间每年上升0.6个百分点)、高耗能产业比重下降为23%("十二五"期间每年下降0.2%),2020年第三产业比重和高耗能产业比重分别为47%和22%。按此情景,2020年我国单位GDP能耗下降为2.11吨标煤/亿元,比2005年下降25.75%。
- **产业结构加快调整情景**:2015年第三产业比重上升为45%("十二五"期间每年上升0.8%)、高耗能产业比重下降为22%("十二五"期间每年下降0.4%),2020年第三产业比重和高耗能产业比重分别为50%和20%。按此情景,2020年我国单位GDP能耗下降为1.866吨标煤/亿元,比2005年下降34.34%。

根据产业结构的设定情景,我们设计了两种减排情景("观点摘要"部分表1和表2)。

- **产业结构基准情景**:2015年亿元GDP碳排放下降为1.235万吨(比2005年下降31.36%),2020年下降为1.054万吨(比2005年下降41.43%)。在2020年的减排总量中,结构调整贡献61.5%,工业技术节能贡献14.3%,建筑节能贡献10.1%,增加非化石能源贡献11.3%,道路交通贡献2.8%。在此情景下,2020年我国一次能源消费总量为44.2亿吨标煤,其中非化石能源为6.66亿吨标煤,占一次能源消费的比例达到15.1%。
- **产业结构加快调整情景**:2015年亿元GDP碳排放下降为1.186万吨(比2005年下降34.12%),2020年下降为0.891万吨(比2005年下降50.52%)。在2020年的减排总量中,结构调整贡献67.2%,工业技术节能贡献11.8%,建筑节能贡献8.3%,增加非化石能源贡献10.5%,道路交通贡献2.2%。在此情景下,2020年我国一次能源消费总量为37.2亿吨标煤,其中非化石能源为6.66亿吨,占一次能源消费的比例达到17.9%。

上述三种情景没有考虑各类生态系统的增汇效应。若2020年我国可以实现新增造林面积 4000 万公顷,新增森林蓄积量 13 亿立方米,则新增碳汇 0.43 亿吨/年。加上这个减排量,三种情景下 2020 年单位 GDP 碳排放量将分别下降为 1.002 吨、0.966 吨和 0.831 吨。新增碳汇对我国 2020 年碳减排的贡献在 1.4%～2.0%。

第六节 小 结

节能减排、发展低碳经济,不仅仅是应对全球气候变化的政府间谈判的需要,而且也是我国必须要走的一条可持续发展之路。降低社会经济发展的能源消耗强度,可以减少发展对环境的损害,增强可持续发展的能力,而且也可以提高国家的安全程度。无论围绕全球气候变化的国际政治角逐如何进行下去,低碳经济都应成为我国今后发展的战略性任务。

碳排放强度的降低主要取决于产业结构的变化。碳排放强度与产业结构演化之间存在一条倒"U"字型曲线,进入工业化中期之后,第三产业比重上升和高耗能产业比重下降是碳排放强度降低的主要原因。本报告的数学拟合模型表明,第三产业比重和高耗能工业比重可以很好地解释过去 15 年间我国单位 GDP 能耗的变化,误差仅为 0.93%。若一次能源结构不变,这两个因素也可以很好地解释单位 GDP 碳排放的变化。

2020 年碳排放强度降低 40%～45% 的目标可以实现,但前提是发展模式转变和产业结构调整取得实质性成效。结构调整对实现 2020 年减排目标的贡献率在 58%～64%。没有发展模式的根本性转变和产业结构的实质性调整,我国无法完成 2020 年的减排目标。尽管"十五"以来我国大力推行工业技术节能,但仍有很大潜力。在不同情景下,工业技术节能对实现 2020 年减排目标的贡献程度在 11%～14%,建筑节能和增加非化石能源规模分别可以起到 10% 左右的贡献,道路交通节能的贡献在 2%～3%。

生态系统在减排中的作用,首先在于保护现有植被和土壤碳库资源(减少或禁止毁林),或开发生物质能以及使用生物质产品(如林产品)来代替高能耗、高碳密度物品,从而形成"减排"效应。但针对我国目前的实际情况,生态系统在这方面的贡献较为有限。生态系统在减排中的主要贡献体现为它巨大的"碳汇"功能。现有的资料显示,若采取相应的增汇措施,2020 年我国生态系统的固碳能力可达到当年碳排放量的 10% 左右,成为一个重要的减排措施。

与一些人认为只要保持经济高速增长就可以实现碳排放强度降低 40%～45% 目标的观点相反,我们认为只有保持适度增长才能实现这个目标。过去 20 年的经验表明,我国实现两位数的经济增长主要是依靠出口高速增长带动的,没有出口的增长,我们的 GDP 增速就只能维持在 7%～8% 左右。而出口带动的高速增长会导致"结构畸形",即第二产业比重和高耗能产业比重偏高、第三产业比重偏低。2002～2008 年我国的经济增长就是这样的结果。本报告的研究表明,这种"结构畸形"是导致碳排放难以下降的主要原因。可以说,不切实转变经济增长方式,继续依赖出口带动高速经济增长,我们是很难实现 2020 年的减排目标的!

尽管本报告给出了两种不同情景下低碳经济发展的路线图,但这些路径并不等同于最终的实施方案。正如引言中所述,实施方案还要考虑各种途径的成本、代价和风险。路线图仅粗略地考虑了这些因素,实施方案还有待进一步的研究。

参 考 文 献

[1] 蔡祖聪等:"冬季水分管理方式对稻田 CH_4 排放量的影响",《应用生态学报》,1998 年第 2 期。
[2] 陈泮勤等:《中国陆地生态系统碳收支与增汇对策》,科学出版社,2008 年。
[3] 段晓男等:"中国湿地生态系统固碳现状和潜力",《生态学报》,2008 年第 2 期。
[4] 方精云等:"1981~2000 年中国陆地植被碳汇的估算",《中国科学 D 辑》,2007 年第 6 期。
[5] 黄耀、孙文娟:"近 20 年来中国大陆农田表土有机碳含量的变化趋势",《科学通报》,2006 年第 7 期。
[6] 李庆逵:《中国水稻土》,科学出版社,1992 年。
[7] 郭然、王效科等:"中国草地土壤生态系统固碳现状和潜力",《生态学报》,2008 年第 2 期。
[8] 张雷:《矿产资源与国家工业化》,商务印书馆,2004 年。
[9] 张雷:"经济发展对碳排放的影响",《地理学报》,2003 年第 4 期。
[10] 张雷、黄园淅:"我国产业结构节能潜力分析",《中国软科学》,2008 年第 5 期。

附表1　2005年我国分行业能源消费量　　（单位：万吨标准煤）

行业	消费量	比重
消费总量	224681.99	100.00%
农业	7978.35	3.55%
煤炭采选业	6711.71	2.99%
石油和天然气开采业	3763.44	1.68%
金属采矿业	1612.09	0.72%
非金属矿及其他开采业	964.64	0.43%
食品制造和烟草加工业	4327.69	1.93%
纺织业	4983.7	2.22%
服装皮革羽绒及其制品业	857.92	0.38%
木材加工及家具制造业	820.46	0.37%
造纸印刷及文教用品制造业	3750.18	1.67%
石油加工、炼焦及燃料加工业	11877.73	5.29%
化学工业	27701.86	12.33%
非金属矿物制品业	19014.59	8.46%
金属冶炼及压延加工业	44278.75	19.71%
金属制品业	2223.58	0.99%
机械、交通、电气、电子设备制造业	8138.25	3.62%
其他工业	1316.62	0.59%
电力及蒸汽、热水生产和供应业	17148.42	7.63%
建筑业	3411.08	1.52%
交通运输、仓储和邮政业	16629.15	7.40%
批发、零售业和住宿、餐饮业	5031.12	2.24%
其他部门	8691.15	3.87%
生活消费	23449.51	10.44%

资料来源：《中国统计年鉴》，2006年。

附表2　2005年我国分地区能源消费总量　　（单位：万吨标准煤）

地区	能源消费	比重	地区	能源消费	比重
北京	5521.9	2.10%	河南	14624.6	5.57%
天津	4115.2	1.57%	湖北	9850.5	3.75%
河北	19745.1	7.52%	湖南	9110.1	3.47%
山西	12311.9	4.69%	广东	17769.4	6.77%
内蒙古	9642.6	3.67%	广西	4980.6	1.90%
辽宁	14684.9	5.59%	海南	819.1	0.31%
吉林	5957.6	2.27%	重庆	4359.84	1.66%

续表

地区	能源消费	比重	地区	能源消费	比重
黑龙江	8026.2	3.06%	四川	11301.1	4.30%
上海	8312.09	3.17%	贵州	6428.6	2.45%
江苏	16895.4	6.43%	云南	6024	2.29%
浙江	12031.7	4.58%	陕西	5423.7	2.07%
安徽	6518	2.48%	甘肃	4367.7	1.66%
福建	6157.08	2.35%	青海	1670.2	0.64%
江西	4286	1.63%	宁夏	2509.6	0.96%
山东	23609.8	8.99%	新疆	5506.5	2.10%

资料来源：《中国能源统计年鉴》，2006年。由于折算系数不同，各省相加不等于全国。

附表3　研究行业划分表

NO.	行业	NO.	行业
1	农业	12	化学工业
2	煤炭采选业	13	非金属矿物制品业
3	石油和天然气开采业	14	金属冶炼及压延加工业
4	金属采矿业	15	金属制品业
5	非金属矿开采业	16	机械、交通、电气、电子设备制造业
6	食品制造和烟草加工业	17	其他工业
7	纺织业	18	电力及蒸汽、热水生产和供应业
8	服装皮革羽绒及其制品业	19	建筑业
9	木材加工及家具制造业	20	交通运输、仓储和邮政业
10	造纸印刷及文教用品制造业	21	批发、零售业和住宿、餐饮业
11	石油加工、炼焦及燃料加工业	22	其他部门

附表4　2005年我国分行业直接碳排放量　　　（单位：万吨碳）

行业	排放量	比重	消费	投资	出口	其他
农业	3024.54	2.22%	1686.85	798.69	535.26	3.73
煤炭采选业	2360.78	1.74%	1007.41	361.86	996.72	−5.21
石油和天然气开采业	1065.60	0.78%	349.34	353.52	372.90	−10.15
金属采矿业	235.59	0.17%	32.46	113.28	90.08	−0.23
非金属矿开采业	266.94	0.20%	47.72	135.14	91.82	−7.74
食品制造和烟草加工业	1393.34	1.02%	831.78	326.10	222.76	12.70
纺织业	933.79	0.69%	264.11	51.57	611.78	6.35
服装皮革羽绒及其制品业	205.96	0.15%	81.30	27.09	98.37	−0.81

续表

行 业	排放量	比重	消费	投资	出口	其他
木材加工及家具制造业	224.21	0.16%	61.92	61.93	102.42	−2.05
造纸印刷及文教用品制造业	983.24	0.72%	391.50	177.94	411.28	2.51
石油加工、炼焦及燃料加工业	5546.67	4.08%	1804.48	1865.95	1761.70	114.54
化学工业	8734.28	6.42%	3022.57	1706.62	3849.36	155.72
非金属矿物制品业	8807.66	6.48%	1300.91	5956.76	1716.97	−166.98
金属冶炼及压延加工业	22499.60	16.55%	3734.14	8485.97	10365.23	−85.74
金属制品业	287.73	0.21%	60.83	80.29	151.56	−4.94
机械、交通、电气、电子设备制造业	1832.79	1.35%	316.96	636.72	893.53	−14.43
其他工业	192.60	0.14%	71.36	52.85	69.71	−1.32
电力及蒸汽、热水生产和供应业	63760.44	46.89%	24253.46	19756.84	21845.67	−2095.54
建筑业	1562.21	1.15%	53.12	1562.40	25.57	−78.88
交通运输、仓储和邮政业	8522.58	6.27%	3589.28	2545.91	2480.13	−92.73
批发、零售业和住宿、餐饮业	1360.97	1.00%	658.54	280.25	437.31	−15.14
其他部门	2181.42	1.60%	1576.06	309.64	279.60	16.11
总计	135982.95	100%	45196.12	45647.32	47409.75	−2270.24

附表5 2005年分行业完全碳排放量 （单位：万吨碳）

行 业	合计	比重	消费	资本	出口	其他
农业	4107.36	3.02%	3297.50	576.25	192.33	41.28
煤炭采选业	−1053.92	−0.78%	211.88	−1678.52	286.67	126.05
石油和天然气开采业	−21.56	−0.02%	0.00	12.41	58.59	−92.56
金属采矿业	714.15	0.53%	0.00	613.26	94.78	6.11
非金属矿开采业	81.95	0.06%	17.23	−128.87	216.35	−22.76
食品制造和烟草加工业	5596.36	4.12%	3575.02	1336.61	598.56	86.17
纺织业	3340.08	2.46%	487.73	−174.55	2977.98	48.92
服装皮革羽绒及其制品业	3715.23	2.73%	1474.51	409.99	1844.68	−13.96
木材加工及家具制造业	1149.98	0.85%	246.99	−28.02	927.95	3.06
造纸印刷及文教用品制造业	1658.90	1.22%	306.51	60.20	1279.11	13.07
石油加工、炼焦及燃料加工业	2481.19	1.82%	559.04	737.74	819.88	364.53
化学工业	6302.44	4.63%	1631.19	−1149.54	5218.23	602.56
非金属矿物制品业	2610.70	1.92%	875.06	178.42	1326.40	230.81
金属冶炼及压延加工业	3682.57	2.71%	41.87	−48.61	3324.04	365.27
金属制品业	2951.52	2.17%	453.47	−542.97	3107.37	−66.35

续表

行业	合计	比重	消费	资本	出口	其他
机械、交通、电气、电子设备制造业	34590.42	25.44%	2935.30	12112.97	19776.76	−234.62
其他工业	1221.49	0.90%	633.79	193.19	405.82	−11.30
电力及蒸汽、热水生产和供应业	3531.63	2.60%	5556.20	0.00	213.59	−2238.16
建筑业	28637.78	21.06%	0.00	30009.89	161.41	−1533.51
交通运输、仓储和邮政业	7563.02	5.56%	4179.55	1374.59	2122.21	−113.33
批发、零售业和住宿、餐饮业	4446.38	3.27%	2448.00	543.15	1543.91	−88.68
其他部门	18675.25	13.73%	16265.29	1239.71	913.11	257.14
总量	135982.95	100.00%	45196.12	45647.32	47409.75	−2270.24

注：个别行业由于固定资本形成中的库存减少，可能导致完全排放量为负值。

附表6　2005年我国各行业生产链平均碳排放强度　　（单位：吨碳/万元）

行业	合计	煤炭	石油	天然气
农业	0.234	0.186	0.030	0.018
煤炭采选业	1.259	1.123	0.053	0.083
石油开采业	0.879	0.366	0.060	0.453
天然气开采业	2.473	0.314	0.092	2.067
水电核电业	0.187	0.130	0.027	0.030
火电业	7.813	7.377	0.114	0.322
石油及核燃料加工业	2.737	0.304	2.058	0.375
炼焦业	6.343	5.808	0.231	0.304
蒸汽、热水生产业	6.074	5.796	0.212	0.066
燃气生产供应业	5.643	4.917	0.363	0.363
金属矿及其他非金属矿采选业	0.715	0.521	0.134	0.060
食品加工业及烟草制品业	0.267	0.216	0.027	0.024
纺织服装皮革羽绒制品业	0.407	0.282	0.036	0.089
木材加工及家具制造业	0.541	0.454	0.051	0.036
造纸印刷及文教用品制造业	0.552	0.420	0.049	0.083
化学工业	1.119	0.641	0.180	0.298
非金属矿物制品业	1.565	1.317	0.081	0.167
金属冶炼及压延加工业	1.325	0.979	0.066	0.280
金属制品业	0.669	0.507	0.055	0.107
通用专用设备制造业	0.655	0.475	0.049	0.131
交通运输设备制造业	0.539	0.382	0.044	0.113

续表

行业	合计	煤炭	石油	天然气
电气机械及器材制造业	0.514	0.372	0.053	0.089
电子通讯设备制造业	0.347	0.258	0.041	0.048
仪器仪表办公用具及其他制造业	0.422	0.342	0.038	0.042
自来水生产和供应业	0.78	0.697	0.035	0.048
建筑业	0.48	0.364	0.056	0.060
交通运输仓储及邮政业	0.502	0.228	0.214	0.060
批发零售贸易及餐饮业	0.281	0.204	0.035	0.042
其他社会服务业	0.336	0.274	0.032	0.030

附表7 2005年我国分省区市碳排放总量和强度

(单位:万吨碳、吨碳/万元GDP)

地区	碳排放总量	碳排放强度	地区	碳排放总量	碳排放强度
北京	2314.72	0.34	河南	8367.91	0.79
天津	2339.87	0.63	湖北	4729.55	0.73
河北	10819.59	1.07	湖南	4568.64	0.70
山西	7255.66	1.74	广东	7926.85	0.35
内蒙古	6074.07	1.56	广西	2357.81	0.58
辽宁	7377.95	0.92	海南	374.83	0.42
吉林	3674.50	1.01	重庆	1806.45	0.59
黑龙江	4197.51	0.76	四川	3962.08	0.54
上海	4124.92	0.45	贵州	3436.87	1.74
江苏	9911.03	0.54	云南	3160.96	0.91
浙江	5700.98	0.42	陕西	2962.86	0.81
安徽	3750.31	0.70	甘肃	2073.23	1.07
福建	2965.81	0.45	青海	424.31	0.78
江西	2125.56	0.52	宁夏	1388.83	2.29
山东	13687.85	0.74	新疆	2573.43	0.99
全国	136434.92	0.69	全国	136434.92	0.69

注:由于"能源平衡表"与《能源统计年鉴》之间的数据存在误差,全国汇总结果与前述计算结果也存在误差。

第二章 我国能源消费与供应格局情景分析

2009年11月,我国公布了2020年碳排放降低的目标——单位GDP的二氧化碳排放量比2005年下降40%~45%。人类社会经济活动所产生的二氧化碳主要是由化石能源作为燃料燃烧后产生的,因此,把握我国能源消费总量以及未来的消费结构,对分析我国碳排放的基本趋势具有重要价值。本章主要针对未来我国的能源消费与供应格局进行分析。

第一节 我国能源消费的发展趋势与增长因素分析

一、近年来我国能源消费的特征

1. 2000年以来我国能源消费增长迅速

能源是人类社会和经济发展的重要物质基础。随着经济的飞速发展,我国的能源需求量也不断增长。目前,中国已经成为仅次于美国的世界第二大能源消费国。2007年,中国能源消费总量为26.55亿吨标准煤,约占全球能源消费总量的16.1%。

建国以来,除个别年份外,我国的能源消费一直呈稳步增长的趋势。"九五"期间,受"八五"期间经济高速发展带动的能源需求增加的影响,国家对能源工业进行了大规模的投资,并进行了价格体制改革和市场因素导入,强化了能源供应的市场取向,使能源生产供应能力得以增强。与此同时,国家对国民经济的宏观调控也卓见成效,国民经济增长的速度放缓,导致"九五"期间的能源需求速度比"八五"期间有所下降,能源消费量有所减少。但是,自2000年以来,随着新一轮的重工业化,我国钢铁、石化、电力等行业的产品需求增长迅速,带动全国的能源消费呈飞速增长的态势。从1952年到2000年,我国一次能源消费总量从4871万吨标准煤增加到13.01亿吨标准煤,48年间的年均增长率为7.08%;而2000~2007年的年均增长速度却高达10.72%(图2—1)。也就是说,我国2000~2007年的能源消费增长量与之前48年的能源消费增长量基本相同。

2. 以煤为主的能源消费结构导致了一系列生态环境压力

由于我国能源资源以煤炭为主,导致我国的能源消费构成中,以煤炭为主的格局一直未曾改变。20世纪50、60年代煤炭在能源消费中的比例在80%~90%左右,1952年还

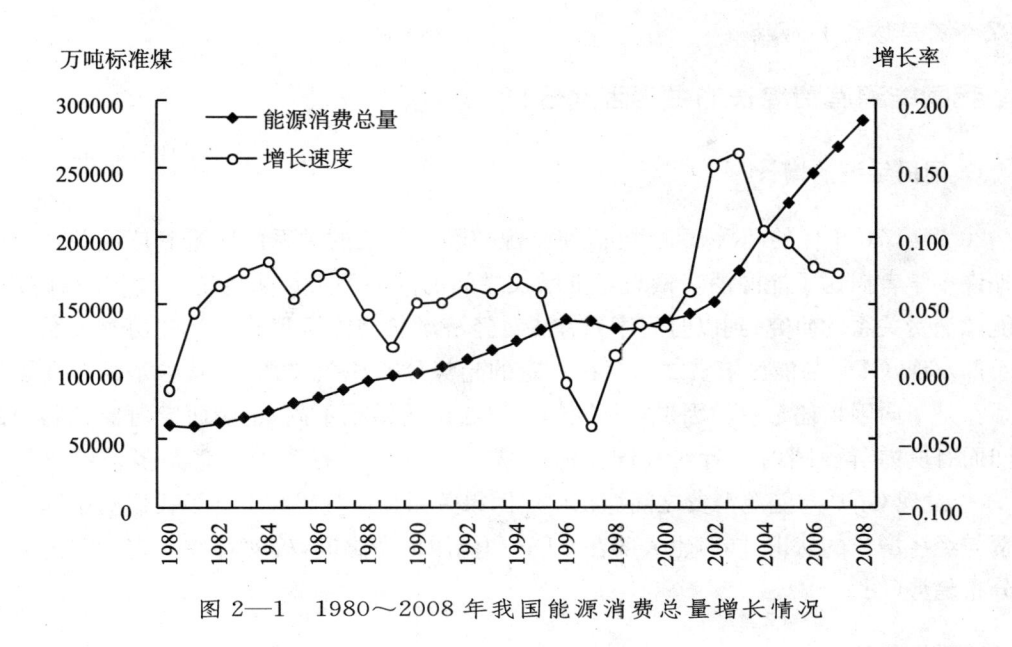

图 2—1 1980～2008 年我国能源消费总量增长情况

曾经达到 96.74%。近些年,随着国内油田的开发和国家大力鼓励发展清洁能源和替代能源,石油、天然气、水电等洁净能源在能源消费总量中所占的比重逐步提高,从 1990 年的 23.8% 上升到 2007 年的 30.5%。其中,石油所占的比例基本保持在 20%～22% 左右,天然气受供给量增大的影响,在能源消费中的比例已经从 1990 年的 2% 增长到 2007 年的 3.5%,水电的比例也随着水电开发步伐的加快,在能源消费结构中的比例从 1990 年的 4.6% 增长到 2007 年的 6.5%,核电的比例也从 0 增长到 0.8%[1]。

以煤为主的能源消费结构也给我国带来了一系列生态环境压力。一方面,煤炭开发是一个对开发地区生态环境带来严重破坏的经济活动,会对地表、水、植被覆盖等生态要素产生扰动,从而造成生态环境破坏。另一方面,在煤炭作为资源或能源被加工转化时,还排放出大量的二氧化碳和二氧化硫,是我国局部地区大气环境质量恶化的主要驱动因素。

3. 工业是最大的能源消费部门,也是能源消费增长的主要贡献部门

自 1990 年以来,虽然工业能源消费占能源消费总量的比例稍有波动,但始终保持在 70% 左右。"十五"期间,工业能源消费占能源消费总量的比例还呈现增长趋势,从 2000 年的 68.79% 增长到 2007 年的 71.6%。与此同时,工业能源消费还是全国能源消费增长的主要贡献者。2007 年,我国能源消费总量比 2000 年增长了 12.70 亿吨,而工业能源消费的增长量就达 9.47 亿吨,对全国能源增长的贡献率高达 74.6%。而且,自 2000 年以来,在每年全国的能源消费增长量中,工业能源消费规模增长的贡献率皆在 70% 以上,

2007年更是达到了77.8%。

二、我国能源消费增长的主要因素分析

1. 国民经济的增长

20世纪70年代的两次石油危机,使能源与经济增长的关系问题受到广泛关注。国内外许多学者探讨了能源消费量与经济增长之间的因果关系。从传统计量方法对GDP和能源消费关系的研究,到以时间序列方法对经济增长与能源消费之间的协整关系的研究[2]都发现,GDP与能源消费之间存在一定的趋势分布相关关系,但其中是否存在因果关系?是单向因果还是双向因果?不同的研究给出的结果不同,也因研究对象(国家)的不同而有所差异。国内学者对我国能源消费与经济增长关系的研究大多采用协整分析[3~5],发现GDP与能源消费之间存在单向因果关系。这些研究丰富了我们对中国能源消费与经济增长的认识,同时也表明在GDP和能源消费之间,确实存在一定时间内的同步分布趋势(图2—2)。

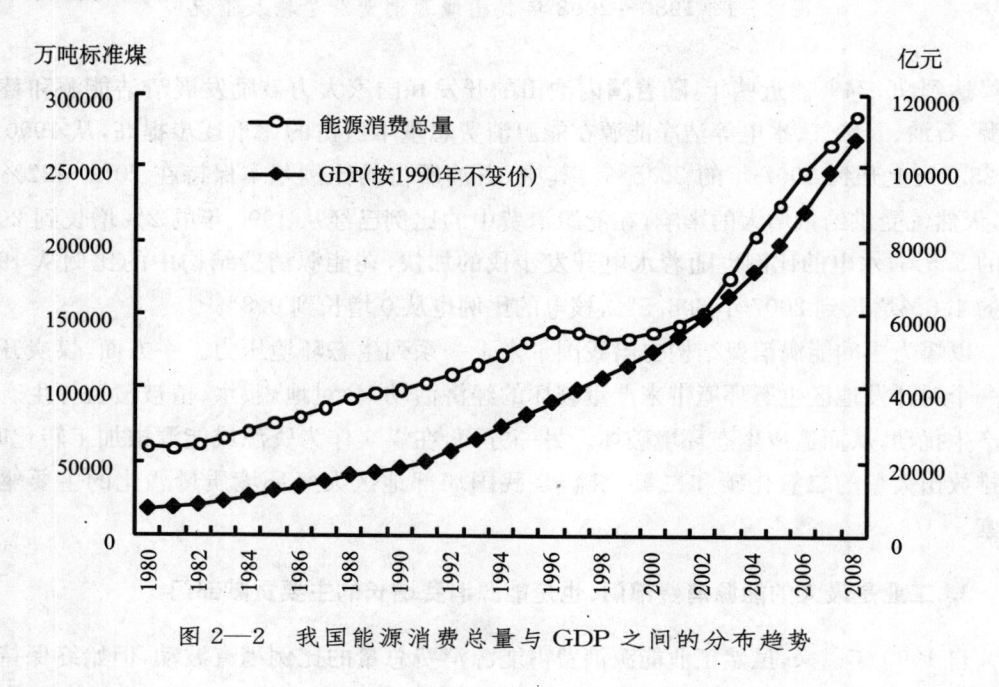

图2—2 我国能源消费总量与GDP之间的分布趋势

2. 主要高能耗产业部门的发展

一直以来,工业能源消费占我国能源总消费的比例为70%左右,工业能源消费的增长对全国能源消费增长的贡献率也在70%以上。而在工业部门中,石化、建材、钢铁、有

色冶金、电力等行业是主要的能耗产业,1998～2007 年这些行业对工业能源消费的贡献率之和基本保持在 60% 以上,对工业能源消费增长的贡献率之和也在 70% 以上(表 2—1)。而且,自 2002 年以来,随着我国高能耗工业部门的飞速扩张,其对工业能源消费增长的贡献率也不断提高,从 2002 年的 61% 逐步提高到 2007 年的 78%。

表 2—1 主要工业高耗能产业部门在能源消费总量与增量中的比重

(单位:万吨标准煤、%)

行业	2000 年 总量	2000 年 比重	2007 年 总量	2007 年 比重	2000～2007 年增量 总量	2000～2007 年增量 比重
工业能源消费总量	95442.8	100	190167.29	100	94724.49	100
石油加工及炼焦业	6961.57	7.29	13176.51	6.92	6214.94	6.56
化学原料及制品制造业	13164.92	13.79	27245.2	14.32	14080.35	14.86
非金属矿物制品业	11694.32	12.25	20354.84	10.70	8660.52	9.14
黑色金属冶炼及压延加工业	17820.39	18.67	47774.37	25.12	29953.98	31.62
有色金属冶炼及压延加工业	3835.10	4.01	10686.37	5.61	6851.27	7.23
电力、蒸汽、热水的生产和供应业	10184.19	10.67	18474.59	9.71	8290.39	8.75
六大部门合计		66.70		72.41		78.17

因此,高能耗产业部门的扩张是驱动我国工业能源消费增长的主要力量。通过将 1998～2007 年我国工业消费量与高能耗产业的工业总产值分布进行相关分析(图 2—3),发现二者具有正相关关系,相关系数高达 0.989。再通过函数拟合,发现二者符合指数关系。拟合后的函数 R^2 为 0.952,表明该函数可以解释二者关系的 95.2%。由此可见,未来能耗产业发展规模的变化,将在很大程度上影响我国能源消费规模的变化。

3. 生活水平的提高

随着收入水平的提高,广大居民对生活质量的要求与相关投入也会提高,比如燃料的使用量和取暖的温度,使用电器的数量和时间,交通出行的距离和时间。这些都将带动生活和交通能源消费的增长。从 1998 年到 2007 年,我国的生活和交通能源消费总量从 2.26 亿吨标准煤增长到 4.74 亿吨标准煤,年均增长 9%。人均生活和交通能源消费量也随着生活水平的提高而增长,从 1998 年的 0.181 吨标准煤提高到 2007 年的 0.359 吨标准煤。

第二节 未来我国的能源消费需求预测

一、国内外能源需求预测方法评述

国内外都非常重视能源规划,预测能源消费量。目前对能源消费趋势进行判断的研

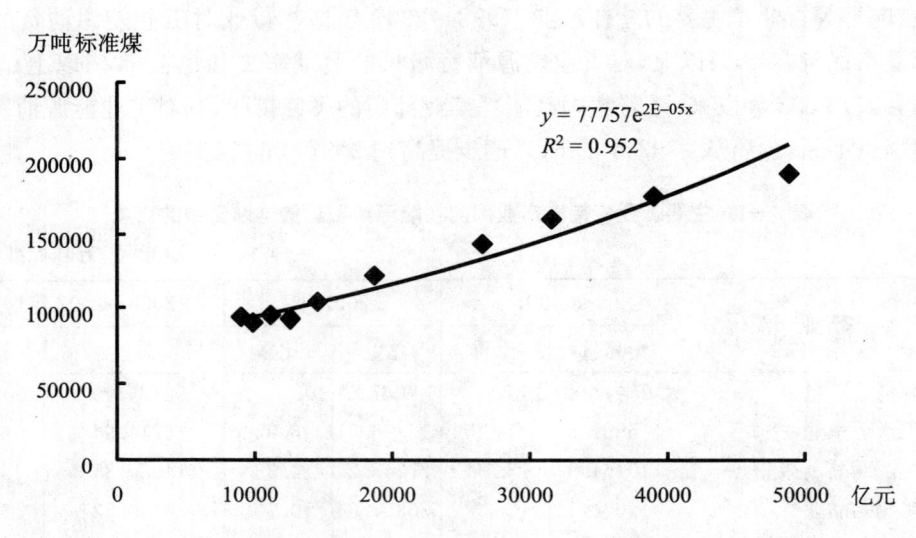

图 2—3 我国高能耗工业部门产值与工业能源消费总量间的相关关系
资料来源：《中国能源统计年鉴》、《中国统计年鉴》，1999~2008 年。

究方法有类比法、外推法和因果分析法[6]。在实际应用中国内外具体采用的研究方法有弹性系数法、人均能量消费法、单位产值能耗法、技术分析法[7]、时间序列法[8]、经济计量模型法等，但这些传统方法都有一定的局限性，并受到数据获取的限制。

其中，弹性系数法是基于一国或地区在未来预测年份的经济发展趋势与过去年份的经济发展趋势相比没有明显改变的假设而提出的[9]。但在中长期尺度内，各国或地区的经济结构都会发生变化，能源消费结构及节能技术也会有所改变，这些都直接影响着能源消费弹性系数的数值。在地区技术进步率和其他要素增长率较大的情况下，实际能源弹性系数与经验数据就会产生一个较大的差距，这种估算就会因误差过大而失去意义。人均能源消费法的假设是：世界上不同国家或地区的经济发展在相同的发展阶段，人均产值与人均能源消费量之间存在一定的比例关系。同样，在不同历史时期，随着技术水平和节能技术的采用，人均能源消耗值也在不断变化，而且在同样的人均产值水平下不同地区的人均能耗值相差甚大，因此该方法不太适合于短期能源消费预测。部门分析法，是直接预测在一定经济发展速度及一定技术进步条件下的能源消费。其中比较成型的模型为 MEDEE-S 模型[10]。MEDEE-S 模型是由法国能源署发起，由法国 Grenoble 大学能源政策与经济研究所(IEPE)组织设计实施的，是为中等收入国家设计的长期(15~20 年)终端能源消费预测技术经济模型，预测结果的好坏取决于对预测地区人口、社会经济、技术和能源情况的分析及对未来情景下发展趋势的判断。这个方法的准确度难以把握，并且需要与其他方法结合使用。近年来，时间序列建模及其预测技术在能源预测方面得到了普遍运用，比如 ARMA 模型[11]、灰色模型[12]等。但由于能源系统是一个非线性的复杂系统,预测结果往往与实际偏差较大,因此,采用混沌动力学模型对不确定环境下的能源分配与消费进行研究越来越受到学者的重视[13~15]。

20世纪90年代以后,国内一些研究单位和专家曾依据这些方法对我国能源消费做过许多研究,其预测值均远远高于"九五"期间我国能源消费的实际情况,从而使人们对能源消费预测产生了巨大困惑并面临新方法的选择。近几年,国内一些部门已开始对这些方法进行改进优化,或引进国外模型及开发研制一些具体模型对能源消费进行预测。如能源系统优化模型(I/O-INEJ模型)、美国的长期能源替代规划系统模型(LEAD模型)、清华大学的投入—产出模型等[16],但是预测结果又与实际的能源消费值偏差较大。

上述方法主要研究能源消费与产值之间的关系,较少考虑产业结构对能源消费的影响,而改革开放以来,我国的产业结构变化很大;因此,这些方法都不能很好地预测能源消费的趋势。近几年,已有人开始研究并验证了产业结构对能源消费是具有影响的,但主要是把结构分为第一产业、工业、建筑业、交通运输业、商业批发业等[17],却忽视了工业部门内部不同行业的结构变化对总体能源消费的影响。在我国,工业是主要的能源消费部门与经济贡献部门;而在工业内部,又只有少数几个部门是主要的能源消费大户。因此,这几个能源消耗大户部门在地区产业结构中的比重将极大地影响地区能源消费的走势。只有掌握主要能源消耗产业在地区产业中的结构变化,以及单位能源消耗参数的变化,才能相对准确合理地预测出处于工业化快速发展阶段地区的工业生产的能源消费。

二、主要部门预测法

从上述分析可见,对一个地区或国家的能源消费进行准确预测是一件比较困难的工作。首先,能源消费随着该地区产业结构的变动而变动。其次,价格和政策因素对能源消耗有着重大影响。如国家推行的节能减排、推广节能灯等政策都将通过影响工业生产和居民生活的消费模式最终影响到电力的需求量。第三,技术的非线性进步也对能源消费产生巨大影响。尤其是一些节能技术的采用。因此,能源消费是一个非线性的变化过程。

为准确把握地区能源消费的增长趋势,本研究采取了"抓大放小"的方式,通过部门分析确定地区能源消费的几个主要部门(累计消耗在地区能源消费总量中占70%以上的部门,称为"高能耗部门"),并将其他部门归并为一个综合部门(称为"低能耗部门")。在我国,高能耗部门主要是工业的六大部门以及生活交通能源消费。因此,只要较好地把握这些高能耗部门的能源消费预测,并根据历史数据对其他低能耗部门进行线性模拟,就可以基本把握我国未来的能源消费总体趋势。

1. 工业能源消费预测

工业能源消费是工业高耗能部门的能源消费与低耗能部门的能源消费之和。对于工业高能耗部门的能源消费预测,首先需要通过历史数据分析这些高能耗工业部门单位产值能耗参数的变化趋势(变化趋势在一定程度上反映了技术进步因素、政策因素等的作用),并对这些部门的未来参数做出判断;其次,利用已预测的主要高能耗部门的产品规模变化,以及单位产值能源消耗参数的变化,来分析高能耗工业部门的能源消耗量。而低耗能工业部门的能源消费则是在基本把握这些部门产值和单位产值能耗强度变化趋势的基础上,根据趋势外推得出的。其中产值预测是在其过去 10 年产值增长变化的基础上,根据国民经济整体形势预测得出。单位产值能源消费量则是结合过去 10 年变化的函数拟合,以及国家"十一五"规划提出的将单位产值能耗降低 20% 的目标而得出的。

工业能源消费预测计算公式如下:

$$Y_t = Y_{wt} + Y_{ct} = \sum_i (x_{wti} * r_{wti}) + x_{ct} * r_{ct} \tag{1}$$

$$x_{wti} = x_{woi} * \alpha_i \tag{2}$$

其中 Y_t 是 t 时期的工业能源消费量,Y_{wt} 是 t 时期高能耗工业部门的能源消费量,Y_{ct} 是 t 时期低能耗部门的能源消费量。

高能耗部门的能源消费量是几个主要高能耗部门的产值 x_{wti} 与 t 时期单位产值能源消费量 r_{wti} 乘积之和。本研究中,高能耗工业部门为石油化工、炼焦及核燃料加工业,化学原料及化学制品制造业,非金属矿物制品业,黑色金属冶炼及压延加工业,有色金属冶炼及压延加工业,电力、热力的生产和供应业。对于高能耗工业部门的产值预测,本研究采用了产品规模增长预期判断的方法。即 x_{wti} 是 t 时期能耗产业的产值(不变价),是在 0 时期产值的基础上,根据产品的规模变化(即 t 时期该行业主要产品的生产规模相对于 0 时期生产规模变化的倍数 α)计算得出的。单位产值的能源消费量则是根据 1998~2007 年的数据分布规律,综合考虑国家对这些行业节能减排的产业政策,进行函数拟合得出的。

2. 生活交通能源消费预测

生活交通能源消费则是在综合人口规模变化以及人均能源消费基础上计算得出。而其他部门则按线性变化来考虑。

假设生活性能源消费主要与人口数量的变化和人均能源消费系数呈正相关关系,而人均生活能源消费的变化是一个相对迟缓的过程,即使考虑到技术进步和能源利用效率提高的影响,这种变化也是缓慢的,因此可以用时间序列法来进行预测。即根据过去几年人均生活能源消费及其变化情况,在预测未来人口数量的基础上,结合人均能源消费的变化速率,预测出未来的生活能源消费。公式如下:

$$Y_t = p_t * r_t \quad 其中, r_t = r_0 * e = (Y_0 / p_0) * e \tag{3}$$

其中 Y_t 是 t 时期的生活能源消费量,p_t 是 t 时期的人口,r_t 是 t 时期的人均生活能源消费量。其中人口是根据人口增长趋势预测得出,r_t 是根据 1998~2007 年地区人均生活能源的变化速率,由初时期的 r_0 乘以变化率(e)得出。

3. 其他行业的能源消费预测

其他行业的能源消费是产值与单位产值能源消费强度的乘积。计算公式为：
$$Y_t = C_t * r_t \tag{4}$$

其中，C_t 是 t 时期其他行业的产值，r_t 是 t 时期单位产值的能源消费量。其中产值预测是在其过去 10 年产值增长变化的基础上，根据国民经济整体形势，预测得出。单位产值能源消费量则是结合过去 10 年变化的函数拟合，以及国家"十一五"规划提出的将单位产值能耗降低 20% 的目标而得出的。

4. 能源消费总量

将上述三项能源消费预测值相加汇总，就可以得到未来我国的能源需求量。这种预测方法虽然仍不完善（例如，在实际计算中，部门产值变化受价格调整的影响很大，故按产品量计算更准确），但是在结构上把握了未来变化的总体趋势，而且可以根据预测结果进行部门结构调控。因此，尤其适用于短时期内国家和地区的能源消费预测。

三、我国国民经济整体发展趋势及主要高能耗部门发展趋势分析

1. 我国国民经济整体发展趋势判断

自 1978 年改革开放以来，我国经济进入快车道。在对外出口和国内投资的双重拉动下，国民经济一直保持 8% 以上的增长率。虽然自 2008 年以来全球遭遇金融危机，导致世界经济陷入衰退，国际贸易状况恶化，我国经济发展受到严重冲击，但是，在国家应对国际金融危机一揽子刺激计划和政策措施之下，我国整体经济趋势依然保持良好。2008 年，我国 GDP 依然保持了 9% 的增长率，2009 年的增长率也在 9% 以上。

对于今后我国经济的发展速度，学术界历来有乐观和悲观两派观点。乐观派认为我国有巨大的市场潜力，劳动力供给充分；储蓄率、投资率很高；人均 GDP 水平还很低，产业结构层次也较低，就业结构更处于较低阶段。因此，中国完全有可能继续维持 10~20 年的经济快速增长。悲观派认为，中国经济增长受到许多因素的限制，如农民收入水平低、人均自然资源少、环境保护任务重、国际竞争力低等。特别是随着我国的崛起，经济增长的外部环境正在发生变化，掣肘的因素越来越多，我国将很难继续保持目前的增长速度[18]（表 2—2）。

分析我国过去 30 年的经济高速增长，可以归结为以下四个要素：资本投入（外商投资和国内投资）规模的不断增长、体制改革和技术进步推动下生产率的大幅提高、"无限"供给的廉价劳动力（即"人口红利"），以及参与经济全球化所带来的进出口贸易额大幅增加（即"世界工厂"）。在未来的 10 到 20 年中，全球资本过剩格局下我国的资本投入仍将继

表 2—2　国内外学者对中国经济增长预测汇总

研究者/机构	2000~2010年	2010~2020年	2020~2030年	2030~2040年	2040~2050年
中国社科院	8	6		4~5	
国务院发展中心	8.4	7.1			
北京大学	7.5~8.5	6.5~7.5			
清华大学	8.75	6.18	4.76		
国家信息中心	7.5	7.3	5.5	5.0	4.5
世界银行	6.9	5.6			
国际能源署	5.7	4.7	3.9		
兰德公司	3~4.9	2.1~5.3			
高盛公司	7.6	5.45	4.25		
世界能源展望2007		7.7	4.9		

资料来源：2050中国能源和碳排放研究课题组：《2050中国能源和碳排放报告》，科学出版社，2009年，第643~644页。

续保持高水平增长，而且随着国民实际收入的提高将带动国内需求继续保持强盛增长的趋势。但目前我国市场机制改革的效应已经基本释放，人口红利即将结束，受资源环境、人民币升值以及人口红利结束的影响，"世界工厂"对我国经济增长的贡献率将逐渐下降。假定目前全球金融危机不再继续蔓延和恶化，且不再有新的特大金融危机和灾难发生，预计未来10~20年内，我国将继续保持经济的稳定增长[18]。但是，受内部结构调整和外部环境变化的限制，发展的速度将有所放缓。预计2010~2015年，我国GDP将保持8%的增长率，2015~2020年将保持7%的增长率。

2. 主要高能耗工业部门发展趋势分析

目前，我国已经进入工业化中期。在未来20~30年，工业化仍然是我国经济发展的主旋律。根据前文分析，我国的能耗产业主要是石化、钢铁、建材、有色冶金以及火电这五个行业。在未来10年中，受国内和国际环境影响，不同行业的发展趋势将有所不同。根据我国相关的产业规划，目前钢铁和有色冶金的生产能力已经基本达到顶峰，进入总量控制下的结构调整和空间布局调整阶段；建材工业由于新农村建设、基础设施建设、解决城市住房问题等的需要，生产规模还会继续保持增长，大约在2015年左右达到顶峰；石化产业受国内油品和下游产品需求的带动以及已有生产规模有限的影响，目前还处于规模扩张阶段，大约到2020~2030年生产规模到达顶峰。

① 石化

受资源禀赋条件的影响，近期我国不太可能新上大型的油田项目。多家研究机构和咨询网站的预测显示，我国未来15年原油产量将在19500万吨上下浮动，不会有太大的变动。

但是对于原油加工量的预测,由于国民经济发展对化工产品需求的增长,总体上都认为未来规模总量的跨越式提升是必然的,也意味着未来我国原油对外依存度的进一步提高。

2007年,我国的原油加工量为3.3亿吨,根据我国的《石化产业调整和振兴规划》,以及目前已经批准的炼化项目,预计到2010年,我国的原油加工能力将达到4亿吨。根据中国石化工业协会的研究,预计到2020年原油加工量总规模达到5亿吨,2030年达到6亿吨。

在石化产品方面,国内石化产品需求巨大,市场前景很好。根据我国的《石化产业调整和振兴规划》、《乙烯中长期规划》以及目前已经批准的乙烯项目和相关预测,预计到2015年,我国的乙烯生产能力将达到2000万吨/年,2020年将达到3400万吨/年。

② 黑色冶金与有色冶金

2007年我国的钢材产量为4.8亿吨,但实际生产能力已经突破6亿吨。根据我国的《钢铁产业政策》,我国目前生产的钢铁产品基本能够满足国民经济各行业的需要,今后我国钢铁产业的主要发展重点是技术升级和结构调整[20]。但是,受国民经济发展的整体带动,以及在全面建成小康社会之前我国仍将处于"家园建设阶段"影响,我国钢铁产量将继续保持一定时期的微增长。预计2015年钢铁产量可能达到5.5亿吨,2020年达到顶峰,为6.1亿吨[18]。2020年之后,随着重大基础设施建设的逐步完成,以及频频出现的各种国际贸易闭垒对我国钢铁产品的限制,我国的钢铁产业将出现外移,国内钢铁产量将有所下降,保持在5.7亿吨左右。

有色冶金的发展趋势与钢铁产业基本相同。近年来,为推动节能减排,国家已经开始严格审批有色冶金项目,有色冶金产量的增长速度已经大幅减缓。预计到2020年,我国有色冶金生产规模将达到顶峰。

③ 水泥

2007年,我国的水泥产量为13.6亿吨,但实际产能已经突破15亿吨。目前已经呈现产能过剩的局面。但是,随着震后重建、新农村建设带动的建筑需求,以及几大水泥巨头的市场扩张,我国的水泥产量在2015年之前还有增长的空间。预计到2015年,随着全民建设小康社会目标的实现,水泥产能将达到顶峰的16亿吨。在此之后,产能基本保持不变。

④ 火电

根据国家统计局数据,截至2008年底,我国火电装机容量60285万千瓦,约占电力装机总容量的76%。其中,单机10万千瓦以下(不含10万千瓦)的小火电机组总装机容量为12599万千瓦。根据相关政策,由于煤耗高,这些小机组中80%的机组将会在2020年前关停。此外,国家正计划将关停的火电机组的单机容量提高到20万千瓦,一旦该政策落实,火电机组的关停总装机容量将达到2亿千瓦。

根据"电力周刊——项目审批信息"的项目统计,2008年国家发改委核准火电项目59个,涉及装机约4800万千瓦;2009年前5个月核准火电项目28个,涉及装机约2300万千瓦。综合考虑2008年以前核准的部分未建成项目,可以预计,2009年和2010年火电新投产机组容量不会低于每年5000万千瓦。因此,到2010年,我国的火电装机预计要达到6.5亿千瓦左右。同时,根据对"电力周刊——项目审批信息"中正在开展前期工作的项目进行的统计并考虑经济危机的影响,预计2011年、2012年火电新投产机组容量平均每年4000万千瓦;2013年至2015年火电新投产机组容量平均每年6000万千瓦;2016年至2020年火电新投产机组容量平均每年3000万千瓦。因此,预计到2015年,我国的火电装机将达到7.8亿千瓦,到2020年达到9亿千瓦左右[21]。2020年之后,火电建设将有所减缓,预计到2030年达到9.5亿千瓦左右。

综上所述,对主要高能耗产业主要产品规模的预测可见于表2—3。从基本上讲,我国的能耗产业将在2030年之前达到顶峰。

表2—3 主要高能耗工业产业未来产品规模预测

主要能耗产业	表征产品	2007年	2010年	2015年	2020年	2030年
石油加工、炼焦及核燃料加工业	石油加工量(亿吨)	3.3	4.0	4.2	5.0	6.0
化学原料及化学制品制造业	乙烯(万吨)	1027	1550	2000	3400	3600
非金属矿物制品业	水泥(亿吨)	13.6	15.0	16.0	16.0	16.0
黑色金属冶炼及压延加工业	钢(万吨)	48928	50000	55000	61000	57000
有色金属冶炼及压延加工业	铝(万吨)	1000	1300	1500	1600	1600
电力、热力的生产和供应业	火电装机(万千瓦)	60000.0	65000	78000	90000	95000

3. 低能耗工业产业发展趋势分析

随着国内市场的饱和,我国的低能耗工业产业将逐渐进入组织结构优化调整阶段。一些生产规模小、技术落后的企业将逐渐被具有竞争力的企业取代。而且在国际社会对我国产业转移没有限制,全球化趋势不逆转的前提下,随着我国生产成本的提高,部分企业和产业将向周边和海外国家转移。因此,预计2010~2020年,我国的低能耗工业产业部门总产值的增长速度将逐步放缓。预计在2015年之前,将保持10%左右的增长率。2015年之后,增长率将降低到8%。

四、我国的能源消费总量预测

1. 工业能源消费预测

① 高能耗工业部门单位产值能耗指标的预测

虽然自1998年以来,我国主要高能耗产业的单位产值能耗指标都呈现下降趋势。但是,从具体产品而言,主要工业耗能产品的单位能耗指标仍显著高于国际水平。根据1998~2007年我国主要高能耗产业单位产值能耗的变化趋势,我国距离国际水平的差距,以及我国出台的《节能中长期规划》,大约到2020年,我国的主要高耗能产品单位能耗指标基本达到或接近国际先进水平(表2—4),据此可以预测我国主要耗能产业的单位产值能耗水平(表2—5)。

表2—4 主要耗能产品的单位产品能耗指标目标

产品	2005年	2010年	2015年	2020年
炼油单位能量因数能耗(千克标准油/吨因数)	13.000	12.000	11.000	10.000
乙烯综合能耗(千克标准油/吨)	700.000	650.000	625.000	600.000
水泥综合能耗(千克标准煤/吨)	159.000	148.000	137.000	129.000
吨钢综合能耗(千克标准煤/吨)	760.000	730.000	715.000	700.000
10种有色金属综合能耗(吨标准煤/吨)	4.655	4.595	4.500	4.450
火电供电煤耗(克标准煤/千瓦时)	377.000	360.000	340.000	320.000

表2—5 主要高能耗工业产业单位产值的能耗水平与消费总量

部门	单位产值能耗(吨标准煤/万元)				能源消费总量(万吨标准煤)			
	2005年	2010年	2015年	2020年	2005年	2010年	2015年	2020年
石油加工、炼焦及核燃料加工业	10.546	9.303	8.278	7.525	11877.73	15374.26	14364.35	15544.90
化学原料及化学制品制造业	2.296	1.623	1.560	1.498	22705.45	38189.90	47364.49	77319.50
非金属矿物制品业	3.908	2.384	2.207	2.078	19014.59	20895.09	20633.32	19427.29
黑色金属冶炼及压延加工业	4.497	3.969	3.887	3.806	37078.47	46898.64	50522.68	54866.56
有色金属冶炼及压延加工业	2.362	1.705	1.670	1.651	7200.28	13712.18	15496.97	16342.03
电力、热力的生产和供应业	3.662	2.881	2.721	2.561	15826.77	19108.67	21656.93	23519.38

② 工业能源消费预测

首先,以2007年的数据为基础,根据前文中2010年、2015年、2020年主要高能耗工业产业部门产品规模的变化,可以预测出这些工业部门的产值。再结合前文中这些部门单位产值能耗水平的变化,可以计算出不同时期高能耗工业产业部门的能源消费量(表2—5)。

其次,根据我国低能耗工业部门的单位产值能源消费量变化趋势,并考虑国家"十一五"规划提出的将单位产值能耗降低20%的目标,预测2010年和2020年这些部门单位产值的能源消费量。根据1998~2007年低能耗工业部门的产值变化,以及对国民经济整体发展形势的估计,预测出2010年和2020年工业产值,计算得出低能耗工业部门的能源消费需求量(表2—6)。

最后经汇总计算,可以得出2010年、2015年和2020年我国工业能源的消费量(表2—6)。根据预测分析,2020年,我国的工业总产值将达到62.5万亿元,与2007年相比,年均增长率约为10%。工业能源消费量为30.85亿吨标准煤。其中高能耗工业部门的产值将达到9.7万亿元,约占工业总产值的15.4%,所需要的能源消费量为20.7亿吨标准煤,约占工业能源消费总量的67.1%。高能耗工业部门在工业总产值中的比重已经有所下降(2007年为24%),在工业能源消费总量中的比例也开始下降。随着2020年我国主要高能耗部门的生产规模将达到顶峰,预计我国工业能源消费的规模也将达到顶峰。

表2—6　2010年、2015年、2020年我国工业能源消费预测　(单位:万吨标准煤)

	2005年	2010年	2015年	2020年
高能耗工业部门能源消费	113703.29	154178.74	170038.74	207019.66
低能耗工业部门能源消费	45788.34	67039.90	86374.75	101530.27
工业能源消费总量	159491.63	221218.65	256413.48	308549.93

③ 生活交通能源消费预测

目前,我国的人均生活和交通能源消费水平还比较低,分别为0.20和0.17吨标准煤,还不足美国平均水平的1/10和1/20。随着国民经济整体水平的提升,城市化率的提高,居民生活水平和消费水平也将提升,必然带动居民生活能源消费水平的提高。同时,生活水平的提高也将带动居民出行方式和出行距离的改变。家用汽车数量将大大提高,出行距离也将有所增加,必然带动交通能源消费水平的提高。从1998～2007年我国生活和交通能源消费的增长趋势来看,这种增长基本呈指数函数趋势(图2—4),年均增长率为7.96%。但是,这种增长并不完全是线性的。随着节能技术的发展,以及环境压力对人类消费模式的影响,生活交通能源消费的增长率将逐步放缓,并渐渐趋于稳定。目前,我国人均生活交通能源消费的增长率已经呈现下降趋势。2002年以来,随着中国加入世界贸易组织所带来的汽车进口关税下降以及国内汽车产业的发展,人均生活交通能源消费的增长速度加快,2003年增长速度达到13%左右,之后逐年下降,2007年已经降到了7.3%。

假设2007～2010年,人均生活能源消费增长速度继续保持目前7%的增长速度,2010～2015年,随着国内消费方式的改变,增长率减为6%;2015～2020年再减为5%;2020～2030年期间增长率继续减为4%。另外,假设2030年之前我国的人口政策不会出现大的调整,保持目前6.4‰的增长趋势,由此可以预测出不同时期我国的生活交通能源消费量,见表2—7。2030年,我国的生活交通能源消费将达到17亿吨,大约与目前美国的生活能源消费总量持平,但人均生活交通能源消费仅为1.112吨标准煤,为美国目前水

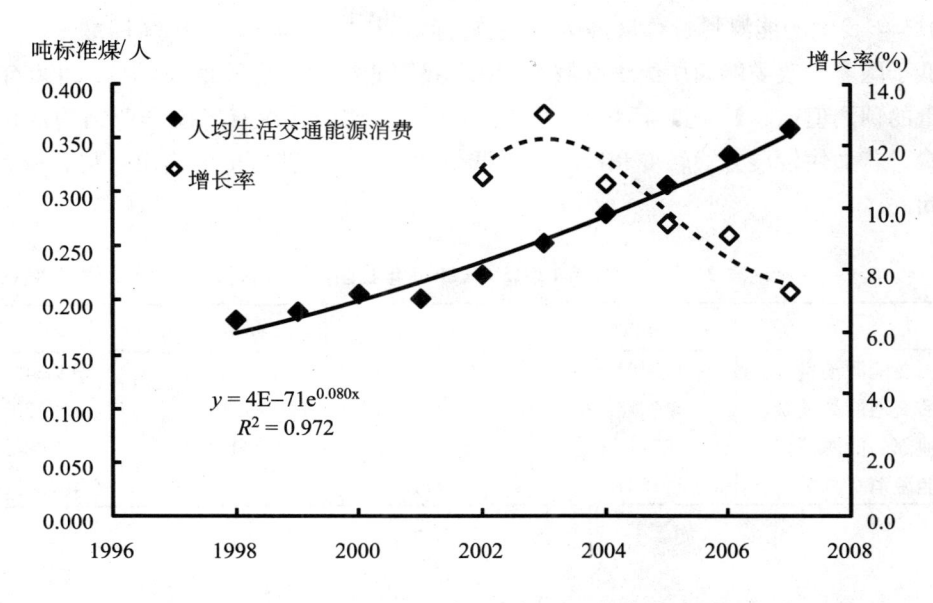

图 2—4 1998～2007 年我国生活交通能源消费增长情况

平的 1/5。

表 2—7 2010 年、2015 年和 2020 年我国生活能源消费预测

	2007 年	2010 年	2015 年	2020 年	2030 年
人均生活能源消费（吨标准煤）	0.359	0.440	0.589	0.751	1.112
人口规模（万人）	132129.00	134521.62	138605.99	142814.37	151618.33
生活交通能源消费（万吨标准煤）	47433.08	59159.79	81572.89	107270.98	168575.88

④ 其他部门的能源消费预测

除工业生产和生活消费外，我国的能源消费还包括农业生产、建筑业、批发零售和餐饮服务业，这些行业合计在我国能源消费中占 11% 的比例。虽然这些部门的消费规模呈现逐年增长的趋势，但趋势不稳定，上下波动较大，平均增速保持在 6% 的水平。随着国民经济的增长，这些产业部门的能源消费必将随着产业规模的扩大而增长。但是，随着产业技术的革新与节能技术、节能消费方式的采纳，增长的速度必然放缓。假设 2007～2010 年增长的速度为 5%，2010～2015 年为 4%，2015～2020 年为 3%，由此可对 2010 年、2015 年、2020 年其他部门的能源消费做出预测见表 2—8。

⑤ 预测结果汇总

将上述计算得出的生活能源消费、工业能源消费和其他部门能源消费进行综合，可计算得出 2010 年、2015 年、2020 年我国的能源消费需求总量（表 2—8）。根据上述研究结果,2015年我国的能源消费总量将达38亿吨标准煤,2020年达46亿吨标准煤。这个结果略低于国家发改委能源所组织编制的《2050我国能源和碳排放报告》中对2020年能源消费量的预测值(48.17亿吨标煤)[18~22]。这个预测结果并没有考虑产业结构加快调整的因素。若加快发展方式转变和产业结构调整,则2020年我国能源需求量将有较大的下降空间。

表2—8 2010年、2015年、2020年我国能源消费预测 （单位:万吨标准煤）

	2005年	2010年	2015年	2020年
工业能源消费	159491.63	221218.65	256413.48	308549.93
生活交通能源消费	40078.66	59159.79	81572.89	107270.98
其他部门能源消费	25111.70	32393.37	39411.49	45688.72
能源消费总量	224681.99	312771.81	377397.86	461509.63

第三节 未来我国的能源供应情景预测

一、煤炭的供应趋势与格局分析

由于我国的能源资源禀赋以煤炭为主,煤炭资源储量约占我国化石能源储量的90%,因此在一次能源生产和消费结构中煤炭的比重一直在70%左右。而且,即使国家调整了能源发展战略,在未来10~20年大力发展风电、水电、核电等清洁能源,也无法在短期内从根本上改变以煤炭为主的格局。

我国的煤炭消费量自1980年以来一直呈持续增长态势。1980~1996年,煤炭消费量从6.1亿吨增加到14.5亿吨,年增长率为5.5%。1996~2000年,受国民经济宏观调控的影响,煤炭消费量有所下降。2001年以后,在西部大开发、东北老工业基地振兴等战略的带动下,我国基础设施建设投资加快,对钢铁、石化、建材等能耗工业的投资加大,能源消费呈现快速增长的趋势。作为我国的主体能源,煤炭的消费量也呈现高速增长的趋势。煤炭年消费量从2000年的13.2亿吨增加到2007年的25.86亿吨,年均增长率达10.1%,远远超出了该阶段GDP的增长率。

从煤炭供应的角度看,2003年初,针对我国煤炭开发的突出问题,国务院做出了"利用国债资金重点支持大型煤炭基地建设,促进煤电联营,形成若干个亿吨级煤炭骨干企业"的重大决策。2006年,国家发展改革委员会规划了13个大型煤炭基地(发改能源[2006]352号),分别为神东、晋北、晋东、蒙东(东北)、云贵、河南、鲁西、晋中、两淮、黄陇(华亭)、冀中、宁东、陕北基地。2008年,随着新疆煤炭的大力开发,哈密基地也被列为国家大型煤炭基地之一。根据国家煤炭产业规划,这些大型煤炭基地将成为保障我国煤炭供应的重要支撑,在我国煤炭供应中将占70%的比例。

根据各基地的规划,13个煤炭基地再加上哈密基地,2010年煤炭产量可达19.9亿吨。假设当年基地产量约占全国的70%,2010年全国煤炭产量可达28亿吨。2020年基地产量达28.5亿吨,按基地产量占全国70%计算,全国煤炭产量将达40亿吨。

在煤炭基地的供应布局上,根据规划,神东、晋北、晋中、晋东、陕北大型煤炭基地处于中西部地区,主要负责向华东、华北、东北等地区供给煤炭,并作为"西电东送"北通道电煤基地。冀中、河南、鲁西、两淮基地处于煤炭消费量大的东中部,主要负责向京津冀、中南、华东地区供给煤炭。蒙东(东北)基地负责向东北三省和内蒙古东部地区供给煤炭。云贵基地负责向西南、中南地区供给煤炭,并作为"西电东送"南通道电煤基地。黄陇(含华亭)、宁东基地负责向西北、华东、中南地区供给煤炭。此外,这些大型煤炭基地还将综合开发利用煤炭及煤炭伴生资源,实现上下游产业联营和集聚,发展煤电、煤化工产业。最终目标是建设成为重要的煤炭调出基地、电力供应基地、煤化工基地和资源综合利用基地。

二、石油的供应趋势分析

由于我国石油资源储量有限,一直以来,油气在我国能源消费中所占的比例并不高,基本保持在18%~20%的水平。我国的石油消费主要通过国内原油加工为成品油供国内消费,此外也进口少部分成品油。原油加工基本上占石油消费总量的89%。假设未来我国的油品需求主要通过国内原油加工来满足,结合相关部门的规划,预计2015年我国的原油加工能力将达4.2亿吨,带动当年原油消费量4.8亿吨;2020年我国的原油加工能力将达5亿吨,带动当年原油消费量5.8亿吨。

在原油供给能力上,2008年我国的原油生产量为1.92亿吨,当年原油加工量为3.69亿吨,净进口2.09亿吨。原油净进口量占原油加工量的比例高达56.7%。当年我国进口的原油50%来自中东地区,进口量8970万吨。其次为非洲地区,进口量5395万吨;欧洲和西半球进口量3025万吨;亚太地区498万吨。位于前10位的国家分别是沙特(3637万吨)、安哥拉(2989万吨)、伊朗(2132万吨)、阿曼(1458万吨)、俄罗斯(1164万吨)、苏丹(1050万吨)、委内瑞拉(647万吨)、科威特(590万吨)、哈萨克斯坦(567万吨)、阿拉伯联合酋长国(458万吨)。从这10个国家的原油进口量达14692万吨,占进口总量的82%。

未来10年,我国的原油进口存在一定的不确定性。美国能源信息管理局(EIA)所进行的远期分析认为,中国和美国将是今后20年间推动全球石油需求增长的两大主要推动力[23]。未来我国在全球石油市场的竞争将继续加剧。此外,全球原油供给量将逐步减少。根据相关的分析,2020年之前西欧和亚太地区的石油资源将近于枯竭,势必将增强对中东、南美、非洲、东欧和独联体国家石油产量的争夺。

2020年,中东依然是我国原油进口的主要供应地区。根据国际能源署(IEA)预测,

2020年中东原油产量将达22亿吨,自身需求约4亿吨,届时可有18亿吨的原油出口到区外。近年来,我国加强了与中东主要石油输出国家的交流,沙特、伊拉克等国家纷纷提高了未来对我国的石油出口量。如2010年,沙特对我国的原油出口量将达5000万吨,伊拉克1500万吨,伊朗保持在2000万吨左右的水平,科威特也达1200万吨[24]。我国也与阿曼、也门、阿联酋,卡塔尔等国签署了长期的进口原油合同。因此,预计到2010年和2020年,我国进口的原油中仍有45%～50%来自中东,对中东原油的依赖格局不会有太大改变。2008年,中东地区出口的原油中,输往我国的出口量大约占9.1%。预计到2020年,我国可从中东地区进口原油2.16～2.7亿吨,约占中东地区原油出口量的12%～15%。

未来我国从亚太地区获得的原油将不断减少。根据国际能源署的预测,2020年亚太地区的原油产量为4.35亿吨,而消费量为16.1亿吨。2008年中国从亚太地区进口的原油份额已经从2000年的15%跌至2.78%,预计2020年我国从亚太地区进口原油的比例将逐步趋近于零。

我国从非洲进口原油的比例将不会发生大的变化。据美国能源信息署预测,2020年非洲原油产量将达5.75亿吨,而可供出口的原油也达4.75亿吨。2008年我国占非洲原油出口量的比例约为14.4%。自1992年以来,非洲原油在我国进口原油中的份额逐步扩大,尤其是从安哥拉、苏丹和刚果进口的原油量成倍增长。近一两年,非洲是我国原油进口增幅最大的地区。2007年,我国从安哥拉进口2499.6万吨原油,使其成为我国的第二大原油供应国;从苏丹进口原油1030.6万吨。但是,目前安哥拉石油已出现减产,而且非洲的局势不稳定。估计2020年,我国在非洲原油出口中所占的比例将保持在15%～17%,约为7000～8000万吨。

南美在我国原油进口中的地位将有所提升。中国已与委内瑞拉签署了协议,委内瑞拉国家石油公司(PDVSA)同意向我国每日出售8至20万桶原油,以偿还我国国家开发银行向委内瑞拉国有经济社会开发银行(Bandes)提供的贷款,并将与中国联合开采的石油产量从9.5万桶/日增长至2015年的100万桶/日。我国也与巴西签署了贷款换石油协议,巴西国家石油公司(Petrobras)同意向中石化供应6万～10万桶/日原油,并将向中国石油集团的子公司中石油供应4万～6万桶/日原油。但是,这两个协议的执行时间都不确定。如果协议能够在2010年得以实施,并执行到2020年,那么当年我国可从巴西和委内瑞拉共进口石油近2000万吨。

俄罗斯和里海地区将是我国未来原油进口开拓的重点地区。根据预测,里海地区和俄罗斯2020年的原油产量将达15亿吨,而自身消费量大约为6亿吨,届时可供出口的原油将有9亿吨。2008年,我国从该地区进口的原油量仅占该地区原油出口量的5%左右。随着中哈原油管道、中俄输油管道的修建,预计2020年我国大约可以从该地区进口原油5000万吨,占该地区原油出口量的5.6%左右[25]。

综上所述，2020年我国可从国外进口的原油量大约为3.6~4.0亿吨。国内的原油产量将继续保持在1.8~2.0亿吨。由此，当年我国可供消费的原油大约为5.4~6亿吨。

三、天然气的供应趋势分析

受资源储量和勘探开发的约束，天然气在我国能源消费中的比例一直保持在3%~4%。但是，随着我国几个主要气田的开发和大庆等气田的发现，以及中哈天然气管道的修建，天然气在我国能源消费中的比例将逐步提高。根据国家能源局2005年的规划，2020年之前中国天然气的消费量年均增速可达15%[26]。由此可以预计，2015年我国的天然气消费量将达2069亿立方米。之后，随着国际气源的紧张，结合相关部门的规划，预计2015~2020年我国的天然气消费量增长速度将减缓。据有关部门预测，到2020年，我国的天然气消费量可达2400~2600亿立方米[27]。2020年之后，受国际进口气源扩大空间有限和国内资源储量的约束，我国的天然气消费量增长空间非常有限。

未来我国的天然气供应，将逐渐形成由国产天然气、进口液化天然气、进口中亚天然气、进口俄罗斯天然气和进口缅甸天然气五大来源组成的多元化的天然气供应格局。

在国内生产方面，目前我国的天然气主要由中石化、中石油、中海油三家公司生产。2008年天然气产量为775亿立方米。我国的主要天然气产地在塔里木盆地、四川盆地和鄂尔多斯盆地。根据国土资源部的数据，到2008年，我国累计探明的天然气储量为6.42万亿立方米，可采储量3.92万亿立方米，剩余可采储量3.2亿立方米。国内比较权威的机构预测认为，2030年我国国内常规天然气产量可达2500亿立方米[27]。国家能源局也认为，未来几年我国的天然气产量可以保持8%~9%的增长率。由此可以预计，到2020年，我国的国产天然气产量将达2000亿立方米。

在天然气进口方面，2008年，中亚天然气管道全线开工建设。该管道西起土库曼斯坦和乌兹别克斯坦边境，穿越乌兹别克斯坦中部和哈萨克斯坦南部地区，在新疆霍尔果斯入我国境内，与西气东输二线相连。目前，我国与土库曼斯坦已经落实了300亿立方米的气源。在从俄罗斯进口天然气方面，我国与俄罗斯共同签署的《关于从俄罗斯向中国供应天然气的谅解备忘录》显示，从2011年开始，俄罗斯向中国市场供应天然气，每年供应量为600~800亿立方米。此后不久，俄罗斯方面与中石油、中石化共同决定，首先建设全长约3000公里的西线管道，年输气量达300~400亿立方米。由此可以预计，2020年，我国可从中亚及俄罗斯进口天然气500~800亿立方米。此外，根据2008年中石油与缅甸国家石油与天然气公司、韩国大宇国际集团公司签署的三方协议，缅甸每年将向中国出口1133万立方米天然气，供应期限长达30年。

在进口液化天然气方面，从目前中石油、中石化、中海油已经落实的项目看，我国与国外签署的液化天然气进口合同项下的天然气数量已超过1260万吨/年，预计2010年将达到2260万吨/年。主要来源地区为卡塔尔（700万吨）、马来西亚（300万吨）[28]、伊朗（300

万吨)[29]、澳大利亚(585万吨)[30]等。预计到2020年,我国可进口的液化天然气数量在350亿立方米。

综上所述,2020年我国可以供应的天然气大约有2850~3000亿立方米。

四、可再生能源供应趋势分析

受环境压力的影响,我国自2006年起大力鼓励发展可再生能源,并制定了《可再生能源法》以及相应的中长期规划和"十一五"规划。根据可再生能源中长期规划,我国在未来时期内要加大可再生能源产业的发展,提高其在能源消费中的比例。2010年可再生能源在能源消费中的比例要占到10%;到2020年则要达到15%。在国家相关政策的刺激和激励下,我国的可再生能源产业最近几年出现了"井喷"式发展,风电装机、光伏发电、水电等都有了长足的发展。有关的具体分析见本书第四章。

根据相关规划,2010年我国水电装机容量将达1.9亿千瓦,核电装机容量达1000万千瓦,风电装机容量达1000万千瓦,生物质能源和太阳能光伏发电达580万千瓦,天然气装机容量将达3600万千瓦。2020年,水电装机容量将增加到3亿千瓦,风电装机容量将增加到3000万千瓦,核电装机容量将达到4000万千瓦。随着国家对可再生能源鼓励政策的实施,我国的风电产业得以迅猛发展,核电产业的发展也因相对清洁而受到鼓励。根据新的发展趋势估计,2020年风电的发展规模将达到1亿千瓦,核电规模也将达到6000万千瓦。

第四节 小 结

根据本章对我国各类能源供应趋势的预测,2020年我国的煤炭供应量为40亿吨(合28.7亿吨标煤),石油为5.2~6亿吨(合7.43~8.57亿吨标煤),天然气为2850~3000亿立方米(合3.79~3.99亿吨标煤)。可再生能源(风电、水电、核电、生物能源)的发电量为16243~19293亿千瓦时,合6.5~7.7亿吨标煤。因此,乐观地估计,2020年我国能源供应的规模有可能达到46~55亿吨标煤,完全能满足届时我国的能源消费需求。但是,这个乐观的估计中也存在突出的问题。

首先,目前我国能源开发存在过速、过度的现象。2005年以来,随着国民经济的增长,以及钢铁、石化、有色冶金、建材等高能耗产业的迅猛发展,我国曾一度出现能源紧缺的现象,拉闸限电、冬季电煤紧张的问题频频发生。由此诱发了各地区加快能源建设的步伐,许多煤炭生产基地都调整了生产规划。以内蒙古为例,根据2006年所制定的规划,到2010年内蒙古自治区产煤4亿吨,2008年规划调整为6亿吨,2009年再调整为10亿吨。山西省2005年制定国民经济"十一五"规划时,决心控制煤炭产量,计划到2010年,省内三个基地产煤5.8亿吨。但到2007年制定煤炭工业发展规划时,已调整为6.8亿吨。

2020年的产量更是水涨船高。由此,有专家预测,2015~2020年我国的煤炭产量将达到峰点,之后有可能出现煤炭盈余。在电力生产方面,不仅地方对新电力项目上马的热情高涨,而且各大电力公司和投资公司更是在利益的驱使下,不顾未来电力的供需平衡,纷纷抢占电力和煤炭资源。清洁能源产业受到国家清洁能源政策的激励,水电、风电、光伏发电产业也都存在一定程度过热发展的现象。2008年,我国累计风电装机容量达到1220万千瓦,是"十一五"规划任务的2倍多。2009年,全国累计风电装机容量预计可达2000万千瓦[31],并导致风电设备产业投资过热。光伏产业也存在同样的问题。

其次,目前我国能源开发与投资的过速与调控不足,将可能导致未来能源供过于需、资源开发粗放的状况,不利于能源产业的可持续发展。随着近几年煤电资源的相对短缺,煤电价格相对提高,吸引了诸多民间资本到煤炭资源富余地区投资能源产业。资源富集地区为实现地区经济的飞速发展,不顾资源条件,都把能源、电力和高耗能产业规划为本地经济发展的支柱产业,并且在地方利益的驱动下展开恶性竞争,在招商引资中竞相给外来投资者提供各种优惠,包括廉价出让土地、不惜牺牲生态环境、降低项目准入条件等,导致一些能源和高耗能项目的无序建设和不合理布局。一些地方政府为了招商引资和引进项目,随意划分煤炭资源;企业则为了占有资源,纷纷抢注探矿权和采矿权,使一些整装煤田在没有完成详细的地质勘查和总体开发规划、没有按照资源禀赋条件进行合理的分割之前,就被开发。同一矿区往往有多个企业进行无序竞争和掠夺性开采,产量、规模、布局等存在一定程度上的失控,资源遭到严重破坏,为长期稳定发展埋下隐患。

因此,我国能源开发已经到了必须进行开发方式转变和调整的时期。首先,要在对我国能源需求做出合理预测的基础上,根据我国能源资源的禀赋特点与国际环境,结合国家产业政策和地区能源开发的经济社会自然环境,对能源开发与供应的合理规模、开发方式做出合理的规划与调控。其次,我国必须坚持执行现有的节能减排规划,严格控制单位GDP的能耗水平,尤其是严格控制主要能耗产品的单位产值能耗,通过技术进步和结构调整,将主要能耗产品的单位产值能耗在2020年降低到国际水平。第三,要通过消费方式调整,控制生活能源消费的增长趋势。鼓励公众选择清洁、绿色友好的生活方式,鼓励公共交通、绿色消费;同时,国家也要考虑通过增加公共设施投资,提高公共交通、服务的比例。研究并出台"绿色消费税"或"绿色产品认证"等政策和措施,从约束和引导消费方式的角度控制生活和交通的碳排放。第四,要通过积极谈判,提高我国获取清洁能源和较高级能源的能力,降低化石能源的消费比例。根据本研究的预测,到2020年,我国的能源供应量将超过能源需求量。在此前提之下,要尽可能保证可再生能源在能源消费中的比例,扩大石油、天然气等优质能源的消费量,尽可能降低煤炭的消费规模。

参 考 文 献

[1] 崔民选:《2006 中国能源发展报告》,社会科学文献出版社,2006 年。
[2] 王建林、赵佳佳:"能源消费和经济增长的因果关系测度与分析——基于中国样本",《工业技术经济》,2008 年第 1 期。
[3] 周少甫、闵娜:"中国经济增长与能源消费关系的协整分析",《当代经济》,2005 年第 6 期。
[4] 张明慧、李永峰:"论我国能源与经济增长的关系",《工业技术经济》,2004 年第 4 期。
[5] 韩智勇等:"中国能源消费与经济增长的协整性与因果关系分析",《系统工程》,2004 年第 12 期。
[6] 艾更之:"湖南能源消费现状及未来能源需求预测",《预测》,1994 年第 4 期。
[7] 戴坚、邢跃、周庆安:"宝钢能源消耗技术分析",《能源研究与信息》,1999 年第 1 期。
[8] 曹文虎、侯运炳、薛黎明、冯述虎:"青海省能源矿产需求预测研究",《金属矿山》,2004 年第 7 期。
[9] 吴德春、董继斌:《能源经济学》,中国工人出版社,1991 年。
[10] 付月泉、吴俐:"应用 MEDEE-S 模型对江西中长期能源需求的初步预测",《江西能源》,1994 年第 2 期。
[11] 张能福:"ARMA 模型在我国能源消费预测中的应用",《决策参考》,2004 年第 12 期。
[12] 李峰:"GM11 包络模型及其预测应用——2000 年中国每亿元国民收入能源消费量预测",《环境污染与防治》,1996 年第 1 期。
[13] 李峰:"GM11 包络模型及其预测应用——2000 年中国每亿元国民收入能源消费量预测",《环境污染与防治》,1996 年第 1 期。
[14] 田立新、傅瑛、于景华:"非线性分析下西部—江苏能源联动决策支持系统的研究——能源消费与生产混沌动力学模型的建立",《江苏大学学报》,2003 年第 1 期。
[15] Gevorgian, V. and Kaiser, M. 1998. Fuel Distribution and Consumption Simulation in the Republic of Armenin. *Simulation*, Vol. 9, pp. 154—167.
[16] Shiying Dong 2000. Energy Demand Projections Based on an Uncertain Dynamic System Modeling Approach. *Energy Sources*, Vol. 7, pp. 443—451.
[17] 陈军才:"广东省能源现状分析",《广东商学院学报》,2000 年第 4 期。
[18] 郭云涛:"中国煤炭中长期供需分析与预测",《中国煤炭》,2004 年第 10 期。
[19] 2050 中国能源和碳排放研究课题组:《2050 中国能源和碳排放报告》,科学出版社,2009 年。
[20] 陆大道、樊杰:《2050 中国的区域发展》,科学出版社,2009 年。
[21] 国家发改会:《钢铁产业发展政策》,2005 年 8 月。
[22] 2009~2020 年火电行业装机容量的分析预测,http://bbs.gpzm.com/thread-1035950-1-1.html。
[23] 张斌:"2020 年我国能源电力消费及碳排放强度情景分析",《中国能源》,2009 年第 3 期。
[24] "中国和美国将是石油需求量增长的主要推动力",http://www.sxcoal.com。
[25] "2010 年科威特将供应中国原油 1200 万吨",http://www.ocn.com.cn/free/200912/keweite311024.htm。
[26] "哈萨克斯坦原油管道运输现状分析",http://china.cippe.net/news/11110.htm。

[27] "发改委表示:2020年前天然气消费量将年均增长15%",http://www.chinaccm.com/83/8302/830201/news/20061110/101706.asp。

[28] "提高我国天然气消费比重任重道远",http://www.sxcoal.com。

[29] "2009年上海将从马来西亚输入液化天然气",新浪网新闻中心。

[30] "中国望与欧佩克进行直接对话——以获稳定石油供应",http://www.ccpit.org/Contents/Channel_593/2006/1207/19158/content_19158.htm。

[31] "中澳协议失效不影响我国天然气供应格局",http://www.tianshannet.com.cn/energy/content/2010-01/05/content_4690857.htm。

[32] "专家称风电设备制造业严重过热",http://www.sina.com.cn。

第三章 结构节能减排的潜力分析

人类的能源消费有着漫长的历史。工业革命以后,大量体外工具的制造和使用使人类社会的能源消费进入了矿物燃料为主的时期。能源消费不仅成为现代社会的最显著标志,而且也成为现代资源开发中最具极化效应的消费行为。不断增长的能源消费在为人类社会的生产和生活创造更加便利和舒适的条件的同时,也在不断地恶化着国家、地区乃至全球的大气环境。

作为世界上最大的能源消费国之一,我国的能源消费及其增长趋势不仅决定着自身能源供应和碳排放的基本走向,而且也深刻地影响着全球能源供应和碳排放的格局变化。长期以来,由于执行国家工业生产体系建设和财富快速增长第一的倾斜发展政策,我国的能源消费需求始终保持着旺盛的增长态势。其结果是产业结构发育的粗放和能源供应结构的僵化,单位产出能耗的高企和大气环境质量的恶化。为减缓能源供应的国内压力和应对全球气候变暖的国际挑战,我国有必要实现自身产业结构发育的调整。

第一节 基本认识与判断方法

一、基本认识

全球实践表明,国家或地区节能减排主要通过能源消费和供给两个渠道来实现。

首先是能源消费。现代能源消费是一种社会公共行为。能源消费的节能减排大体可以通过以下3种方式来实现:第一是产业结构节能减排。这种方式主要表现在国家与地区层面上,通过产业结构的演进来改善社会总体能源的投入产出效率,实现减排。第二是技术节能减排。这种方式主要发生在生产企业层面上,或可称为社会生产节能减排。它是通过提高具体产品生产的综合能源使用效率来实现节能减排。第三是社会生活节能减排。这种方式主要是通过家庭、个人乃至社会群体的产品消费行为来实现的,或可称为社会消费节能减排。在上述三种节能方式中,结构节能减排是集社会生产和生活于一体的节能减排集合行为,而技术与生活节能减排则是结构节能减排的具体体现。换言之,产业结构的有序演进和良好发育是实现国家与地区节能减排的最基本途径和方式(图3—1)。

其次是供给。现代能源供应不仅表现在总量增长方面,而且表现在质量提高方面。对于后者而言,低碳能源产品(如天然气、可再生能源及其他绿色能源产品)正在逐步取代

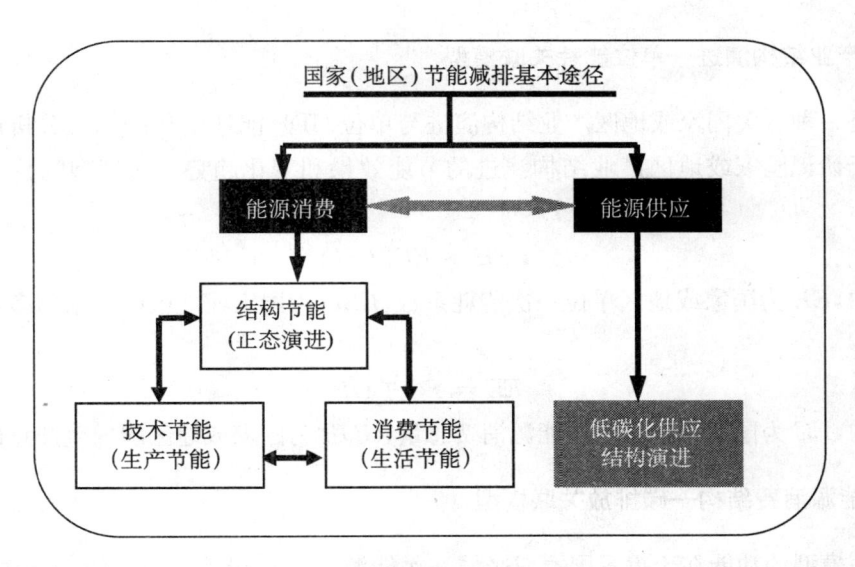

图 3—1 节能减排的基本途径

高碳能源产品成为现代能源供应新的目标追求。因此,从节能减排的角度看,能源供应的节能减排除了总量控制之外,一个重要的任务就是供应结构的高效低碳化演进。

二、判断方法

为了探讨国家结构节能减排的潜力和可行性,这里提出"产业结构演进—能源消费关联"、"产业结构演进—单位能耗关联"和"能源消费结构—碳排放关联"三个基本模型,以此揭示国家(地区)一次能源消费总量、单位产出能耗和碳排放变化的相互关系及作用。

1. 产业结构演进—能源消费关联模型

这是建立在国家或地区产业结构演进与一次能源消费总量变化相关分析之上的一种模型。模型建立的目的在于揭示产业结构演进与一次能源消费总量变化两者运动的轨迹,以便从整体上揭示国家或地区社会经济发展过程中一次能源消费变化的基本特征。其模型的数学表达方式为:

$$EEI = EU/ESD \tag{1}$$

其中,EU 为国家或地区一次能源消费;ESD 为国家或地区产业结构多元化演进程度(结构演进状态值)。ESD 的计算公式为:

$$ESD = \sum (P/P, S/P, T/P)(1 \to \infty) \tag{2}$$

其中,P 为第一产业产出,S 为第二产业产出,T 为第三产业产出。产业结构多元化的值域可以从 1 到无穷大。

2. 产业结构演进—单位能耗关联模型

这是一种有关国家或地区产业结构演进与单位 GDP 能耗变化的相关分析模型。其目的在于认识国家或地区产业结构演进的节能效果和变化趋势。其模型的数学表达方式为：

$$EEE = EE/ESD \tag{3}$$

其中，EE 为国家或地区单位一次能耗系数；ESD 为国家或地区产业结构多元化演进程度。

$$EE = EC/GDP \tag{4}$$

其中，EC 为国家或地区一次能源消费总量；GDP 为国家或地区国内生产总值。

3. 能源消费结构—碳排放关联模型

这一模型的功能在于揭示国家或区域一次能源消费与碳排放两者的相互作用，其模型的数学表达方式为：

$$CEEI = COE/EUSD \tag{5}$$

在这里，COE 为国家或地区年碳排放总量；$EUSD$ 为国家或地区一次能源消费结构变化状态。$EUSD$ 的计算公式为：

$$EUSD = \sum (C/C, O/C, G/C, H/C)(1 \to \infty) \tag{6}$$

在这里，C 为煤炭消费，O 为石油消费，G 为天然气消费，H 为水力、核能及太阳能等电力消费。

第二节 我国产业结构演进过程及特征

一、我国产业结构演进过程

在我国过去 50 多年的工业化发展进程中，第二产业的快速发展对 GDP 的增长做出了巨大的贡献。1952～2007 年，第二产业对 GDP 的贡献度年均增长 1 个百分点，2007 年贡献度达 76.33%（GDP 按 1952 年不变价计，下同）。相比而言，第三产业发育迟缓，对 GDP 的贡献度一直未超过 30%，而且自上世纪 90 年代以来，还出现了明显的下降趋势（图 3—2）。第二产业发展的一枝独秀和第三产业发展的严重滞后构成了我国产业结构演进的最突出特征。

纵观我国 50 多年的工业化发展历史，我国产业结构演进的过程大体经历了三个阶段。

第一，产业结构演进的初期（1952～1980 年）。呈现工业化初期的典型特征，第一产

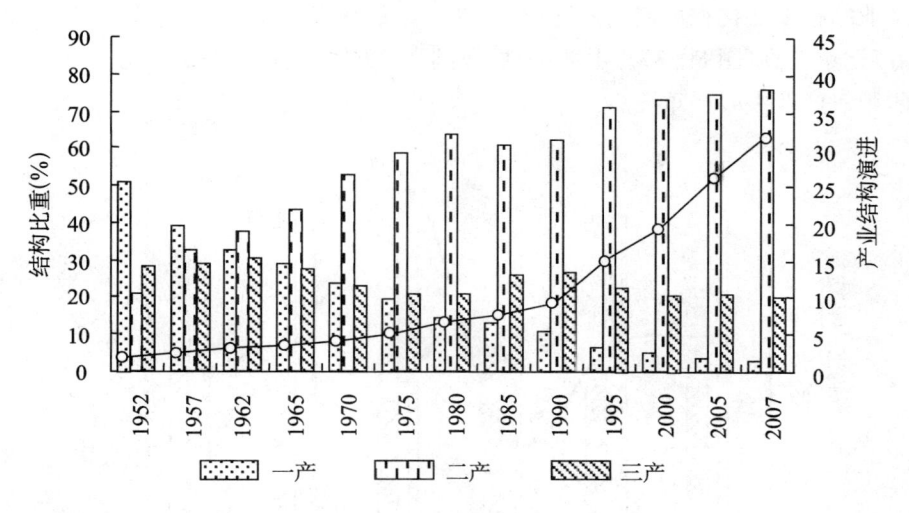

图 3—2　我国产业结构演进 1952～2007 年（以 1952 年不变价为基础）

业比重大幅下降,20 多年间下降了 35.99%;第二产业比重快速上升,提高了 43.14%;而第三产业比重有所下降。期间,国家产业结构多元化的整体演进比较缓慢。全国产业结构多元化演进特征值增幅为 5.65,年均增速为 20.2%。

第二,产业结构的稳定演进阶段(1981～1990 年)。第二产业在经济发展中占据绝对主导地位,在 GDP 中的比重超过了 60%;第一产业比重继续下降,1990 年为 10.71%;而第三产业比重上升了 6%。与上一阶段只顾及生产活动的财富创造相比,生活及其服务的改善受到一定重视,产业结构多元化进程的步幅有所加大。期间的结构演进特征增幅为 2.57,年均增速为 25.2%。

第三,产业结构演进的转型时期(1991～2007 年)。进入 20 世纪 90 年代以后,我国第二产业发展势头再次得到明显提升,在 GDP 中的比重已经达到了 76.3%;与之相比,在第一产业比重持续下降的同时,第三产业的比重也开始出现快速下滑趋势。尽管此一时期国家产业结构的多元化演进在第二产业的带动下有了大幅提高,年均增速达到了 130.6%,但是,结构演进的特征僵化,积重难返的局面也就此形成。

二、区域特征格局变化

从各区域来看,其产业结构演进的轨迹和全国基本保持一致。但由于各地资源基础以及发展的差异,产业结构演进的状态又有所差异。目前,全国 6 大区域中,华东地区[①]的产业结构多元化演进系数最高,其次是中南、华北[②]和东北,而西南和西北地区最低。

---

① 原华东区的山东省划归华北区,下同。
② 华北区新增原华东区的山东省,下同。

并且,产业结构多元化程度越高的区域,其二产比重越高、三产比重越低,而西南和西北地区的三产比重较高(图3—3)。由此可见,我国产业结构的演进主要依赖于第二产业的高速发展,第三产业发展严重滞后。

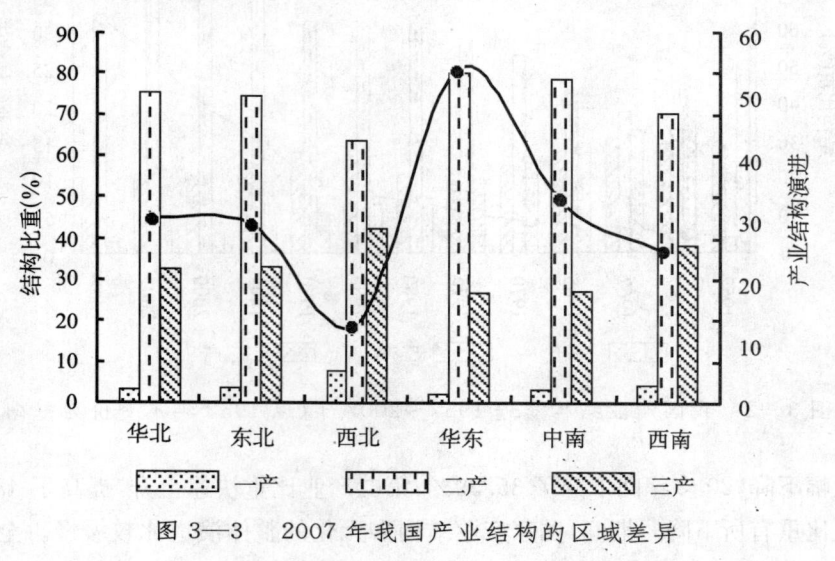

图3—3　2007年我国产业结构的区域差异

第三节　我国能源消费及其行为特征

一、一次能源消费变化

1. 总量增长变化

① 全国趋势

在过去50多年的工业化发展历史中,随着经济的发展和产业结构的演进,我国的一次能源消费大体经历了三个基本发育阶段(图3—4)。

第一,初始发育阶段(1952～1980年)。该阶段一次能源消费总量的变化特点是:快速增长。期间一次能源消费总量增长了5.54亿吨标煤,年均增速为9.40%。

第二,相对稳定发育阶段(1981～1990年)。该阶段我国能源消费变化的特点是:消费增速趋于平稳。1981～2000年,我国一次能源消费总量增长3.85亿吨标煤,年均增速为5.06%。

第三,转型发育阶段(1991～2007年)。该阶段能源消费变化的特点是:能源消费总量反弹增长,增速变化较大。期间我国一次能源消费总量增长16.68亿吨标煤,年均增速为5.71%。

② 区域差异

从大区域的情况看,各地一次能源消费的变化趋势和全国基本保持一致。但因能源

第三章 结构节能减排的潜力分析

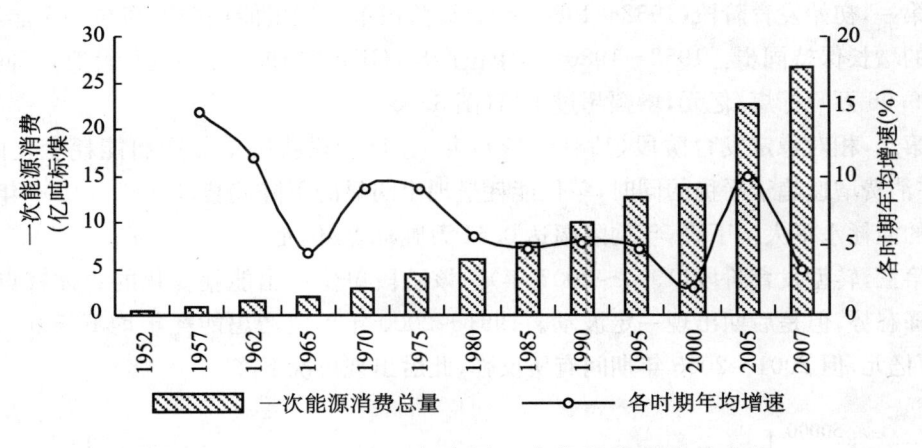

图 3—4 1952～2007 年我国一次能源消费总量变化

基础以及社会经济发展的差异,各地一次能源消费总量不尽相同。2007年,华北地区一次消费量接近7.5亿吨标煤,占全国一次能源消费比重的28.2%,位居榜首;其次是中南,该区的一次能源消费量也超过5.0亿吨标煤;华东、西南、东北和西北四大区的一次能源消费都在2.5～5.0亿吨标煤的水平,其中处在六大区末尾的西北区在全国的比重仅为9.5%(图3—5)。

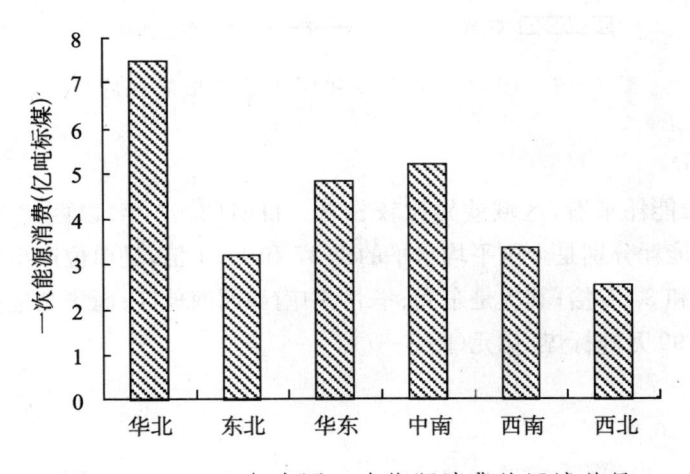

图 3—5 2007 年我国一次能源消费的区域差异

2. 单位产出能耗变化

① 全国趋势

与一次能源消费总量的变化趋势相对应,单位产出能耗的变化也可以分为三个阶段。

第一,初始发育阶段(1952~1980年)。该阶段单位产出能耗的提高与一次能源消费总量的增长保持同步。1952~1980年,单位产出(GDP按1952年不变价计算,下同)能耗增加9.06万吨标煤/亿元,增幅超过1倍(图3—6)。

第二,相对稳定发育阶段(1981~1990年)。该阶段我国单位产出能耗变化的特点是:在消费增速趋于平稳的同时,单位能耗呈现出明显的下降趋势。1981~1990年,单位产出的能耗水平大幅下降,年均降幅达0.51万吨标煤/亿元。

第三,转型发育阶段(1991~2007年)。该阶段单位产出能耗变化的总体特点是:保持下降态势,但是后期出现一定波动。1991~2000年单位产出能耗年均下降0.51万吨标煤/亿元,但2001~2005年期间有所反弹,此后出现再次下降。

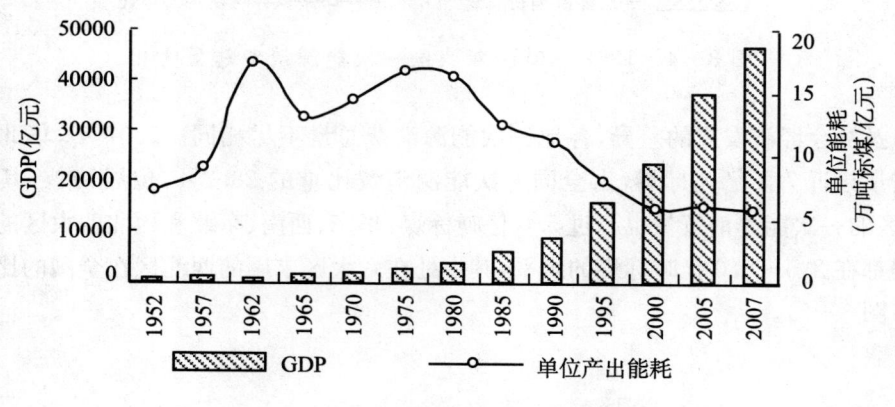

图3—6 1952~2007年我国单位产出能耗的变化

② 区域差异

从单位产出能耗来看,区域差异比较显著。目前(2007年)以西北和西南地区为最高,其单位产出能耗分别是全国平均水平的1.37和1.71倍,是单位产出能耗最低的华东地区的2.60倍和3.26倍;其次是东北、华北、中南和西南地区;而华东地区的单位产出能耗最低,仅为2.99万吨标煤/亿元(图3—7)。

二、碳排放

1. 总量增长

① 全国趋势

与一次能源消费的变化相同,我国碳排放总量的增长也经历了三个不同时期。

第一,快速增长期(1952~1980年)。随着经济的发展,特别是第二产业和能源消费的快速增长,该阶段我国碳排放总量增长了3.87亿吨年递增速率达9.12%(图3—8)。

第二,稳定增长期(1981~1990年)。在产业结构和能源消费结构演进的共同作用

第三章 结构节能减排的潜力分析

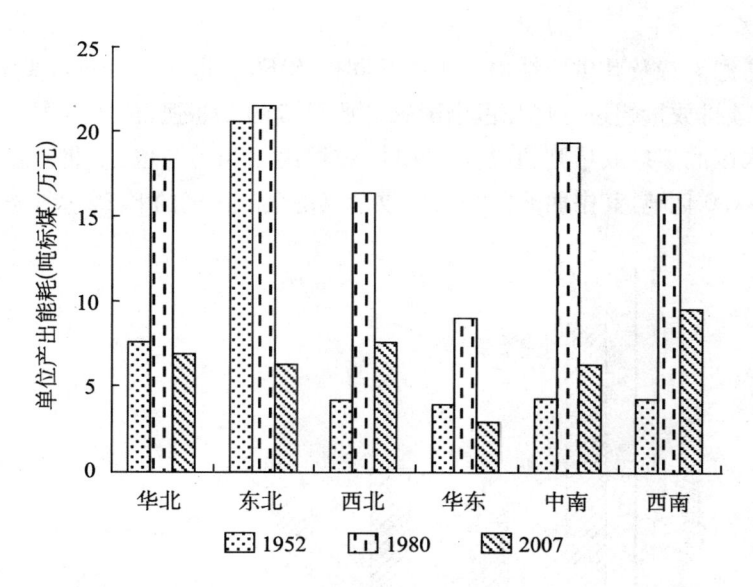

图 3—7 单位产出能耗的区域差异

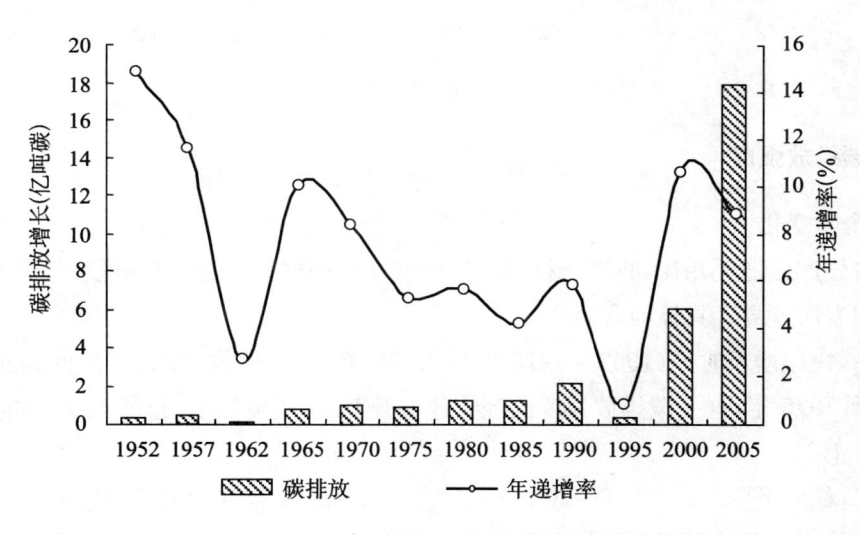

图 3—8 1952~2005 年我国碳排放的增长过程

下,这一阶段我国碳排放的增长呈现出明显的变缓趋势。其间的碳排放总量增长仅为 2.52 亿吨,年递增速率为 4.97%。

第三,高速增长阶段(1991~2005 年)。在新一轮国际市场大力开拓的环境下,我国碳排放随着一次能源消费需求的大幅上升进入了高速增长期。此一阶段我国碳排放总量的增幅超过 8.59 亿吨,年递增速率回升到 8.74%。

② 区域差异

在一次能源消费及其供应结构变化的共同作用下,各地区的碳排放差异明显。2005年,华北区的碳排放量超过5亿吨占全国碳排放总量的1/3强,位居全国六大区首位;华东和中南两大区的碳排放量则超过2.5亿吨,位居第二和第三位;东北、西北和西南三大区则在1.0~2.0亿吨,其中西北区的碳排放量仅占全国比重的8.2%(图3—9)。

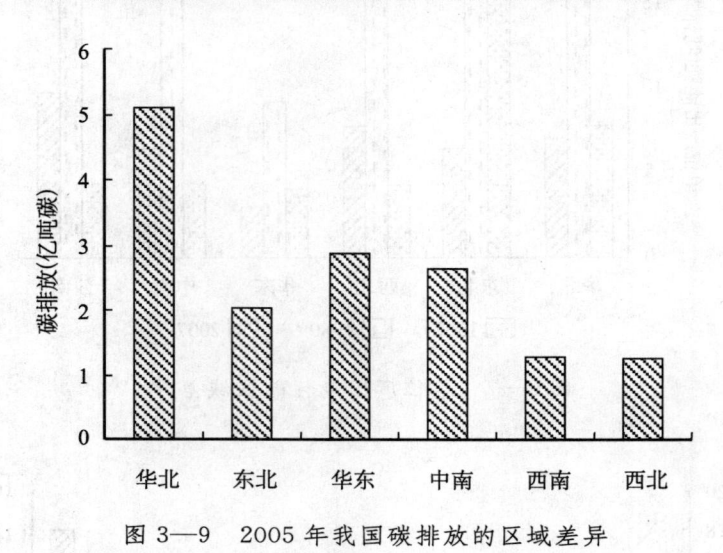

图3—9 2005年我国碳排放的区域差异

2. 碳排放强度

① 全国变化

与单位产出能耗相比,我国碳排放强度的变化也同样划分为三个阶段,但其阶段的时间跨度却有所差异。具体而言:

第一,快速增长时期(1952~1975年)。1952年,全国单位GDP产出的碳排放不足5.5吨,到1975年,这一碳排放强度已经快速上升至11.4吨以上,超过1952年时的1.27倍(图3—10)。

第二,稳定下降时期(1976~2000年)。自20世纪70年代中期后,我国单位GDP产出的碳排放水平开始呈现明显的下降趋势。到2000年,我国经济增长的碳排放强度已经下降为不足3.6吨,仅相当于1975年时的31.3%。

第三,波动反弹时期(2001~2005年)。进入21世纪后,我国经济增长的碳排放强度不降反升,出现波动。2005年,我国单位GDP产出的碳排放为3.76吨,较2000年时增加了5%。

② 区域差异

与单位产出能耗相同,我国区域碳排放强度差异极为明显。2005年,华北区经济增

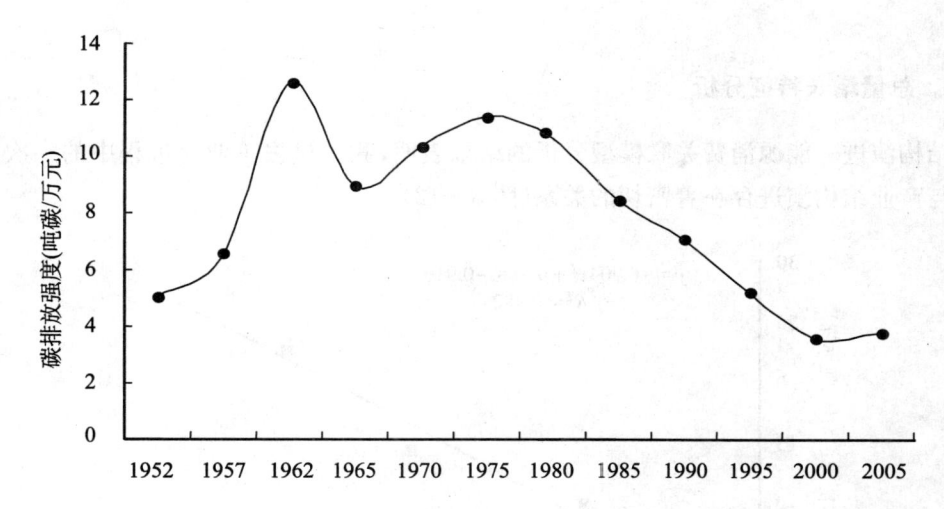

图 3—10　1952～2005 年我国碳排放强度变化过程（按 1952 年价计算）

长的碳排放强度约 5.5 吨，为全国六大区之最。与之相比，全国碳排放强度最小的华东区仅为 2.0 吨，约为华北区的 37.3%。中南、西南、西北和东北四大区的碳排放强度则在 3.7～4.7 吨，处在中游位置（图 3—11）。

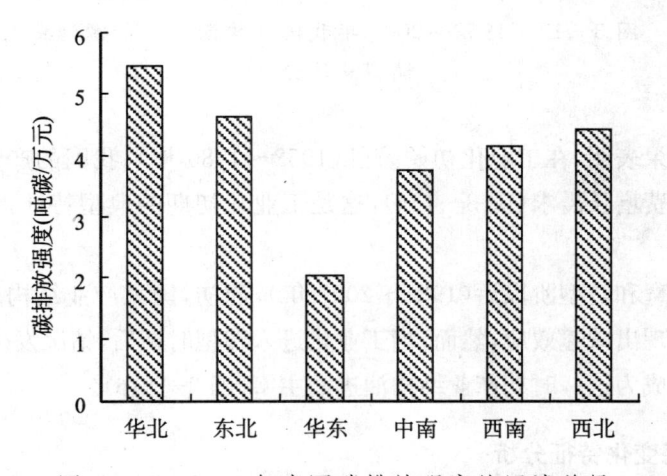

图 3—11　2005 年我国碳排放强度的区域差异

三、消费行为特征分析

为了深入了解我国节能减排的潜力，有必要对我国能源消费行为的特征进行分析。这种分析主要集中在总量增长和单位能耗两个方面。

1. 总量增长特征分析

结构演进—能源消费关联模型分析的结果表明,我国过去工业化进程中的一次能源消费与产业结构演进存在着密切的关系(图3—12)。

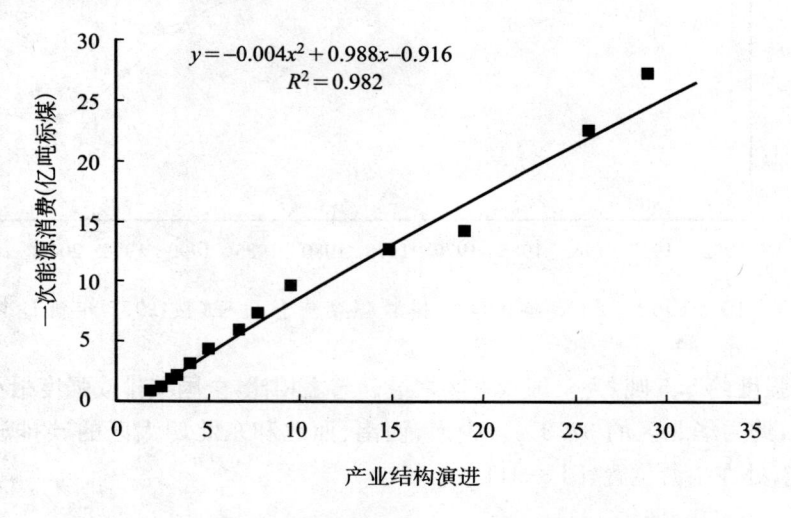

图 3—12　1952～2007年我国结构演进—能源消费模型总体分析

阶段分析结果表明,在工业化初始阶段(1952～1980年),我国的产业结构演进表现出明显的能源消费增长需求(图3—13a),这是工业化初期的典型特征,可称为结构演进的增速效应。

进入稳定发育和转型阶段后(1981～2007年),起初,国家产业结构多元化进程中的能源消费增长表现出减速效应;然而,当工业化进入转型时期后,情况发生逆转,能源消费增长的增速效应成为这一时期产业结构演进的主宰(图3—13b)。

2. 单位能耗变化特征分析

结构演进—单位能耗模型的分析结果显示,随着国家产业结构的演进,我国的单位产出能耗呈现出明显的下降态势,通过多项式拟合,发现单位产出能耗与产业结构之间的相关系数较低($R^2=0.453$,图3—14),表明在过去50多年的工业化过程中,我国产业结构演进对单位产出能耗下降的推动作用不够强烈。

阶段分析结果表明:在1952～1980年国家工业化初始阶段,由于强调建立国家重工业基础,全国单位产出能耗上升,产业结构演进表现出明显的单位能耗增速效应

第三章 结构节能减排的潜力分析

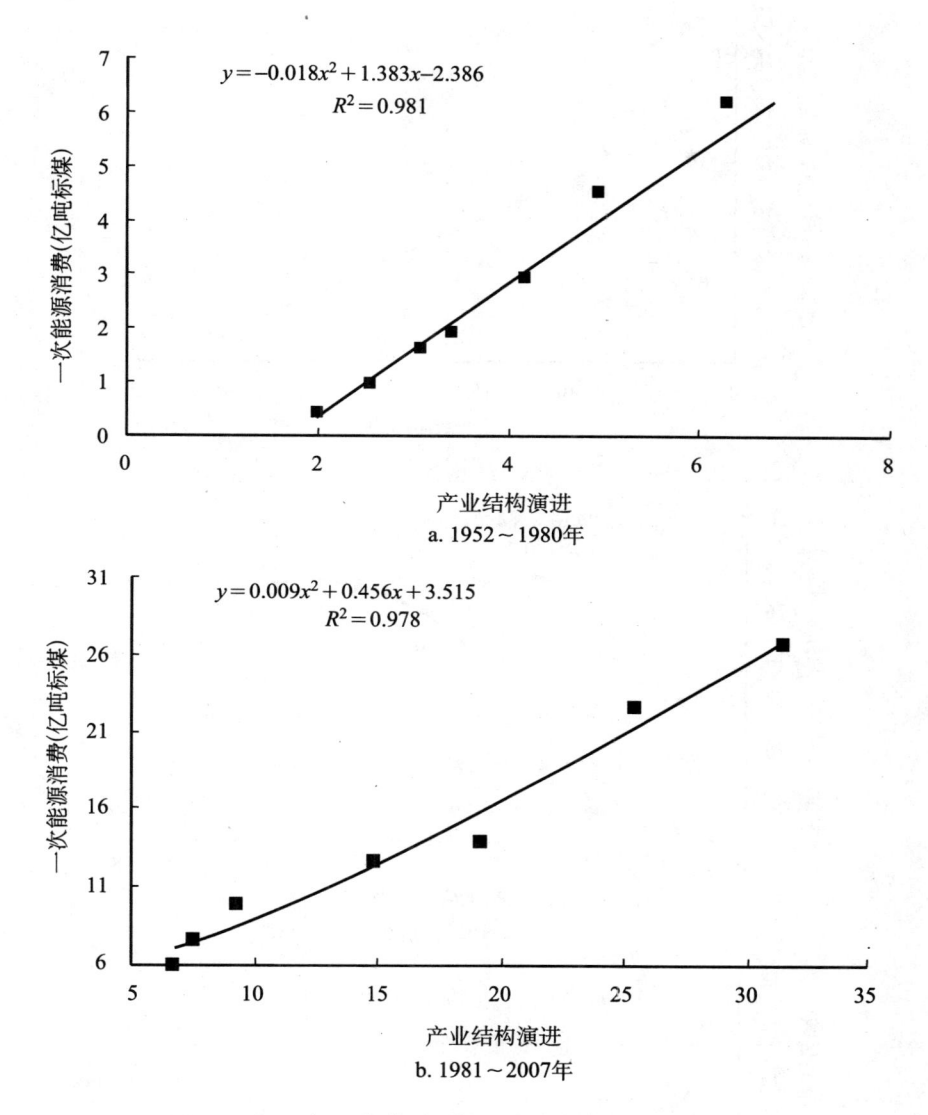

图中公式：
a. 1952~1980年：$y = -0.018x^2 + 1.383x - 2.386$，$R^2 = 0.981$

b. 1981~2007年：$y = 0.009x^2 + 0.456x + 3.515$，$R^2 = 0.978$

图 3—13 我国结构演进—能源消费模型阶段分析

（图 3—15a）；

进入稳定发育阶段和转型阶段后（1981~2007年），由于国家实施产业与部门的多元化发展，我国的单位产出能耗开始出现大幅下降，与初始阶段相比，这一时期国家产业结构的演进呈现出明显的单位能耗减速效应；但是后期受一次能源消费快速增长的影响，我国产业结构演进中单位产出能耗的减速效应出现逆转上扬（图 3—15b）。

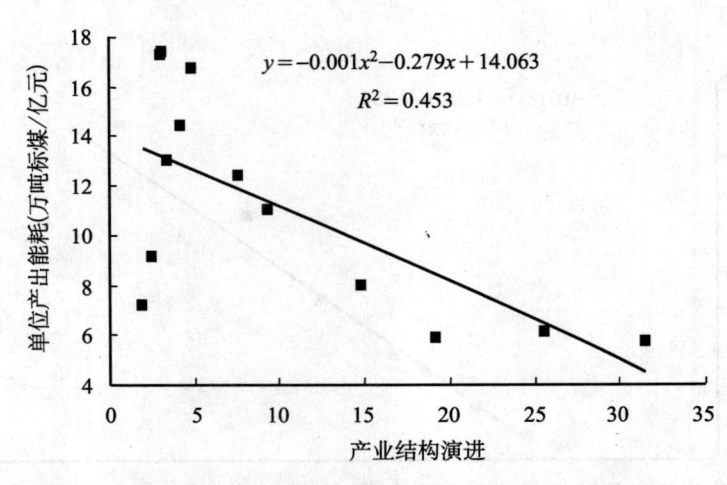

图 3—14　1952～2007 年我国结构演进—单位能耗模型总体分析

$y = -0.001x^2 - 0.279x + 14.063$
$R^2 = 0.453$

a. 1952～1980年

$y = -0.770x^2 + 8.450 - 5.959$
$R^2 = 0.713$

b. 1981～2007年

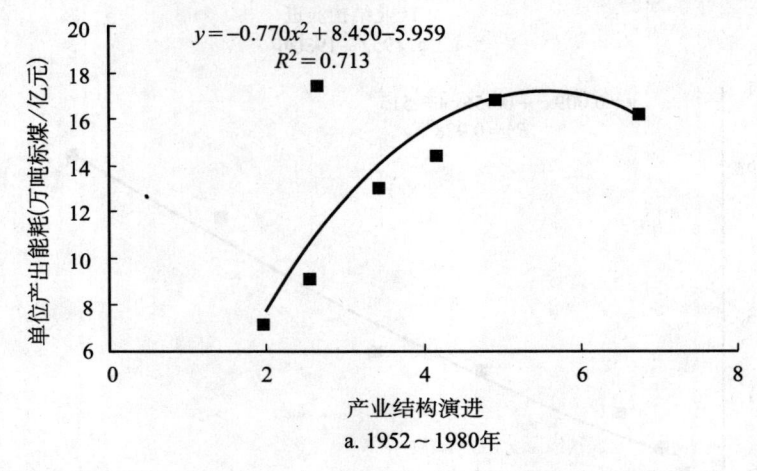

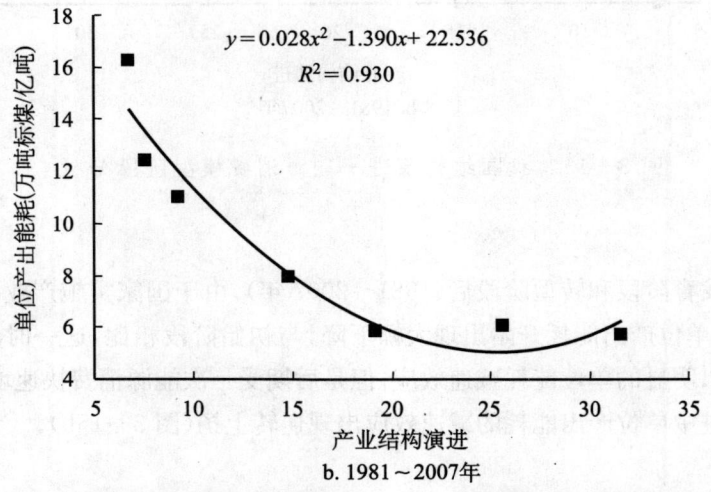

$y = 0.028x^2 - 1.390x + 22.536$
$R^2 = 0.930$

图 3—15　我国结构演进—单位能耗模型阶段分析

3. 碳排放特征分析

对能源消费结构—碳排放关联模型分析的结果显示,与能源消费结构—能源消费关联特征相比,能源消费结构—碳排放关联的最大特征在于其相关性低了许多。1952~2007年期间,能源消费结构—碳排放关联的相关系数只有0.67(图3—16)。此种情况与一次能源消费与碳排放的高相关特征相距甚大。显然,这是受到国家长期以煤为主能源供应格局影响的必然结果。

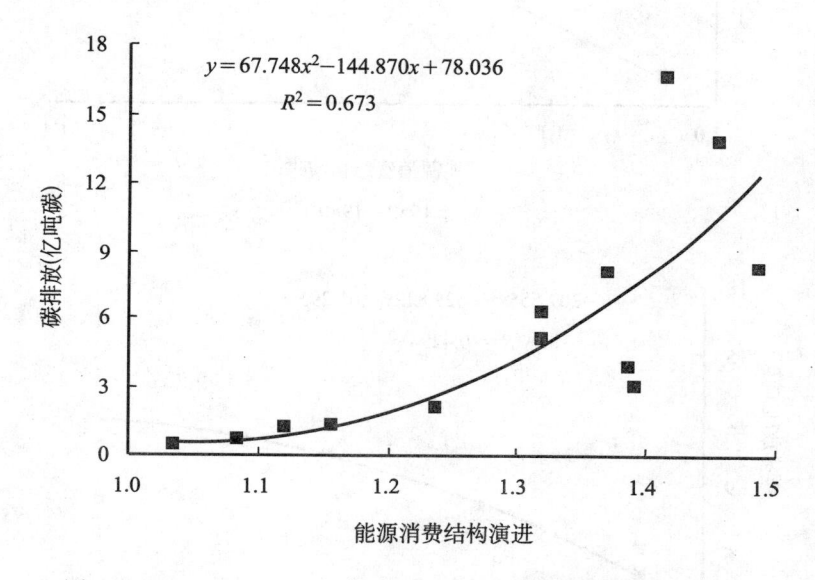

图3—16 1952~2007年我国能源—碳排放模型总体分析

阶段分析结果则表明:在1952~1980年国家工业化初始阶段,由于煤炭在一次能源消费中所占比重下降了25%,因此能源—碳排放关联的相关系数高达0.96(图3—17a);

而在1981~2007年,一次能源消费中煤炭所占比重仅仅下降了3%,能源消费结构调整缓慢,导致能源消费结构—碳排放关联的相关系数只有0.43(图3—17b)。

显然,在国家以煤为主的能源供应政策下,进展迟缓的一次能源消费结构变化是造成碳排放增长无法实现大幅下降的一个关键因素所在。因此,要控制碳排放的增长,一个重要的措施就是加快一次能源消费结构的变化速率。

4. 国际比较

与其他国家比较,可以更清晰地表明我国经济发展的能源投入产出状态。在这里,我们选择了美国、日本和德国3个发达国家及印度和巴西2个发展中国家作为比较的对象。

分析的结果表明,无论是单位财富产出的能耗,还是单位财富产出的碳排放,我国的

$$y = 1.373x^2 + 5.562x - 6.890$$
$$R^2 = 0.958$$

a. 1952～1980年

$$y = -209.555x^2 + 629.822x - 461.295$$
$$R^2 = 0.429$$

b. 1981～2007年

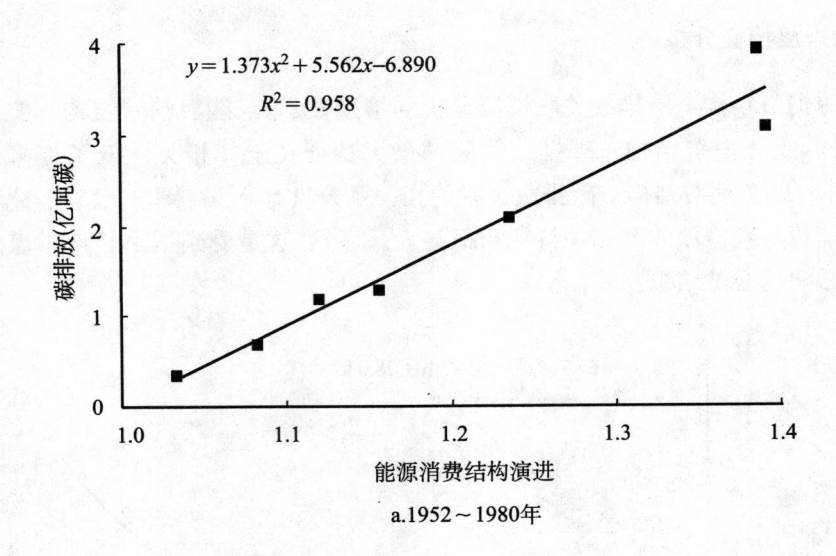

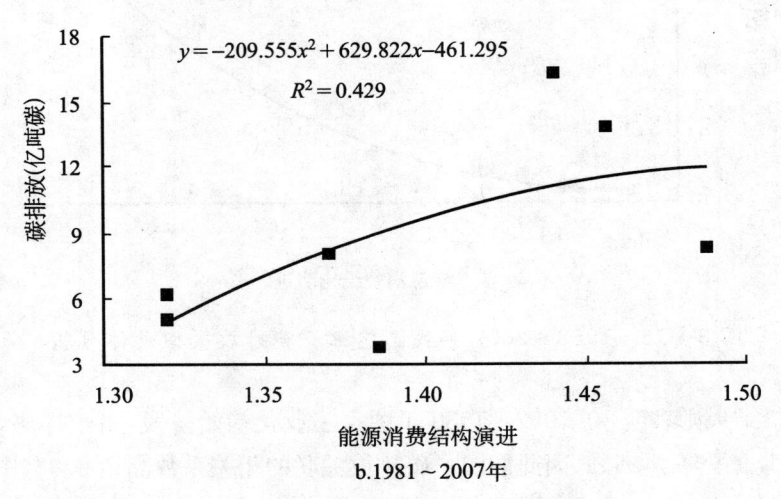

图 3—17　1952～2007年我国能源—碳排放模型阶段分析

水平均最高。2005年，我国单位财富产出的能耗为9.1吨标油/万美元（按1990年美元计，下同），除印度之外（我国高出印度0.77倍），高出其他国家2～3倍。同样，我国单位能耗的碳排放为8.9吨/吨标油，除印度之外（我国高出印度0.79倍），高出其他发达国家及巴西4～8倍（图3—18）。

　　进一步的分析表明，造成我国单位能耗居高不下的一个重要原因是第二产业，特别是工业在国家财富产出中一门独大，从而形成我国特有的产业结构逆向演进的局面。数据分析显示，2005年，我国的产业结构演进状态为26.4，其中第二产业所占比重高达75.3%，第三产业比重仅为21.0%。相应地，我国单位财富产出的能耗为9.1吨标油/万

第三章 结构节能减排的潜力分析

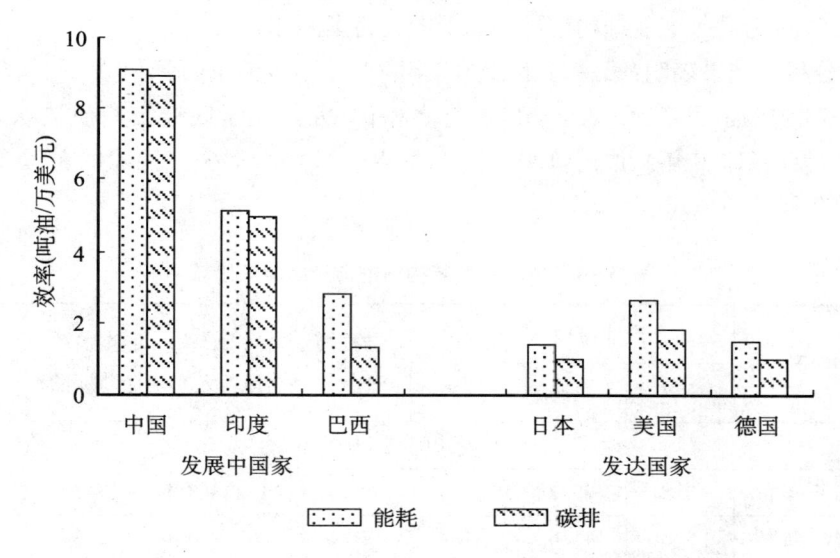

图 3—18 2005 年单位产出能耗及碳排放的国际比较

美元。与之相比,虽然印度和巴西的产业结构演进状态分别为 5.3 和 12.7,远不及我国,但在产业结构的正态演进下,第二产业比重低于 30%,第三产业比重在 50%~70%,两个发展中国家的单位财富产出能耗远低于我国。至于美国、日本和德国等发达国家,产业结构演进状态已经达到了很高的水准,其中,第二产业在国家财富积累中的作用一般只有 30%,第三产业则将近 70%,国家单位 GDP 的能耗一般只有我国的 1/4(图 3—19)。

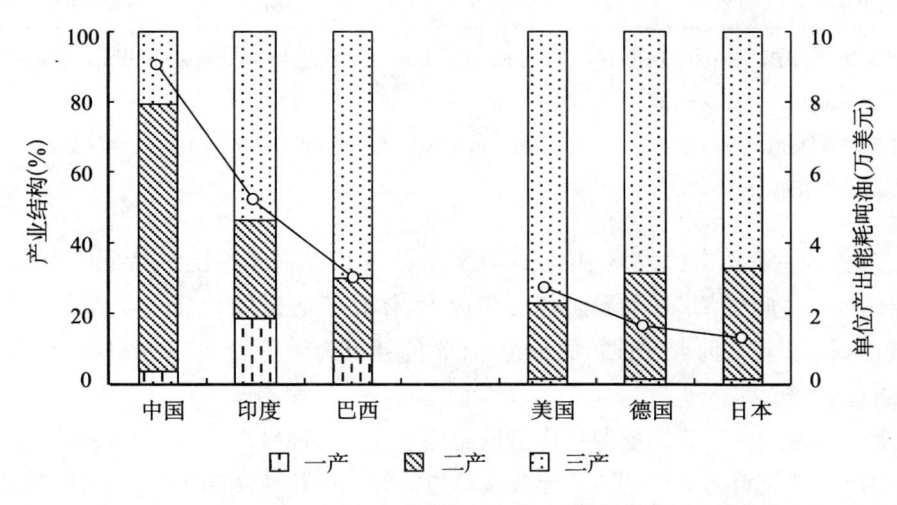

图 3—19 2005 年产业结构及单位产出能耗的国际比较

同样地,为了更深刻地了解我国产业结构逆向演进对能源消费增长所产生的巨大影响力,有必要进行同等产业结构演进状态下的能耗国际比较。

比较分析的结果表明:第一,我国 2005 年的产业结构演进特征值为 26.4,单位 GDP 能耗为 9.1 吨标油/万美元(表 3—1)。与之相比,大体处于同样结构演进状态的美国(1965 年)、英国(1970 年)、德国(1980 年)和日本(1980 年)等发达国家的单位 GDP 能耗仅为我国的 56.0%～18.7%。

表 3—1　中外产业结构演进与产出能耗比较

国家(年份)	产业结构(%) 一产	产业结构(%) 二产	产业结构(%) 三产	结构演进状态	GDP(亿美元)	能源消费(亿吨标油)	产出能耗(吨标油/万美元)
与发达国家比较							
中国(2005 年)	3.8	75.3	21.0	26.4	17233.3	15.7	9.1
美国(1965 年)	3.8	41.5	54.7	26.3	25119.0	12.8	5.1
英国(1970 年)	4.0	44.0	52.0	25.0	6389.3	2.2	3.4
德国(1980 年)	3.9	36.1	60.0	25.6	13619.6	3.6	2.6
日本(1980 年)	3.7	41.9	54.4	27.0	20505.3	3.6	1.7
与发展中国家比较							
中国(1975 年)	20.1	58.6	21.4	5.0	1214.2	3.4	27.8
印度(2005 年)	19.1	27.9	54.0	5.3	7799.2	4.0	5.1
巴西(1960 年)	21.6	24.5	53.9	4.6	1674.0	0.2	0.9

资料来源:1. BP,Statistical Review of World Energy June 2009. http://www.bp.com/bodycopyarticle.do? categoryId=1&contentId=7052055.

2. GDP/breakdown at constant 1990 prices in US Dollars (all countries). http://unstats.un.org/unsd/snaama/dnllist.asp.

第二,作为世界第二大发展中国家,印度 2005 年的产业结构演进特征值为 5.3,单位 GDP 能耗为 5.1 吨标油/万美元。与之相比,大体处于同样结构演进状态的巴西(1960 年)和我国(1975 年),前者(巴西)的单位 GDP 能耗仅为印度的 18.0%左右,我国的则为印度的近 5.5 倍。

严重的问题还在于我国能源供应质量的低下。由于高碳燃料——煤炭在国家一次能源供应中所占的比重为 70%,2005 年我国单位能耗的碳排放达到了"吨油吨碳"的高污染指标。由于能源供应的质量与我国大致相同,煤炭比重占 67.0%,因此印度的单位能耗碳排放也达到近乎"吨油吨碳"的高污染指标(图 3—20)。

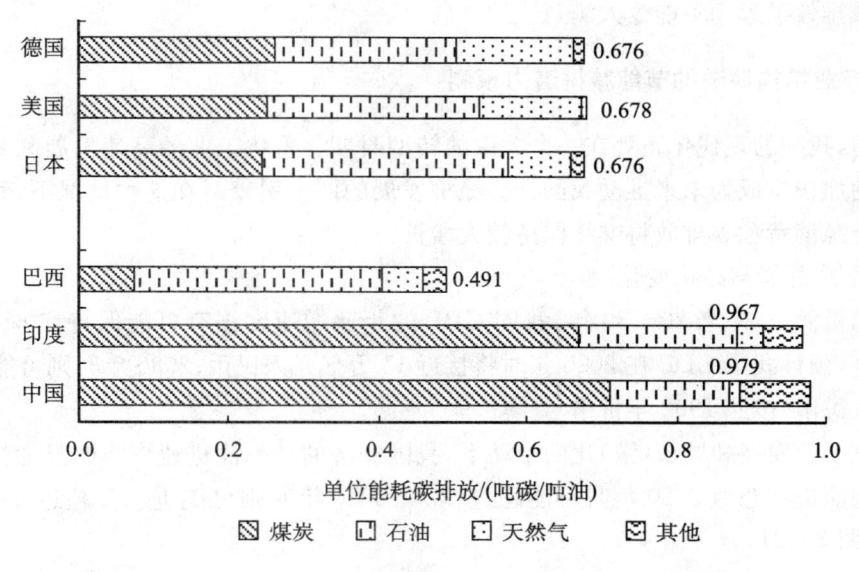

图 3—20　2005 年单位能耗碳排放及构成的国际比较

作为发展中的大国之一，巴西单位能耗低碳排放的良好表现完全归咎于该国燃料供应的结构多元化，特别是油气、水电和生物质能源方面的发展。至于美国、日本和德国等发达国家，因其能源供应结构的多元化发展已经达到了很高程度，煤炭供应所占比重均不足 25%，故这些国家的单位能耗能够表现出较为明显的低碳排放特征。

第四节　我国产业结构节能减排的潜力分析

我国产业结构演进的节能减排效应不佳，究其原因，在于政府政策干预的作用力过于强烈，以致国家产业结构的演进具有越来越明显的刚性特征。长期以来，我国始终实行工业，特别是重工业优先发展的产业导向政策。其结果是，不断增强着的第二产业产出能力极大地挤压了社会能源消费增长的弹性空间。正是这种第二产业一枝独秀的结构演进，造成了我国单位 GDP 能耗和碳排放居高不下的局面。

国际经验分析表明，在现代化建设初期，以第二产业为主的结构演进对国家能源消费需求的增长产生了明显的增速效应。此后，随着产业结构多元化进程的不断加快，经济发展的能源消费减速作用便开始逐步显现。受此影响，各国的单位产出能耗也形成由升到降的倒"U"型曲线变化形态。

经过 50 多年的现代化建设，我国产业结构的演进取得了明显进步。但遗憾的是，长期一边倒的产业与部门发展政策造成了国家产业结构的刚性演进特征，再加上进展迟缓的以煤为主的一次能源供应结构变化,最终导致在结构快速发育的状态下,结构演进的整体节能减排效果远远不能令人满意。

1. 产业结构演进的节能减排潜力预测

目前,我国的现代化正处在一个关键的转型时期。重化工业的高速发展和城市(镇)化进程的加快将成为未来推动我国社会经济发展的两大引擎。在这种情况下,我国未来的一次能源消费和碳排放将继续保持较大增长。

① 经济总量与结构变化

就总量而言,未来20~30年,我国GDP的年递增速度很有可能保持在6%~7%。以此计算,预计我国GDP在2020年时将接近11万亿元人民币;2030年时则可能达到20万亿元人民币(按照1952年价格)。

在重工业发展和城市(镇)化的带动下,我国经济的结构演进速率将明显加快。我国产业结构演进状态值2020年时可能超过40.0;2030年时则可能进一步超过53.0(1952年价格,图3—21)。

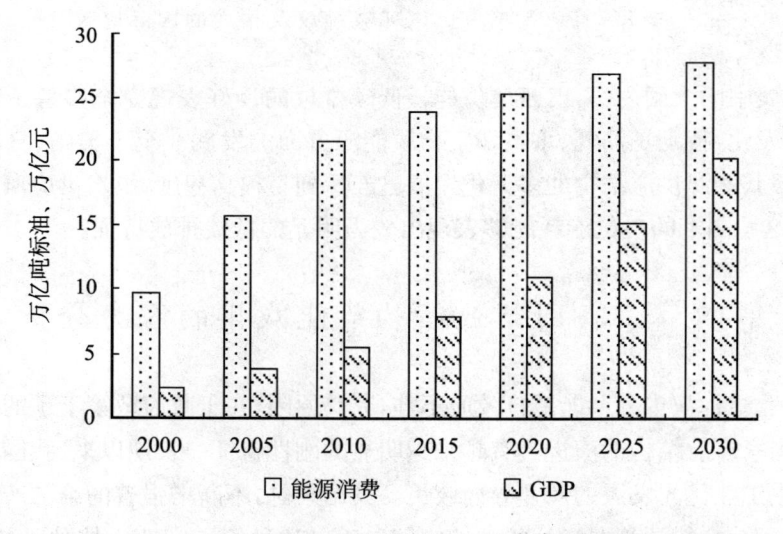

图3—21　2000~2030年我国GDP及能源消费增长趋势

② 未来一次能源消费增长及结构演进趋势判断

出于对经济总量和结构演进的判断,我国未来20~30年的一次能源消费年递增速率可能在3%左右。以此预计,我国一次能源消费2020年有可能接近26.0亿吨标油,大约相当于36亿吨标煤;2030年时则有可能接近28.0亿吨标油,大约相当于40亿吨标煤(图3—22)。

由于煤炭的绝对主导地位在相当时期内难以撼动,我国未来一次能源供应结构的演

第三章 结构节能减排的潜力分析

进依然十分缓慢。初步判断的结果表明,我国一次能源供应的结构演进状态至 2020 年时大约在 1.56 左右;2030 年时也不足 1.64,较 2005 年时仅提高 13 个百分点。

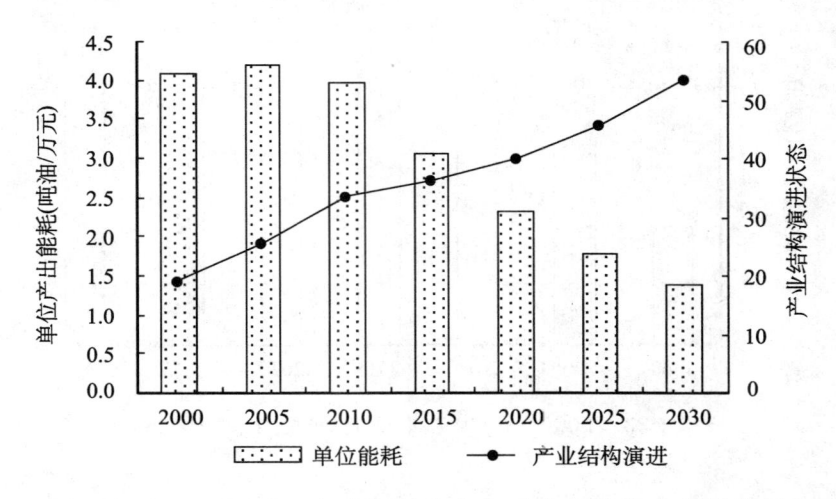

图 3—22　2000~2030 年我国单位能耗及产业结构变化趋势判断

③ 单位产出能耗变化趋势分析

根据对社会经济发展和一次能源消费增长的基本判断,未来我国单位 GDP 能耗将呈现一个明显的下降态势。从发达国家的实践看,处在现代化发展转型期的单位 GDP 能耗都会呈现出明显下降的趋势。例如作为先导发达国家,英国和德国在现代化转型时期单位产出能耗的平均年下降速率分别达到 0.8% 和 0.4%。与之相比,作为后起发达国家,日本现代化转型期的单位 GDP 能耗年均下降速率竟然达到了 25.8%。

虽然我国在 21 世纪的前 5 年里,单位产出能耗出现了逆转——不降反升,但是近两年又开始出现下降趋势。根据上述对经济总量、一次能源供应总量及结构变化趋势的判断,我国单位产出能耗到 2020 年时有可能降至 2.3 吨标油/万元以下(合 3.3 吨标煤/万元),较之 2005 年下降 45.0%;2030 年时则可能进一步降至 1.39 吨标油/万元(合 2.05 吨标煤/万元),较之 2005 年下降 67.0%。

④ 碳排放变化趋势分析

综合考虑我国经济总量增长、一次能源供应增长及两者结构的变化,我国碳排放总量到 2020 年时约为 23.5 亿吨;2030 年时可能在 24.7 亿吨左右(图 3—23)。

由于一次能源供应结构演进缓慢,未来我国单位能耗碳排放水平的改善空间将很有限,据初步估计,我国单位能耗的碳排放到 2020 年时为 0.87 吨碳/吨油;2030 年时则可能降至 0.86 吨碳/吨油,较之 2005 年时下降 12.4 个百分点(图 3—24)。

⑤ 结构节能减排潜力的区域差异

从节能减排潜力发挥的空间组织结构上看,考虑到目前全国一次能源消费的 80% 以

图 3—23　2000～2030 年我国碳排放增长趋势判断

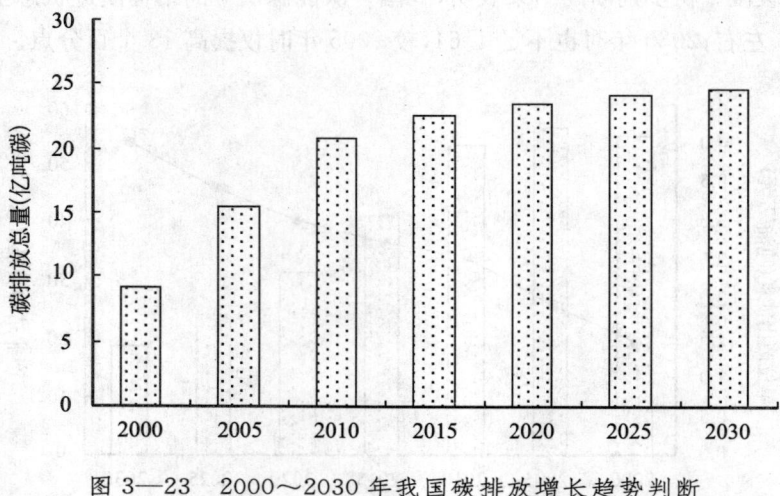

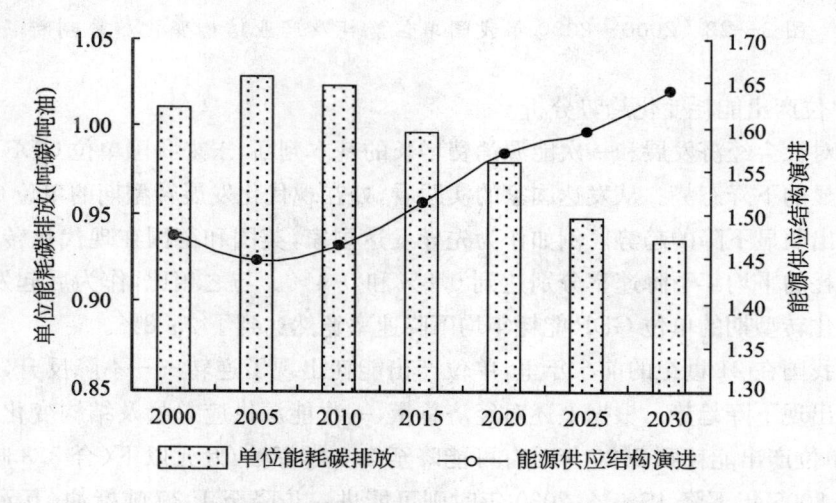

图 3—24　2000～2030 年我国单位能耗碳排放变化趋势判断

上发生在华东、华南、华北和东北四个大区,因此上述四个大区未来节能减排潜力的发挥将直接决定全国节能减排的基本走向,其中以华东和华南两大区的表现尤为重要。尽管华东和华南是目前全国单位产出能耗最低的两个大区,但是自 20 世纪 80 年代以来,华东和华南两大区在全国一次能源消费中的比重持续上升。

　　由于总量巨大,单位 GDP 能耗的任何良好表现都将对全国未来一次能源消费需求的增长产生重大影响。同样地,作为地处沿海和拥有全国经济"第三生长级"(环渤海地区)之称的华北和东北两大区,因目前单位产出能耗明显高于华东和华南两大区,节能减排潜力巨大,同样是未来国家节能减排的重点地区。

至于西部两大区节能减排潜力的发挥,西南可考虑通过不断加大产品结构优化来改善目前产业结构演进中节能效果不佳的状态;西北则可继续采取适应当地制造业和服务业发展的途径,逐步扩大产业结构演进的节能减排效应。

2. 产业结构演进的节能减排路线图

在上述结构节能减排潜力分析和判断的基础上,可以大致勾画出未来结构节能减排的路线框架图(图3—25)。

以2005年为基准年,分别对我国2010年、2015年和2020年的产业结构演进、能源供应结构演进以及相应的节能减排潜力进行预测。预测的结果表明,与2005年相比,2010年单位GDP的碳排放强度下降6%,其中产业结构演进的贡献度为91%、能源供应结构改进的贡献度为9%;2015年单位GDP的碳排放强度比2005年下降30%,其中产业结构演进的贡献度为90%、能源供应结构改进的贡献度为10%;2020年单位GDP的碳排放强度比2005年下降48%,其中产业结构演进的贡献度为90%、能源供应结构改进的贡献度为10%。由此可见,单位产出碳排放强度的下降,主要依赖于产业结构的演进,而能源供应结构由于演进缓慢,因此减排空间有限。

具体来看,2005年我国GDP为3.7万亿元,第一、第二、第三产业所占比重分别为3.9%、74.9%和21.2%,产业结构演进系数为25.6;一次能源消费总量为22.5亿吨标煤,其中,煤炭、石油和天然气所占比重分别为69.1%、21.0%和2.8%,能源供应的结构系数为1.45。这种二产独大的产业结构和以煤为主的能源结构状态,导致了单位能耗和碳排放居高不下的局面。2005年单位能耗为4.20吨油/万元、单位能耗碳耗为0.98吨碳/吨油、单位GDP碳排放为4.11吨碳/万元。

此后GDP继续稳步增长,到2010年将达到5.4万亿元。受发展惯性的影响,社会财富积累中的第二产业绝对主导地位一时难以撼动,其比重甚至能达到80%。届时我国的产业结构演进系数可能也达到33.6。与此同时,一次能源消费则可能增加到30.8亿吨标煤,其中,煤炭所占比重略微有所下降,能源供应结构系数为1.47。节能减排潜力的实现主要依赖于产业结构的演进,2005~2010年,产业结构演进系数每提高1个单位,单位能耗下降0.03吨油/万元,单位GDP碳排放下降0.03吨碳/万元。

到2015年,GDP可能增至7.8万亿元。在结构调整的努力下,国家财富积累中第二产业的比重有可能大幅降至67%,第三产业比重则提高到31%,产业结构演进系数提高到36.1。相应地,2015年全国一次能源的消费需求可能增加到34.2亿吨标煤,其中,煤炭所占比重比2010年下降2%,能源供应结构系数为1.57。产业结构的演进和能源结构的改善,将有助于国家节能减排潜力的发挥。分析显示,2010~2015年,产业结构演进系数每提高1个单位,单位能耗下降0.40吨油/万元,单位GDP碳排放下降0.39吨碳/万元。

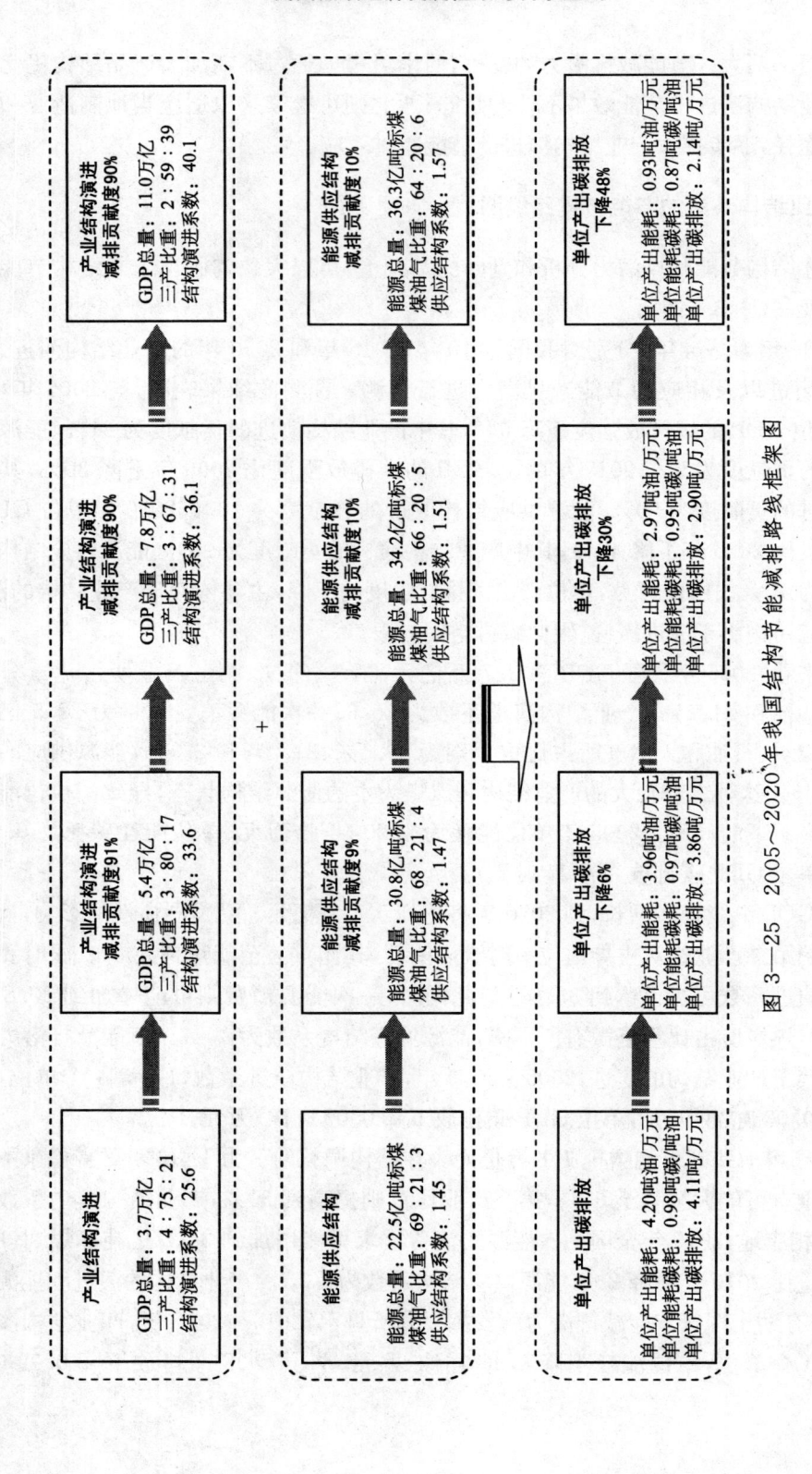

产业结构演进

产业结构演进
GDP总量: 3.7万亿
三产比重: 4:75:21
结构演进系数: 1.45

产业结构演进 减排贡献度91%
GDP总量: 5.4万亿
三产比重: 3:80:17
结构演进系数: 33.6

产业结构演进 减排贡献度90%
GDP总量: 7.8万亿
三产比重: 3:67:31
结构演进系数: 36.1

产业结构演进 减排贡献度90%
GDP总量: 11.0万亿
三产比重: 2:59:39
结构演进系数: 40.1

+

能源供应结构

能源供应结构
能源总量: 22.5亿吨标煤
煤油气比重: 69:21:3
供应结构系数: 1.45

能源供应结构 减排贡献度9%
能源总量: 30.8亿吨标煤
煤油气比重: 68:21:4
供应结构系数: 1.47

能源供应结构 减排贡献度10%
能源总量: 34.2亿吨标煤
煤油气比重: 66:20:5
供应结构系数: 1.51

能源供应结构 减排贡献度10%
能源总量: 36.3亿吨标煤
煤油气比重: 64:20:6
供应结构系数: 1.57

⇒

单位产出碳排放

单位产出碳排放
单位产出能耗: 4.20吨油/万元
单位能耗碳排: 0.98吨碳/吨油
单位产出碳排放: 4.11吨/万元

单位产出碳排放 下降6%
单位产出能耗: 3.96吨油/万元
单位能耗碳排: 0.97吨碳/吨油
单位产出碳排放: 3.86吨/万元

单位产出碳排放 下降30%
单位产出能耗: 2.97吨油/万元
单位能耗碳排: 0.95吨碳/吨油
单位产出碳排放: 2.90吨/万元

单位产出碳排放 下降48%
单位产出能耗: 0.93吨油/万元
单位能耗碳排: 0.87吨碳/吨油
单位产出碳排放: 2.14吨/万元

图 3—25 2005~2020年我国结构节能减排路线框架图

到 2020 年，GDP 将达到 11.0 万亿元，三次产业中，第二产业比重下降到 60%以下，第三产业比重提高到近 40%，产业结构演进系数将超过 40。国家一次能源消费需求可能增加到 36.3 亿吨标煤，其中，煤炭所占比重比 2010 年下降 2%，能源供应结构系数为 1.57。产业结构的演进和能源结构的改善将发挥更大的节能减排效果。根据计算的结果，2015～2000 年，产业结构演进系数每提高 1 个单位，单位能耗下降 0.15 吨油/万元，单位 GDP 碳排放下降 0.19 吨碳/万元。

综上所述，到 2020 年，我国大致可以实现单位 GDP 碳排放下降 48%的目标，但是每个阶段节能减排的具体效应将有所不同。其中，"十一五"规划期间（2006～2010 年）的结构节能减排潜力尚无法得到充分发挥，"十二五"规划期间（2011～2015 年）的结构节能减排效果最为明显，此后的节能减排效果将会有所下降。应当指出的是，不管哪一个阶段，产业结构演进都是实现国家节能减排的最主要途径，其贡献度一般在 90%左右。相比之下，受国内资源基础和国家开发环境的影响，我国能源供应结构的演进依然难尽人意，节能减排的贡献相对较小，只有 10%左右。因此，未来节能减排的目标能否实现，关键在于产业结构演进状态的发育，尤其是第三产业的发展。

第五节 小 结

鉴于现代社会发展对能源消费的依赖程度日益提高，认识和把握国家能源消费行为的规律及其变化趋势已经成为国家及地区节能减排路线制定和任务实施的一个必要前提与基本条件。

总体而言，节能减排主要通过以下三种方式来实现：第一是结构节能减排。这种方式是通过产业结构正态演进来实现的，主要表现在国家和地区层面上；第二是技术节能减排。这种方式主要发生在生产企业层面上，因此也可称为社会生产节能减排；第三是生活节能减排。这种方式主要是通过家庭和个人的行为来实现的，也可称为社会消费节能减排。在上述三种节能减排方式中，结构节能减排是集社会生产与消费活动于一体的行为集合，而技术上的节能减排和生活上的节能减排则是结构节能减排的具体体现。

各国的实践表明，在现代化建设初期，随着社会经济特别是制造业部门的快速发展，各国一次能源消费需求和碳排放的增长均表现得十分强烈。此后，随着产业结构和能源供应结构的多元化发展，国家和地区一次能源消费需求增长和碳排放的增长开始逐渐减缓下来，从而形成一种倒"U"字型发展态势。受此影响，各国的单位 GDP 能耗和单位能耗的碳排放水平则呈现出明显的先升后降的变化趋势。

我国是世界上最大的发展中国家。为了尽早实现国家现代化，我国采取了赶超式发展模式——既重化工业发展优先的产业倾斜发展战略。经过长期的努力，我国的现代化发展取得了举世公认的成就。然而，这种倾斜发展模式在造就了国家整体经济实力大幅提升的同时，也推动了我国能源消费需求和温室气体排放的快速增长。目前，我国已经成为全球第二大能源消费国和第一大碳排放国(2008年)。

进入21世纪以来，处在转型时期的我国现代化建设遇到了较之以往更为严峻的挑战。这种挑战不仅来自本国日趋脆弱的资源环境基础，而且也来自不断增长的国际贸易竞争和全球环境恶化的压力。此种背景之下，未来我国现代化的进程已经无力延续传统的产业结构和能源供应结构的演进方式。

据初步判断，我国未来20~30年的经济总量有可能继续保持良好的发展态势。由于长期粗放发展，未来我国结构节能减排的改善空间巨大。具体而言，若能给予足够重视，且实施得法，产业结构和能源供应结构两者的改善对未来国家节能减排预期目标的贡献极有可能达到70%以上，其中，产业结构演进的节能减排贡献度有望达到60%（或为整个结构节能减排总量的约85%）；与之相比，国家能源供应结构的演进则依然举步维艰。但是，若能充分利用国内市场的巨大增长潜力和合理利用全球能源供应市场的有限空间，我国能源供应结构的改善仍可取得一定进步，对国家节能减排潜力发挥的贡献度也有望超过10%（或为整个结构节能减排总量的约15%）。

就空间组织而言，华东、华南、华北和东北四大区仍然是国家未来节能减排的重点，其中以华东和华南两大区的表现最为重要。西南和西北则需根据当地情况逐步改善与扩大结构节能减排的效益。

无论对国家还是地区而言，未来节能减排目标实现的关键在于产业结构演进过程中节能效应的发挥，为此建议：

第一，继续坚持严格的人口控制政策，这是控制能源消费需求和碳排放快速增长的基本前提；

第二，提高对结构节能减排的认识，将结构节能减排置于整个社会节能减排的首位，最大限度地发挥结构节能减排的效应；

第三，加大第三产业的发展力度，逐步改变目前第二产业一枝独秀的局面，最大限度地发挥结构节能减排的效益；

第四，逐步调整国家的财富分配格局，为实现产业结构的顺利调整提供一个良好的社会发育环境；

第五，增大科技和教育投入，为第三产业的顺利发展提供有力的系统支撑保障。

如同任何事物的发展一样，未来我国结构节能减排潜力目标的实现同样会面临各类风险。初步判断，这类风险主要表现在：

第一，产业结构调整和国家财富分配格局的变化，会使某些既得利益部门和地区发展的利益受损，从而影响到原有社会生产及空间组织结构的稳定；

第二，产业结构的升级，依赖于科技和教育水平的提高，因此必须提高科技和教育的投入，然而如何正确选择科技和教育发展的途径同样面临风险；

第三,第三产业及其发展途径的选择同样面临风险,如旅游业的大力发展,可能会对生态环境造成一定程度的破坏,需及早加以防范;

第四,产业结构演进的调整,有赖于国内消费市场的发育,但其发育过程同样面临系统有效控制失衡的风险;

第五,在目前我国的经济发展中,政府起着很强的主导作用,未来的发展必须逐步改变这种局面,以充分发挥政府和民众两个方面的积极性。然而,在改造传统政府管理体制和理念的过程中,我国将面临一定的政治风险。

参 考 文 献

[1] 张雷:《矿产资源与国家工业化》,商务印书馆,2004年。
[2] 张雷:"经济发展对碳排放的影响",《地理学报》,2003年第4期。
[3] Rostow, W. 1966. *The Stages of Economic Growth*. Cambridge University Press, Cambridge, p. 178.
[4] Maddison, A. 2001. The World Economy: A Millennial Perspective. Development Centre OECD, Paris. p. 383.
[5] Sinton, E. 2000. What Goes Up: Recent Trends in China's Energy Consumption. *Energy Policy*, Vol. 10, pp. 671—687.
[6] US Embassy in China 2001. The Controversy over China's Reported Falling Energy Use. *Washington Post*, 14 August.
[7] 中国科学院地理科学与资源研究所能源战略研究小组:《中国区域结构节能潜力分析》,科学出版社,2007年。
[8] 张雷、黄园淅:"我国产业结构节能潜力分析"《中国软科学》,2008年第5期。

第四章 工业技术节能减排的途径与潜力分析

第一节 我国工业能源消费及二氧化碳排放的国际比较

一、我国工业能源消费的基本格局

进入新世纪以来,我国工业化与城镇化进程呈现加快态势,由于基础设施建设和各类产业发展的需要,能源、原材料和重化工产业进入规模快速扩张期,能源消费量大幅度增长。2008年全国一次能源消费量超过28.5亿吨标煤(2009年突破了30亿吨标煤);同时,工业能源消费量所占比重一直走高,2008年预计超过20.5亿吨标煤,占全部能源消费总量比重从2001年的68.63%增加到2008年的71.93%(表4—1、图4—1)。从我国工业化与城镇化的进程判断,始于2002年的新一轮大规模投资和产业"重型化",可能使我国的工业能源消费需求正在进入到"峰值"阶段。预计"峰值"阶段出现在2015~2020年间。

表4—1 2001年以来我国工业能源消费增长态势 （单位：万吨标煤、%）

年份	2001年	2002年	2003年	2004年	2005年	2006年	2007年	2008年
能源消费量	143199	151797	174990	203227	224682	246270	265583	28500
工业能源消费量	98273	104088	121771	143244	159492	175137	190167	205000
工业能源消费比重	68.63	68.57	69.59	70.48	70.99	71.12	71.60	71.93
能源终端消费量	136486	144231	166633	194104	214479	235114	253861	—
工业终端能源消费量	91903	96864	113725	134442	149639	164416	178845	—
工业终端能源消费比重	67.34	67.16	68.25	69.26	69.77	69.93	70.45	—

资料来源：《中国统计年鉴》,2002~2009年。

受能源禀赋特点以及生产、供给构成与能源技术进步的影响和制约,我国工业能源消费主要来自于化石能源,尤其是煤炭(表4—2)。工业消费占据整个煤炭消费的主体。2007年,全国煤炭的产业消费量中,工业消费比重高达95.01%,主要为包括发电、供热、炼焦、制气等工业中间消费所消耗。2007年,工业中间消费量占全部煤炭消费量的75.42%(表4—3、图4—2)。

第四章 工业技术节能减排的途径与潜力分析

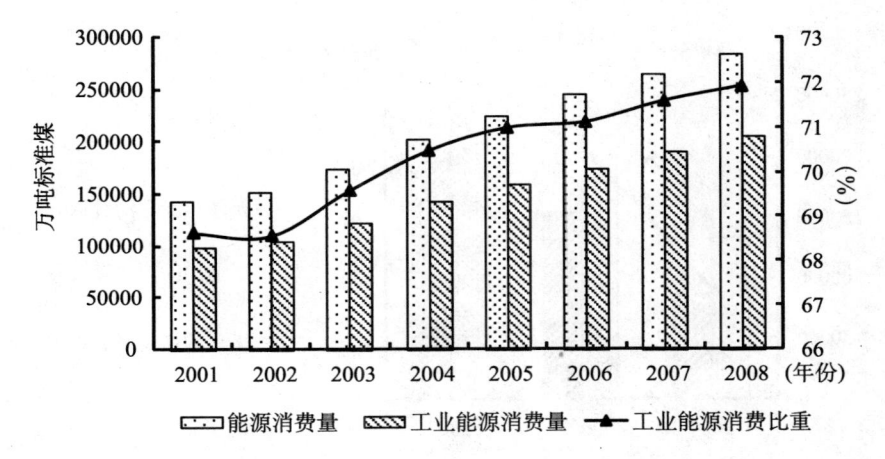

图 4—1 2001～2008 年我国工业能源消费增长态势

表 4—2 2001～2008 年我国一次能源生产及消费结构　（单位：万吨标煤、%）

	年份	总产量/消费量	占总产量/消费量的比重			
			煤炭	石油	天然气	水、核、风电等
生产	2001	137445	71.8	17.0	2.9	8.2
	2005	205876	76.5	12.6	3.2	7.7
	2006	221056	76.7	11.9	3.5	7.9
	2007	235415	76.6	11.3	3.9	8.2
	2008	260000	76.7	10.4	3.9	9.0
消费	2001	143199	66.7	22.9	2.6	7.9
	2005	224682	69.1	21.0	2.8	7.1
	2006	246270	69.4	20.4	3.0	7.2
	2007	265583	69.5	19.7	3.5	7.3
	2008	285000	68.7	18.7	3.8	8.9

资料来源：《中国统计年鉴》，2009 年。

表 4—3 2000 年以来的工业煤炭消费量变化　（单位：万吨、%）

项目	2000 年	2005 年	2007 年
煤炭消费量	132000	216723	258641
工业终端消费量	34122	48041	50203
工业中间消费量（发电、供热等）	85179	154568	195069
工业煤炭消费量比重	90.38	93.49	94.83
工业中间消费量比重	64.53	71.32	75.42

资料来源：《中国统计年鉴》，2009 年。

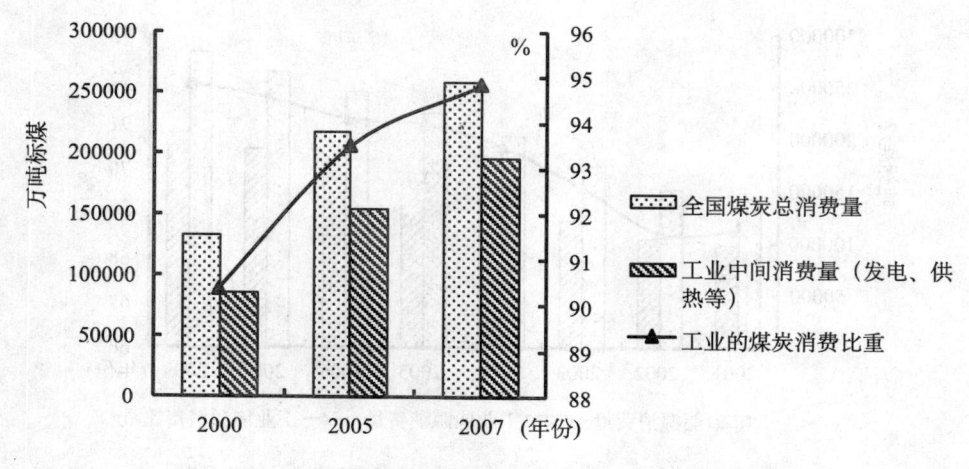

图 4—2 近年我国工业的煤炭消费态势

分行业比较,我国工业能源直接消费主要集中在煤炭及洗选业、石油天然气开采业、石化、化学、钢铁、有色金属、建材、电力煤气自来水生产供应业等能源、原材料工业部门。2007年,这些部门占工业能源消费量的84.31%,属于典型的高耗能产业部门(表4—4)。

表4—4 2007年我国工业主要高耗能产业部门能源消费量及比重

(单位:万吨标煤、%)

工业能源总消费量	煤炭开采及洗选业	石油天然气开采业	石油加工、炼焦工业	化学原料及制品业	黑色金属冶炼及压延业	有色金属冶炼及压延业	非金属矿物制品业	电力、煤气及水生产供应业
190167	14056	7170	13177	27245	47774	10686	20354	19893
100.00	7.39	3.77	6.93	14.33	25.12	5.61	10.70	10.46

资料来源:《中国统计年鉴》,2009年。

需要说明的是,表4—4中产业部门能源消费量及结构是产业本身的消费规模及结构,即产业生产、转换、加工过程中的能源消费量,不包括产业加工、输出产品的能源消费量,如煤炭采选业、石油天然气开采业、电力煤气水生产及供应业产品的能源消耗量就最具有典型性。其中,电力生产的能源消费量要远远高出产业本身,如2007年电力生产的煤炭消费量就达13.2亿吨,占整个工业煤炭消费量的54.40%(表5—5)。当然,这些产业部门的能源消费并非完全为动力消费,其中有相当一部分是该产业部门的原料,如石油及炼焦业、化学原料及制品业的能源消费量。

表 4—5 2007 年主要高耗能产业部门分品种能源消费量及结构

产业与项目	煤炭 （万吨/%）	焦炭 （万吨/%）	原油 （万吨/%）	天然气 （亿立方米/%）	电力 （亿千瓦时/%）
工业消费量/占相关品种消费比重（%）	245272.49/ 94.83	30082.22/ 99.16	33867.94/ 99.52	509.67/ 73.38	24630.80/ 75.30
煤炭开采及洗选业	16517.99/6.73	75.22/0.25	—	5.15/0.10	609.46/2.47
石油天然气开采业	342.60/0.14	0.34/0.00	1203.93/3.55	91.08/17.87	315.46/1.28
石油、炼焦业	25655.94/10.46	97.82/0.33	30309.24/89.49	26.52/5.20	415.89/1.69
化学原料及制品业	12272.26/5.00	2219.18/7.38	2315.05/6.84	223.43/43.84	2821.84/11.46
非金属矿物制品业	17105.39/6.97	258.18/0.86	14.66/0.01	31.25/6.13	1884.31/7.65
黑色冶金及压延业	23504.92/9.58	25786.95/85.72	0.10/0.00	14.22/2.79	3717.70/15.09
有色冶金及压延业	2633.73/1.07	471.33/1.57	0.31/0.00	5.79/1.14	2435.12/9.88
电力、煤气、水生产及供应业	133424.27/54.40	39.16/0.00	8.67/0.03	80.13/15.72	4911.17/19.94

资料来源：《中国统计年鉴》，2009 年。

二、我国工业能源消费结构与世界主要国家的比较

与世界主要能源消费大国比较，我国工业能源消费较为特殊，即工业能源消费以煤炭为主。1973 年，我国的煤炭生产量只占世界 18.70%，2008 年已上升到 47.80%，当年我国占全球煤炭消费量的 42.57%。我国工业的终端能源消费比重占到了 43.80%，无论是已完成工业化的发达国家（如美国、日本、英国、德国、法国、俄罗斯等）、还是发展中国家（如印度、巴西等），均无如此高比重的工业能源消费与工业煤炭消费规模（表 4—6）。较高的工业终端能源消费比重从一个侧面表明，我国工业化进程正处于加速的阶段。

表 4—6 2006 年我国工业能源消费与世界主要国家比较 （单位：万吨标油、%）

国家	能源消费总量	终端能源消费量	工业终端能源消费量	工业终端煤炭消费量	工业终端能源消费量比重
美国	232070	157216	28056	2774	17.85
日本	52756	35179	10199	3003	28.99
德国	34856	25367	5697	745	22.46
英国	23113	15873	3123	218	19.67
法国	27267	17395	3267	360	18.78
俄罗斯	67620	43173	13077	1302	30.29
印度	56582	37849	10905	3452	28.82
巴西	22413	18055	7198	568	39.87
中国	187874	120185	52641	30017	43.80

资料来源：根据 IEA《世界能源统计》(2009)中有关国家的能源平衡表资料整理。
注：表中工业终端能源消费量未包括加工转换的消费量，如火力发电的煤炭消费量。

我国的煤炭消费量居高不下,主要与我国电力生产的增长高度相关。据中电联快报,截至2009年底,全国发电设备容量8.74亿千瓦。当年风电并网总容量达到1613万千瓦,增长92.26%;水电装机增长14.01%,但仍只占22.51%;火电装机因规模基数高,增长的绝对值大,装机规模占总容量的74.60%。当年全国6000千瓦及以上电厂发电量为35964亿千瓦时,其中火电占83.05%。虽然我国的火电通过"上大压小"等举措,在2009年就提前达到了"十一五"期间淘汰5000万千瓦落后小机组的目标("十一五"前4年已累计关停落后火电机组5545万千瓦),但由于以煤为主的火电装机和生产规模大,即使按供电340克标煤/千瓦时的先进水平综合单耗计算,2009年火电的煤炭消耗量也将超过10亿吨标煤,原煤消耗量超过14亿吨(表4—7)。当年全国全社会用电量为36430亿度,其中第二产业26993亿度,占全社会用电量的73.93%。轻、重工业耗电量分别占工业用电量的17.09%和82.91%,重工业用电量占全社会用电量的60.52%。

表4—7　2009年我国电力生产基本状况

项目	电力装机容量（万千瓦）	比重(%)	项目	电力生产量（亿千瓦时）	比重(%)
总装机容量	87407	100.00	生产总量	35964	100.00
火电	65205	74.60	火电	29868	83.05
水电	19679	22.51	水电	5127	14.26
核电	908	1.04	核电	700	1.95
风电	1613	1.85	风电	269	0.75
			火电供电煤耗	342克～343克标煤/千瓦时	

资料来源:根据2010年1月18日中电联发布的"2009年全国电力工业统计快报"整理。发电量为6000千瓦以上机组的发电量。

由于我国电力生产以火电为主,在2007年就已成为世界最大的火力发电生产国,且以煤电为主。来自国际能源机构的数据表明,2007年我国电力生产量占世界总量的16.59%,居世界第二位,但煤电生产量却占世界32.28%,高出美国煤电产量比重6.54个百分点;我国其他化石能源的电力生产中,油电占3.05%(全球油电当年生产量为11140亿千瓦时),列世界第八位,而气电却在十位以外(2007年全球天然气电生产量为41270亿千瓦时)。煤电占据高比例的结果无疑是导致我国火电成为全球最大二氧化碳排放国的主要原因(表4—8)。

表 4—8 2007 年世界电力生产状况

国家	煤电生产量(TWh)	占世界比重(%)	国家	电力生产总量(TWh)	占世界比重(%)
中国大陆	2656	32.28	中国大陆	3279	16.59
美国	2118	25.74	美国	4323	21.87
印度	549	6.67	日本	1123	5.68
日本	311	3.78	俄罗斯	1013	5.12
德国	311	3.78	印度	803	4.06
南非	247	3.01	加拿大	640	3.24
世界合计	8228	100.00	世界合计	19771	100.00

资料来源:根据 IEA《世界能源统计》(2009)整理。

三、我国工业能源消费的二氧化碳排放状况

我国经济高速增长与快速工业化引发的能源消费增长,使二氧化碳排放量呈现出逐年加大的态势。由于能源供给与消费结构所致,早在 2007 年,我国的二氧化碳排放量就超过美国,成为世界最大的二氧化碳排放国。依据以往的研究成果,按 2008 年我国的能源消费规模及结构初步估算,我国的二氧化碳排放量已达到 66.84 亿吨,其中工业能源消费排放占 75% 以上。

计算依据为:

单位综合排放系数 $=(2.439x+2.146y+1.629z)/(x+y+z)$

x、y、z 分别为 2008 年煤炭、石油、天然气占一次能源消费总量的比重,据此得 2008 年我国的能源单位排放系数约为 2.35。

另据 IEA 的统计和分析,世界 2007 年二氧化碳排放量已达到 289 亿吨,我国位列第一,占 20.81%;而在煤炭消费的二氧化碳排放量中,我国已占到 40.91%;从单位千瓦电、热的二氧化碳排放量来看,我国也属于世界高排放国家(表 4—9~11)。

表 4—9 我国及世界主要国家二氧化碳排放量 (单位:百万吨、%)

国家	1990 年	1995 年	2000 年	2005 年	2007 年	2007 年占世界总量比重
世界合计	20980	21810	23497	27147	28962	100.00
美国	4863	5133	5693	5785	5769	19.92
加拿大	432	465	533	556	573	1.98
日本	1065	1146	1181	1218	1236	4.27
德国	950	869	827	811	798	2.76
法国	352	354	377	389	369	1.27
英国	553	519	526	534	523	1.81

续表

国家	1990年	1995年	2000年	2005年	2007年	2007年占世界总量比重
澳大利亚	260	285	339	386	396	1.37
俄罗斯	2180	1583	1514	1531	1587	5.48
印度	589	783	976	1154	1324	4.57
巴西	193	239	303	327	347	1.20
中国大陆	2211	2986	3038	5058	6028	20.81

资料来源：根据IEA《世界能源统计》(2009)整理。

表4—10 我国及世界主要国家煤炭消费的二氧化碳排放量　（单位：百万吨、%）

国家	1990年	1995年	2000年	2005年	2007年	2007年占世界总量比重
世界合计	8308	8541	8827	11019	12228	100.00
美国	1792	1891	2120	2120	2115	17.30
日本	294	318	367	427	445	3.63
德国	505	370	337	332	348	2.85
法国	73	57	57	54	51	0.42
英国	238	174	138	145	147	1.20
澳大利亚	137	152	189	221	223	1.82
俄罗斯	688	492	450	422	428	3.50
印度	406	528	635	782	895	7.32
中国大陆	1889	2539	2433	4170	5003	40.91

资料来源：根据IEA《世界能源统计》(2009)整理。

表4—11 我国及世界主要国家每千瓦电、热二氧化碳排放量　（单位：克CO_2/千瓦时）

国家	1995年	2000年	2005年	2007年	1995~2007年平均值
世界合计	471	486	501	507	504
美国	579	586	570	549	554
加拿大	184	222	196	205	197
日本	411	401	430	450	433
德国	522	494	405	427	412
法国	76	84	93	90	90
英国	529	461	484	500	497
澳大利亚	808	863	918	907	914
俄罗斯	292	321	325	323	325
印度	927	939	937	928	932
巴西	55	88	84	73	80
中国大陆	803	765	787	758	778

资料来源：根据IEA《世界能源统计》(2009)整理。

第二节 我国工业实现节能减排的主要问题

一、工业节能减排面临着两难选择

我国正处于工业化和城市化加速发展阶段,工业能源消费需求规模大,呈现增长趋势;同时,工业在全社会能源消费中的比重很难大幅度下降。工业规模整体扩张对能源的绝对需求量仍处于上升趋势,而实现节能减排目标不但要求工业单位能耗水平相对下降,还要求工业能源消费,尤其是化石能源绝对消费量在 2010~2020 年就开始趋缓或呈现下降。这无疑在总体背景上就使我国的工业节能减排面临着两难选择。

2009 年 12 月在哥本哈根举行的联合国气候变化框架公约(UNFCCC)第 15 次缔约方会议(COP15),虽未能达成实质性的协议,但控制以二氧化碳为主的温室气体排放总量仍是主导性目标。一旦实施总量控制目标,将使我国的能源消费的规模和结构面临着全球排放额度分配的限制。国际能源机构在《世界能源展望》(2009)报告中认为,2007~2030 年将要增长的 110 亿吨二氧化碳排放量中,约有 3/4 将来自我国,使我国成为全球控制温室气体排放最受关注的国家。虽然我国一再强调和坚持"共同而带有区别"的节能减排原则,但参与排放额度的谈判和争取最大的排放权的前景将难以回避,其结果将直接影响到我国的工业化进程,进而影响和制约着我国工业的能源消费格局。

二、工业节能减排面临着发展成本增大的压力

我国的工业化进程和工业发展模式,使我国经济增长外贸依存度达到 40%。我国致力于能源消费的节能减排,将有助于在中长期尺度内提升我国的工业化水平,加快发展方式的转换,全面提高我国的可持续发展能力。但另一方面,要加强工业节能减排,就需要在近期开始持续不断地加大资金、技术、人力等各类要素的投入,而投入最终将会在近期内反映和体现到工业的产品成本之中。假如我国的电力产业在火电企业中要全面推进和实施"碳捕捉"工程,将使我国现有的火电企业增加成本 0.15~0.30 元/千瓦时。如果从上游的能源、原材料开始,到下游的各个加工制造业全过程推进节能减排,势必在短期内直接影响到我国工业产品的国际竞争力。

产品成本的上升和货物贸易国际竞争力的下降,又会波及到我国近期的经济增长速度和就业规模。虽然我国在"十五"开始就高度关注和促进国内需求,采取了一系列政策和措施拉动国内需求和消费,但并未从根本上改变我国经济,尤其是工业经济对外依存度高的基本格局。加快工业节能减排进程,对我国近期的发展将产生一定的压力。

为减缓 2008 年世界金融危机的影响,国家在 2009 年开始的 4 万亿元投入,可谓是一剂"强心剂",大到扩大基础设施的投入和建设,小到"家电下乡"、"汽车消费购置税优惠",

引导着能源、原材料工业的持续增长,扩大了就业机会,拉动和促进了国内需求。虽然这有助于我国工业化进程的进一步加快,但过高的货币量投放又将面临着流动性过剩和通胀压力。在这个过程中,高耗能产业的持续扩张又使工业综合能耗的下降步履艰难。

三、工业节能减排面临着资金、技术和人力资源储备不足的困境

改革开放30多年来,我国国民经济综合实力得到全面增强和提高,但我国节能减排的主体——企业,特别是大量中小企业,在更新改造、节能减排的资金实力方面还很弱。即使有新型实用的节能减排装备、设施和技术,因资金缺乏也难以及时进行更新。企业规模经济格局与技术装备结构使各产业内部的节能减排任重道远。

在工业节能减排领域的技术和人才储备的规模与结构方面,与近期加快节能减排进程的需求相比显得十分不足,尤其是产业关联性和系统性强的节能减排工程技术与复合型节能减排创新型人才的短缺现象,在主要的高耗能产业如石化、化学、钢铁、有色金属、建材、电力煤气等产业领域显得较为突出。这使我国工业节能减排的现实创新发展能力不强,新能源和大量节能减排工程技术的获得,仍然需要继续和主要走"引进、消化、吸收"的常规发展道路;而节能减排先进国家在核心技术领域所设置的"高门槛",又使我国的工业节能减排技术引进需要付出较高的代价。

四、工业节能减排面临着资源及原材料供给质量保障的困境

我国的工业节能减排在资源、原材料的供给方面与节能减排先进发达国家也存着差距,从我国的煤炭、石油等化石能源到黑色、有色金属、非金属矿物原料等,在资源和原材料的品质上都不十分理想。例如,我国的能源消费以高排放的煤炭为主,煤炭资源又以高硫、高灰分的煤种为主,原油以高腊、中重质油为主,国内低品位铁矿石资源占到95%以上,有色金属、贵金属多为低品位、共伴生赋存等。资源和原材料在品质方面的这些问题,均影响和制约着我国工业现实与未来的能源节能减排成效。

五、工业节能减排亟待标准的制定与法规的健全及实施

自"十一五"我国开始全面推进节能减排以来,由于各个产业、产品节能减排标准体系的不健全,大量设备、设施、工艺流程能耗标准的缺乏随之反映出来。虽然我国在2007年10月已颁布并在2008年4月开始实施《节约能源法》,但相关配套法规不完善,法律的制度性建设主要以行政法令、规划为主,监督、监测和节能管理缺位的问题十分明显。与此同时,许多经济发展相对滞后的地方政府为促进本地区经济发展,加快工业化进程,往往会在节能减排方面主动降低企业的准入"门槛",使发达国家和国内经济发达地区大都能够顺利实现高耗能、高污染产业项目的区域转移。

此外,节能减排外部的高投入,使得作为工业节能减排的主体——各工业部门和企业

——自然缺乏节能减排的动力。如果在制度建设上不能使工业的节能减排与企业的经济利益和发展生存直接关联，就谈不上企业节能减排的主动性和积极性。

第三节 工业节能减排的主要途径与减排潜力测算

工业作为当前和未来一段时期我国能源消费的主体，是我国节能减排的主要领域。以 2005 年为基准年，从我国工业各部门的能源消费状况，尤其是从各部门、主要企业单位的能耗水平的比较来看，我国工业在节能减排能力上尚有较大潜力：各主要部门的单位综合能耗水平与发达国家先进水平比较尚有 20%～35%的差距。已有的经验和研究表明，实现工业节能的主要途径基本可概括为三个方面，即结构性节能、技术节能、管理节能。本节主要从技术节能方面探讨工业节能减排的潜力，以高耗能产业为对象，提出 2015 年和 2020 年我国工业技术节能减排的途径与潜力。

一、2015 年和 2020 年总体工业技术节能潜力及减排测算

毫无疑问，工业是当前节能减排的主体，其中又以高耗能的产业部门为重点。当然，这并不是说低能耗部门不进行节能减排。总体上看，我国目前工业能源消费水平属于较高的国家，单位能耗水平与世界能耗先进国家和地区相比较，还存在 20%～35%的差距（以 2005 年为基准年）。这说明了工业节能的潜力。

依据各高耗能产业的节能减排潜力，可以大致估算出 2015 年和 2020 年我国工业节能减排的总体潜力。初步测算，到 2015 年和 2020 年，我国工业技术节能潜力可分别达到 40311 万吨标煤和 49763 万吨标煤，分别减少二氧化碳排放 98359 万吨和 121422 万吨（表 4—12）。这一结果包括了高耗能产业的存量技术节能减排量和增量技术节能减排量，但不包括因工业结构调整产生的节能减排量（预计 2015 年和 2020 年因工业结构调整而产生的节能减排量分别为 28500～32500 万吨标煤和 34500～39500 万吨标煤），也不包括高耗能工业以外的其他加工业产生的节能减排量（预计其他加工业 2015 年和 2020 年的技术节能减排量分别在 1200～1500 万吨标煤和 1800～2250 万吨标煤，重点是纺织、造纸、机电等行业）。

对于 2020 年实现单位 GDP 碳排放比 2005 年降低 40%～45%的减排目标，工业技术节能减排无疑是一条重要途径。但总体分析结果表明，主要依靠工业技术节能减排的潜力相对有限。在现有技术装备水平下，工业技术节能对 2020 年减排目的贡献率大约为 15.5%～16.5%。

二、2015年和2020年主要耗能产业节能潜力及减排测算

表 4—12　2015 年和 2020 年我国高耗能工业部门节能减排潜力

项目	2015年 节能（万吨标煤）	2015年 减排 CO_2（万吨）	2020年 节能（万吨标煤）	2020年 减排 CO_2（万吨）
电力、供热产业技术节能减排	20811	50778	28579	69732
钢铁产业技术节能减排	6419	15662	3900	9516
有色金属产业技术节能减排	1800	4392	2800	6832
非金属矿物产业技术节能减排	7475	18239	8280	20203
石化、化工产业技术节能减排	1456	3553	2354	5744
煤炭开采洗选产业技术节能减排	1150	2808	2050	5002
石油、天然气产业技术节能减排	1200	2928	1800	4393
合　计	40311	98359	49763	121422

1. 电力、供热产业节能减排潜力

我国的电力、供热产业在未来一段时期仍将继续呈现扩张态势，预计 2010 年我国电力装机总量将突破 10 亿千瓦，2015 年达到 11 亿千瓦，2020 年达到 12.5 亿千瓦。虽然电力工业中煤电比重高的结构在短期内很难发生重大改变，但如果能够在发展进程中坚持非化石能源对煤的替代，无疑有助于电力、供热产业的直接节能减排，成为工业节能减排的主要途径。

2010～2020 年，我国电力、供热产业节能减排的主要措施包括：

第一，积极发展核电、风电，稳步增加水电、光伏发电，逐步增加气电及天然气供热的比重，降低煤电比重。力争在 2015 年将火电装机比重下降到 71.5% 左右，2020 年下降到 67.2% 左右；2015 年火电发电量比重下降到 76.5%～76.8%，2020 年下降到 73.0%～73.5%。

第二，继续坚持"上大压小"政策，关停小火电机组，全面推广和应用整体粉煤燃烧技术（PCC）、煤气化联合循环（IGCC）、超（超）临界、大型循环流化床（FBC）等先进发电技术，降低火电供电煤耗。力争到 2015 年关停全部 10 万千瓦以下机组，煤电供电煤耗下降到 330 克标煤/千瓦时，2020 年下降到 325 克标煤/千瓦时（世界先进水平为 312 克标煤/千瓦时）。同时，在 2015 年全部煤电机组实现烟气脱硫、高效除尘、空冷等环保技术措施。

第三，强化发电、输电与电力企业用电设备的更新改造，通过特高压输电线路及变电设备容量建设（主要是正负 800 千伏直流输电和 1000 千伏交流特高压输电技术的应用），

增加国家电网骨干线路输送能力,加大输电对输煤的替代(原则上我国南方电煤缺乏省份不再建设和发展依赖北方煤炭的煤电新项目),降低线损率和厂用电率。争取在2015年将输电线损率下降到5.5%,2020年下降到4.0%(世界先进水平为3.0%),与2005年相比较分别下降2.81%和3.81%;2015年厂用电率下降到5.0%,2020年下降到4.5%(世界先进水平为4.0%),分别较2005年下降0.87%和1.37%。

第四,配合价格杠杆的运用,实施峰谷分时电价、季节性电价、可中断电价、差别电价等电价政策,进一步加强电力需求预测管理,引导用户合理有序用电,提高电能终端使用效率,抑制高耗能企业用电过快增长。

第五,积极推进洁净煤技术的应用和热电联产,提高火电能源转换效率,促进工业、生活供热的高效。2010~2020年,年增加热电联产机组1000万千瓦(热电联产机组煤耗一般低于300克标煤/千瓦时,集中供热比分散小锅炉供热效率提高50%,热效率稳定在80%)。2009年全国热电联产机组已超过1.25亿千瓦,热电联产所产生的节能减排量已包含在发电单位能耗下降的节能减排量之中。

若上述设定节能减排指标能够实现,在对2015年和2020年电力装机与发电量测算的基础上(表4—13),分别对2015年和2020年电力、供热产业节能减排潜力进行测算。在设定情景下,电力、供热产业将在2015年实现减少煤炭消耗量28742万吨标煤,2020年减少煤炭消耗量44442万吨标煤。其中,因电力生产结构性调整形成的节能分别为7931万吨标煤和15863万吨标煤;单位能耗下降节能分别为15546万吨标煤和18900万吨标煤(表4—14)。

表4—13 2015年和2020年我国电力工业结构调整情景

项目	2015年 装机容量与发电量	比重(%)	2020年 装机容量与发电量	比重(%)
总装机容量(10^8 kw)	11.00	100.00	12.50	100.00
火电	7.86	71.50	8.40	67.20
水电	2.53	23.00	2.70	21.60
核电	0.27	2.50	0.54	4.30
风电、光伏发电	0.33	3.00	0.86	6.90
总发电量(10^8 kwh)	50176	100.00	57490	100.00
火电	38514	76.76	42000	73.06
水电	8855	17.65	9450	16.44
核电	2147	4.28	4320	7.51
风电、光伏发电	660	1.32	1720	2.99

注:水电发电2015年和2020年均按3500小时计算;火电2015年按4900小时计算,2020年按5000小时计算;核电2015年按7950小时计算,2020年按8000小时计算;风电、光伏发电2015年和2020年均按2000小时计算。

表 4—14 2015 年和 2020 年我国电力、供热产业节能减排潜力

项目	2015 年 节能（万吨标煤）	2015 年 减排 CO_2（万吨）	2020 年 节能（万吨标煤）	2020 年 减排 CO_2（万吨）
电力、供热生产结构调整节能减排	7931	19352	15863	38706
单位能耗下降节能减排	15546	37932	18900	46116
线损率下降节能减排	3825	9334	7119	17370
厂用电率下降节能减排	1440	3512	2560	6246
电力、供热综合节能减排（合计）	28742	70130	44442	108438
合 计	20811	50778	28579	69732

注：①结构性节能减排为替代火电减少的煤炭消耗量，替代额为 2015 年和 2020 年火电发电量所占比重之间的差额发电量，发电能耗分别按 2015 年和 2020 年的单位标准煤耗计算；②单位能耗节能减排比较均以 2005 年火电单位供电标准煤耗为基数；③热电联产节能减排额已包含在单位能耗节能减排中；④线损率和厂用电率分别以 2005 年供电煤耗为比较的基础。

2. 钢铁产业节能减排潜力

随着产能和产量的持续扩张，钢铁工业已成为仅次于电力、供热产业的我国第二大能源消费产业。控制钢铁工业增长规模，调整钢铁工业企业规模结构，加强更新改造，已成为我国钢铁工业实现节能减排的当务之急。

实际上，"十一五"以来，我国钢铁工业已经进行了较大规模的兼并重组和更新改造。这些措施使钢铁工业的吨钢综合能耗由 2005 年的 876 千克标煤/吨，下降到 2008 年的 629 千克标煤/吨。其中，吨钢可比能耗已下降到 602 千克标煤/吨，比发达国家水平低 10% 左右。但这并不表明我国钢铁工业节能减排的潜力不大。目前，我国钢铁工业总体上处于多层次、不同技术装备结构、先进与落后技术经济指标共同发展的阶段。例如，到 2008 年，我国尚有约 7500 万吨/年生产能力的小高炉在运行；钢铁工业以长流程为主，电炉钢比重只有世界平均水平的 1/3 左右；钢铁工业企业 870 家，产业集中度较低。总体上，以 2005 年综合能耗为基数，我国钢铁工业有 270～280 千克标煤/吨的节能潜力。在此我们设定的情景为：2015 年全国钢铁工业平均吨钢能耗下降到 610 千克标煤/吨，2020 年下降到 600 千克标煤/吨（表 4—15）。

首先，从供给规模上控制住钢铁工业产能继续扩张的态势，并在消费和市场环节运用税收等手段抑制钢铁产品的出口，在规模和结构上实现钢铁工业节能减排。如果我国钢铁工业产量下降 1.0 亿吨/年，将直接减少能源消费 6500 万吨标煤。应争取在 2015 年将我国钢铁工业产量控制在 5.5 亿吨/年以下，2020 年控制在 4.5 亿吨/年。

表 4—15　2015 年和 2020 年我国钢铁工业节能减排潜力

项目	2015 年 节能（万吨标煤）	2015 年 减排 CO_2（万吨）	2020 年 节能（万吨标煤）	2020 年 减排 CO_2（万吨）
产能规模调整节能减排	14720	35927	8479	20688
提高产业能力集中度节能减排	2140	5222	1300	3172
工艺、流程技术节能减排	4279	10440	2600	6344
钢铁工业综合节能减排（合计）	21139	51579	12379	30205
钢铁工业技术节能减排（合计）	6419	15662	3900	9516

注：节能减排的比较基数以 2005 年为基础。

其次，继续鼓励兼并重组，以股份制为主要方式，减少钢铁企业绝对数量，淘汰落后产能，提高产业集中度，实现规模化生产节能。一般大高炉较小高炉炉顶压高出 100 千帕左右，每提高 10 千帕炉顶压，可降低能耗约 1.15 千克标煤/吨。

第三，积极引进、创新生产新工艺，如全面推广喷煤和废弃塑料技术、熔融还原技术（COREX、FINEX 等）、直接铸造技术、一火成材热送热装轧钢技术等；继续缩短生产工艺流程（提高电炉钢比、提高连铸连轧比等），运用信息技术，实现生产过程精确化控制；在提高高炉规模的同时，全面应用高炉煤气余压能量回收装置，实现高炉余热的发电和综合回收利用。

3. 有色金属冶炼及压延产业节能减排潜力

有色金属工业在我国能源、原材料工业中属能源消费总量相对较低的产业，但全行业电力消费居各高耗能产业的第四位。其中，铝、铜两大品种的能耗又占整个有色金属行业能耗的 90% 以上。近年来，有色金属工业呈现出高增长的态势。2005 年，我国 10 种有色金属产量为 1625 万吨，其中铜 260 万吨、电解铝 779 万吨，仅仅 4 年后的 2009 年 10 种有色金属产量就增长到 2650 万吨，其中精炼铜、电解铝分别增长到 414 万吨和 1297 万吨，铜、铝产量分别占世界产量的 20% 和 34% 以上。伴随产量的迅速上升，2008 年有色金属工业的能源消费总量突破了 1.2 亿吨标煤；同时，近年来有色金属工业在不断更新改造中扩张产能，单位综合能源消耗水平与国际先进水平的差距已经不超过 10%。由于国内市场仍存在巨大需求，预计 2015 年前后有色金属产量将可能突破 3000 万吨；之后产能和产量增长态势开始趋缓并有所下降，2020 年的产量将不超过 2800 万吨。

2009 年国家出台的《有色金属产业调整和振兴规划》提出，"今后 3 年原则上不再核准新建、改扩建电解铝项目"。如果有色金属产业不能从总量上实行结构性节能，则到 2020 年前后结构性节能减排的前景不大。2010～2020 年技术性节能减排潜力主要应通过淘汰落后产能和资源综合利用等方式实现,如淘汰反射炉及鼓风炉炼铜产能、烧结锅炼铅产能、落后的锌冶炼产能、落后小预焙槽电解铝产能(用大型预焙电解槽替代小型自焙槽)、扩大拜耳法、烧结法等生产工艺,扩大冶炼短流程工艺,加强共伴生矿高效利用、尾矿和赤泥综合利用等。

目前,有色金属产业能耗限额标准已经出台,近期就将有力加快有色金属的节能进程。《有色金属产业调整和振兴规划》认为,在2011年前后有色金属重点骨干电解铝厂直流电耗将下降到12500千瓦时/吨以下(2005年国际先进水平为14100千瓦时/吨),粗铅冶炼综合能耗低于380千克标煤/吨,硫利用率达到97%以上,余热基本实现100%回收利用,废渣100%无害化处置。每年节能约170万标准煤,节电约60亿千瓦时,这表明有色金属工业节能减排的主要任务将在2015年前完成。此外,如果有色金属产业能够尽可能实现资源回收综合利用,也将大幅度削减能源消费量,如利用再生金属生产的铜、铝、铅、锌,可分别减少能源消耗80%、90%、60%、70%左右。

以2005年为基准,我国有色金属工业的总体技术节能减排潜力在25%~30%。我们设定的情景为:2015年有色金属产业综合能耗下降到3.9吨标煤/吨,2020年下降到3.5吨标煤/吨;铝业综合能耗分别下降到8.8吨标煤/吨和8.5吨标煤/吨。据此可以推算,到2015年有色金属产业的技术节能减排总量大致在1500~1800万吨标煤(其中整个铝业的技术节能量要占3/4以上);2020年为2650~2800万吨标煤(其中电解铝节能量要占2/3左右)。若达到高限值,即2015年和2020年的节能量分别为1800万吨标煤和2800万吨标煤,相应的二氧化碳减排潜力分别为4392万吨和6100万吨(表4—16)。

表4—16 2015年和2020年我国有色金属产业节能减排潜力

项目	2015年 节能(万吨标煤)	2015年 减排 CO_2(万吨)	2020年 节能(万吨标煤)	2020年 减排 CO_2(万吨)
铝冶炼及压延业节能减排	1365	3331	1820	4441
其他有色金属节能减排	435	1061	980	2391
合计	1800	4392	2800	6832

4. 非金属矿物及制品业节能减排潜力

非金属矿物及制品业的主体是建材工业,其中又以水泥、平板玻璃、玻璃纤维、建筑与卫生陶瓷、混凝土及水泥制品、非金属矿及制品、玻璃钢复合材料及新型墙体材料等为主。在建材工业能源消费方面,水泥占70%以上,是非金属矿物及制品业节能减排的重中之重。受基础设施建设、住房建设等的影响,主要建材产品市场需求难以在2020年以前全面下降，预计到 2015 年我国的水泥产量将会达到 20 亿吨；2020 年即使有所下降，也会在 18 亿吨左右。此外，水泥的原料来源将更加多样化，熟料比进一步降低，尤其是矿渣水泥的比例将会有所上升，水泥工业与钢铁、有色金属等产业关联性会进一步增强，水泥的替代品——新型建材——将形成较大规模产业（也属于建材工业行业）。

有关研究表明，我国建材行业的节能降耗及产业结构调整工作正在加速进行。预计到"十一五"末，新型干法水泥比重占 75% 以上，浮法玻璃占总生产能力的比重达 90% 以上，平板玻璃深加工率在 30% 以上，玻璃纤维池窑拉丝比例达 70%，新型墙体材料产量比重达 50% 以上；同时，2010 年建材行业要消纳工业废渣 5.0 亿吨（2005 年为 4.35 亿吨），40% 以上的新型干法水泥生产线实现纯低温余热发电，散装水泥的比例要超过 40%。这一格局表明，我国建材工业属于节能减排潜力较大的产业。

以 2005 年为基准，我国建材工业能源综合消耗比国外先进水平高 20%～50%，其中水泥综合能耗节能潜力在 30% 左右。若 2015 年全国水泥新型干法生产线比重超过 85%，则可以使水泥的综合能耗下降到 115 吨标煤/吨；若 2020 年全部落后产能被淘汰，水泥综合能耗将下降到 110 吨标煤/吨。建材工业中的其他行业如平板玻璃、建筑陶瓷等虽然也具有较大产能，其行业主导产品综合能耗即使下降的比率高（有的与国际先进水平差距在 1/3 以上），但由于下降的绝对值较低，对整个非金属矿物制品业的节能影响度不到 20%，故将它们全部作为次要技术节能减排行业一并考虑，平均节能减排潜力同样设定为 30%（表 4—17）。总体上，2020 年非金属矿物制品业的节能潜力在 8280 万吨标煤，可减少二氧化碳排放 20203 万吨。

表 4—17　2015 年和 2020 年我国非金属矿物及制品业节能减排潜力

项目	2015 年 节能（万吨标煤）	2015 年 减排 CO_2（万吨）	2020 年 节能（万吨标煤）	2020 年 减排 CO_2（万吨）
水泥工业技术节能减排	6500	15860	7200	17568
其他非金属矿物制品业节能减排	975	2379	1080	2635
合计	7475	18239	8280	20203

5. 石化、化工产业节能减排潜力

由于石化和化工产业在资源与原料的来源上均要以化石能源作为主要能源和原料，产出的主要产品（如燃料油、合成氨等）也具有相似性，故将两者合并论述。这里，我们以主要产品作为石化、化工产业技术节能减排的载体，包括炼油、乙烯、合成氨、烧碱。

表 4—18 表明，2005 年我国上述四种产品与国际先进水平尚有较大差距。但就技术

节能减排的绝对数量而言相差不大,尤其是在这些产品的原料品质无法控制的背景下更是如此。预计到 2020 年的技术节能减排潜力大约在 15%~25%(表 4—19),可节能 2354 万吨标煤,二氧化碳排放减少 5744 万吨。

表 4—18　2005 年我国石化、化工主要产品能耗比较

代表性产品	2005 年国内水平 (千克标煤/吨)	国际先进水平 (千克标煤/吨)
炼油综合能耗	104	73
乙烯综合能耗	986	629
大型合成氨综合能耗	1314	1100
烧碱(隔膜法)综合能耗	1503	1283

表 4—19　2015 年和 2020 年我国石化、化工节能减排潜力

项目	2015 年 节能 (万吨标煤)	2015 年 减排 CO_2 (万吨)	2020 年 节能 (万吨标煤)	2020 年 减排 CO_2 (万吨)
炼油工业技术节能减排	360	878	630	1537
乙烯加工业技术节能减排	103	251	204	498
合成氨制造业技术节能减排	825	2013	1160	2830
烧碱制造业技术节能减排	168	410	360	878
合　计	1456	3553	2354	5744

受油气来源、品种和品质的影响,尤其是国内资源劣质化趋势的影响,我国的炼油工业很难在整体上达到国际先进水平。随着进口原油的不断增长,我国的炼油工业在综合能耗上将因油源因素在企业间产生较大的差距。但总体上看,我国炼油工业技术节能减排潜力不大。即使通过更新改造、改进工艺、提升炼油规模经济(如尽可能进一步提高炼油工业集中度,全力推进千万吨级一体化炼厂技术改造与设备更新),我国炼油工业仍将在总体上与国际先进水平存在一定的差距,炼油工业的技术节能减排潜力到 2020 年将不会超过 10%。我们设定炼油工业因技术节能的综合能耗在 2015 年达到 95 千克标煤/吨,在 2020 年达到 90 千克标煤/吨(预测 2015 年国内炼油工业产量为 4.0 亿吨,2020 年为 4.5 亿吨)。

乙烯的技术节能减排主要包括裂解炉的改造和大型化,降低裂解炉能耗;高效换热器的改造和配套,全面回收烟气余热和低温热能,并与燃气轮机和加热炉实现热电联产;应用在线烧焦技术和低耗分离技术,提高原料的回收率;装备点火的自动化控制,提高火炬

气回收率等。总体上看，只有实现乙烯装置的大型化，才能使国内乙烯装置平均综合能耗下降。随着这些技术措施的运用和乙烯装置的大型化，我国乙烯综合能耗到2020年可有15%的降幅。到2015年，国内乙烯装置平均综合能耗将下降到900千克标煤/吨，2020年下降到850千克标煤/吨（预计2015年国内乙烯产量为1200万吨，2020年为1500万吨）。

合成氨的技术节能减排主要包括装置的大型化和集成化，全面配套一段炉烟气余热回收；淘汰与技术改造既有的中小型合成氨装置，使淘汰与实用技术改造相结合，引用新型催化剂；通过提升信息化水平，提高装置的自动化控制能力，实现精确节能；加大对烟煤、褐煤合成器技术的研发应用等。通过这些技术举措，力争在2015年使合成氨装置平均综合能耗比2005年下降150千克标煤/吨，2020年比2005年下降200千克标煤/吨（预计2015年全国合成氨产量5500万吨，2020年5800万吨）。

烧碱的技术节能减排主要包括大规模采用离子膜法替代石墨阳极隔膜法，改造隔膜电解槽，装置大型化等。力争在2015年较2005年的平均综合能耗下降80千克标煤/吨，2020年再下降70千克标煤/吨（预测2015年全国烧碱产量约2100万吨，2020年产量约2400万吨）。

6. 煤炭开采及洗选业节能减排潜力

煤炭开采及洗选业技术节能减排主要包括提高生产区煤炭资源的回收率，尤其是提高对难采煤层的利用率；通过矿区锅炉的改造和水煤浆技术应用，充分利用生产过程中的煤泥和煤渣；推行"三下"压煤的无煤柱开采技术（即充填采煤法等实用开采技术）；全面进行生产井电机改造、供配电技术、生产区照明节能技术改造；积极推广煤层气综合回收利用，矿山燃煤烟气余热回收，干法选煤技术，节水型选煤技术，大型筛选设备及脱硫技术等；加快推进煤炭企业信息化建设，利用现代控制技术、矿井通讯技术，实现生产过程自动化、数字化等。

总体上，由于我国煤炭生产点多面广，且基本为地下开采，矿区地质环境、资源赋存状况复杂多样，很难确定一个全行业统一、系统的节能技术标准。故煤炭开采及洗选业的节能减排，需要国家设计节能规范和用能标准，由所在区域管理和技术监督部门制定相应的技术节能减排实施方案；国家在总体上根据各区域煤炭生产格局，提出不同的节能减排额度。

目前，全国煤炭开采及洗选产业能耗占到其产能的5.5%左右，具有较大的节能减排空间。若煤炭开采及洗选产业能够持续不断地推行技术节能减排措施，2015年产业综合能耗下降到5.0%左右，2020年下降到4.5%左右。预测2015年全国煤炭产量达到32.5亿吨，2020年下降到29.50亿吨，推算2015年煤炭开采及洗选业实现节能1150万吨标煤，二氧化碳减排2808万吨；2020年实现节能2050万吨标煤，二氧化碳减排5002万吨。

7. 石油、天然气开采业节能减排潜力

与煤炭开采相同的是,我国的石油天然气开采业也是能源消耗大户,能源消费占其产量的比重远高于煤炭采选业,2007年全国石油天然气产业能耗占其产量的比重高达19.28%(均按标煤折算)。与煤炭采选业不同的是,石油天然气开采业具有较高的企业集中度,国内的油气田基本上集中在中石油、中石化、中海油三大企业,这无疑十分有利于产业的节能减排。

由产业特性和国内资源的品质与特性所决定,石油天然气开采业属于高投入、高能耗行业,但这并不表明该行业不具有技术节能减排的空间。从行业本身的研究成果和目前已确定的投入看,石油天然气开采业在2010~2020年至少具有1500~1800万吨的技术节能潜力。以2005年为基准年,我国石油天然气开采业到2015年可节能1200万吨,到2020年可节能1800万吨,并可分别减少二氧化碳排放2928万吨和4393万吨。

第四节 实现工业节能减排的主要对策

一、技术节能减排

1. 稳步推进高耗能产业"碳捕捉"减排工程

碳捕捉及储存技术,简称CCS(Carbon Capture and Storage),是指把化石能源燃烧后产生的二氧化碳尽可能收集起来,集中封存,埋入不渗漏的地下,不让其进入大气中。我国最适合应用CCS技术的是火电、钢铁行业,这两大行业也是我国二氧化碳排放量最大、排放相对集中的行业,二氧化碳容易捕捉。有关研究表明,CCS技术在理论上可以将火电厂产生的90%以上的二氧化碳捕捉起来。2010~2020年,我国应逐步开发应用CCS工程技术,加大投入,争取至2020年全国可实现的减排量中,有5%~15%来自CCS,减排二氧化碳总量4.5~13.5亿吨(此减排技术工程减排量未包括在前述技术减排量中)。

2. 加快淘汰落后技术装备,实现企业规模经济发展

通过企业技术改造,加快淘汰落后产能,支持节能减排项目建设;鼓励企业使用新技术、新工艺、新装备、新材料,提高节能减排的技术和管理水平;用好技术改造专项资金,重点支持高耗能产业、企业节能降耗、减排治污,开展源头治理、过程控制。目前,国家有关部门已制定发布了《重点行业节能减排先进适用技术目录》和《重点工序节能技术政策》,编制了《重点节能技术推广专项规划》;研究制定并发布《节能机电设备产品推荐目录》和《高耗能落后机电设备产品淘汰目录》;积极开展"两高"行业节能减排信息化应用试点和示范推广,利用信息化技术加快重点用能企业的技术改造。

3. 促进产业关联性强的工业园区建设，引导循环经济发展

空间的优化组合，也是实现工业技术节能减排的重要途径。通过工业园区的建设、发展，促进循环经济模式在工业领域的广泛应用，将有利于提高资源、能源利用效率。要积极研究制定地区循环经济发展方案，在生产、流通和消费过程中，重视减量化、再利用和资源化，提高能源资源的利用效率和效益。根据产业发展布局和结构调整要求，通过产业关联、资源关联、环保关联的工业园区建设，实施产业集聚、优化组合，实现资源、能源的综合利用、循环使用，最大限度地提高资源、能源的利用效率。通过产业园区集中供热、供冷、供电、供水和水处理的系统优化管理，提高能源资源利用效率。

4. 尽快建立清洁生产组织，促进资源综合利用政策调整

加快推行清洁生产，积极推行资源综合利用，加强工业"三废"污染防治。通过工业清洁生产审核、工业先进适用清洁生产技术指南、清洁生产水平评价标准，把减排和治污紧密结合，控制污染源，实现少排放、零排放。通过大力宣传，进一步实现废旧生产资料和生活资料的有效回收、再开发和再利用。

二、结构节能减排

1. 结构调整是工业结构性节能减排的主要途径

所谓工业结构性节能，是指通过工业内部各产业发展规模调整、产业链的持续性延伸，大力发展高附加值、低能耗的高新技术产业，在实现总体规模扩张的同时，持续降低工业增加值的单位能耗，控制工业总能耗的增长，逐步减少工业能源消费总量所实现的节能。

基本发展思路是通过电子、通信等信息化为主导的高新技术产业的发展，引导各产业全面进行信息化产业能力建设；通过先进实用技术的推广和产业延伸技术的研发，全面改造提升传统产业、延长产业链，提高产业的能源利用效率，减少钢铁、有色、建材、化工等传统高耗能、高污染产业的污染排放水平。

2. 控制高耗能产业的过快增长，限制高耗能产业产品的出口

工业结构性节能的另一个方面，就是要全面遏制资源高消耗、能源高消费的"两高"产业的过快增长。具体讲，就是要在2010～2020年的发展阶段，充分利用全球市场需求减缓的有利时机，通过继续实施控制规模增长率，提高产业集中度，"上大压小"等重要举措，缓解钢铁、有色、建材、化工等"两高"产业能源消费绝对数量的增长，争取在2020年前后控制住"两高"产业能源消费绝对数量的增长，并使钢铁、有色、建材等高耗能产业的产能、

产量均下降。同时,要全面限制"两高"产业产品的大规模出口,尤其是钢材、有色金属、水泥的出口,一方面可以使"两高"产业能源消费实现结构性下降;另一方面还能够规避美国、欧盟等发达国家国和地区可能推出的"碳关税"。

三、管理节能减排

1. 颁布和实施产业、产品节能减排标准

通过技术标准和产业政策,加强对重点行业节能减排分类指导,实行准入管理;抓住重点行业、重点企业节能降耗和减排治污,加强规划引导;强化标准、规范的制定和监督,促进工业及通信业的节能与综合利用工作向纵深发展;修订、制定重点行业能耗、物耗和环保技术标准、规范,促进工业行业,尤其是高耗能产业开展行业、企业能效水平达标活动;全面推进工业企业节能目标责任评价指标体系的制定和实施;通过行业协会,积极组织落实重点行业工业产品能耗限额标准;实施工业固定资产投资项目的节能环保评估和审查制度,遏制高耗能、高污染行业的盲目发展;禁止落后生产能力的异地转移,将落后产能和设备彻底淘汰。

2. 节能立法是实现工业节能减排法制化、制度化的基础

充分利用法律、经济、技术和行政手段,抓紧建立并完善淘汰落后产能退出机制和配套政策,严格市场准入条件;支持企业在淘汰落后产能过程中妥善解决职工安置、企业转产、债务化解等问题,确保完成淘汰落后产能的目标;建立淘汰落后产能工作定期报告和检查制度,加强对淘汰落后产能工作的指导和监督检查。

参 考 文 献

[1] 中国电力联合会:"2009年全国电力工业统计快报",中国产业经济信息网(2010年1月18日):http://www.cinic.org.cn/shownews.php?kid=16&id=70647。

[2] 中电联:"2009年我国电力工业节能减排回眸",中国节能减排网:http://www.chinajnjpw.com/html/21/dl/1/201001/04-37468.html。

[3] "热电联产发展现状",《中国电力报》,2009年11月23日。

[4] 付航、王攀:"中国低碳经济路线图——低碳经济将推动我国产业结构大提升",《中国有色金属报》,2009年11月12日。

[5] 刘勇、周仕来:"我国煤炭工业节能减排的探讨",《现代矿业》,2009年第11期。

[6] 国际能源署:《世界能源展望2009》,OECD/IEA,2009年。

[7] International Energy Agency, *Key World Energy Statistics* 2009, www.iea.org.

[8] 郑鑫、杨静、王利生:"我国化石能源燃烧产生的二氧化碳排放量预测",《水电能源科学》,2009年第5

期。
[9] 赵建安:"中国利用周边国家铁矿资源的潜力与对策",《资源科学》,2009 年第 10 期。
[10] 霍丽文:"60 万千瓦火电机组煤耗再降",《中国电力报》,2009 年 9 月 28 日。
[11] 王维兴:"2008 年中国钢铁工业能耗分析",《钢铁》,2009 年第 9 期。
[12] 国家统计局:《中国统计年鉴 2009》,中国统计出版社,2009 年。
[13] 李毅中:"加快产业结构调整,推进工业节能减排",《自动化博览》,2009 年第 7 期。
[14] 娄湖山:"钢铁工业节能减排的历史重任",《冶金能源》,2009 年第 4 期。
[15] 杨铁生:"实施产业调整和振兴规划,推进工业节能降耗减排",《上海节能宣传周》,2009 年第 6 期。
[16] "化学工业主要耗能产品国内外能效水平比较研究",国家石油和化工网(2009 年 4 月):http://www.cpcia.org.cn/html/news/20094/65583_33.shtml。
[17] 中国石油天然气公司:"油气田节能技术发展现状与展望",工信网(2009 年 04 月 13 日):http://www.miit.gov.cn/n11293472/n11293877/n11301602/n12222003/n12239160/12244264.html。
[18] 王维兴:"2008 年中国钢铁工业能源利用状况述评",中国钢铁工业企业网(2009 年 3 月 20 日):http://www.chinasie.org.cn/newmore_tb.asp?id=14126。
[19] 颜新华:"降煤耗快马加鞭,减排放不遗余力",《中国电力报》,2009 年 2 月 27 日。
[20] 张新敬、谭春青、隋军、徐建中:"我国工业节能现状和对策",《中国能源》,2008 年第 11 期。
[21] 中国建筑材料联合会:"关于加强建材工业节能减排的意见",《建材发展导向》,2008 年第 2 期。
[22] 课题组:《中国可持续能源实施"十一五"20％节能目标的途径与措施研究》,科学出版社,2007 年。
[23] 胡秀莲、刘强、姜克隽:"中国减缓部门碳排放的技术潜力分析",《中外能源》,2007 年第 4 期。
[24] 孙伟善:"关于石油和化工行业节能减排",《河北化工》,2007 年第 7 期。
[25] 王政:"工业节能潜力有多大",《人民日报》,2006 年 9 月 1 日。
[26] 张雷:"中国一次能源消费的碳排放区域格局变化",《地理研究》,2006 年第 1 期。

第五章 低碳能源发展情景及减排潜力分析

近年来,全球减排二氧化碳的呼声日益高涨[1]。2009年12月在丹麦哥本哈根召开的《联合国气候变化框架公约》缔约方第15次会议中,美国、欧盟、日本等均提出了各自的二氧化碳减排计划。我国提出了2020年单位GDP碳排放将在2005年基础上降低40%~45%的减排目标,赢得了国际上的广泛赞誉。事实上,在2009年11月的国务院常务会议中,我国就已确定了此项减排目标,并提出2020年非化石能源占一次能源消费15%的发展目标。

可再生能源和核能,亦称非化石能源或低碳能源,在我国得到了迅猛发展,并积极推动着能源结构优化和温室气体减排。在明确2020年我国减排目标的前提下,科学地评估我国低碳能源的发展潜力,评价其对完成国家减排目标的贡献,并分析2020年非化石能源占一次能源消费15%目标的可实现性等,已显得尤为迫切和重要。目前已有的相关研究多围绕各个低碳能源品种如生物质能[2]、风电[3]的发展潜力,及其在终端消费领域中替代化石能源[4]和减排二氧化碳的潜力[5]而展开,尚未对新减排目标下低碳能源的发展潜力及对实现国家减排目标的贡献等进行深入研究。为此,本章围绕我国低碳能源的发展潜力及对实现国家减排目标的贡献这一主线,对上述问题进行初步探讨,以期为国家应对气候变化、明确低碳能源发展路径等提供科学依据。

第一节 低碳能源发展现状与资源基础

在应对全球变化、优化能源结构、促进经济增长等目标的驱动下,以水电、风电、太阳能、生物能源和核电为主导的低碳能源得到了快速发展。至2008年底,我国低碳能源年利用量约为2.5亿吨标煤,占一次能源消费比重的8.9%[6],低碳能源各品种的发展现状见表5—1。

表5—1 我国低碳能源发展现状

类型	2008年	2005年	类型	2008年	2005年
核电(万千瓦)	908(908)	695	生物质发电(万千瓦)	315	200
水电(亿千瓦)	1.72(1.97)	1.17	生物质成型燃料(万吨)	20	—
风电(万千瓦)	1217(2129)	126	沼气年利用量(亿立方米)	140	80
太阳能发电(万千瓦)	14	—	燃料乙醇(万吨)	160	102
太阳能热利用(亿平方米)	1.25	0.8	生物柴油(万吨)	50	5

资料来源:据参考文献[6]、[7]、[8]、[9]整理而得,表格括号内的数据为2009年的发展规模。

一、水电

水能发电在技术和产业方面都已经非常成熟,在世界各地得到了广泛运用。2009年我国新增水电装机容量1998万千瓦,占全部新增装机的22.27%,水电总装机容量达19679万千瓦,在2008年1.72亿千瓦基础上增加了14.01%。从发电量来看,2008年我国水电年发电量达5633亿千瓦时,占发电总量的16.3%[6],发电量已可满足大约7%的一次能源需求[7]。2008年6000千瓦以上水电站发电量为4915亿千瓦时,2009年则在此基础上增长了4.32%,达5127亿千瓦时。

我国水能资源丰富,现今已开发的水电占技术总装机的40%左右。根据2003年全国水力资源复查结果,全国水能资源技术可开发装机容量为5.4亿千瓦,年发电量为2.47万亿千瓦时;经济可开发装机容量为4亿千瓦,年发电量为1.75万亿千瓦时。水能资源主要分布在西部地区,约70%在西南地区[10]。长江、金沙江、雅砻江、大渡河、乌江、红水河、澜沧江、黄河和怒江等大江大河的干流水能资源丰富,总装机容量约占全国经济可开发量的60%。我国各流域水能资源分布情况见表5—2。

表5—2 全国各流域水能资源分布情况

流域	技术可开发量 装机容量（万千瓦）	技术可开发量 年发电量（亿千瓦时）	经济可开发量 装机容量（万千瓦）	经济可开发量 年发电量（亿千瓦时）
长江	265273	11879	228319	10498
黄河	37343	1261	31648	1111
珠江	31288	1354	30021	1298
海河	2030	48	1510	35
淮河	656	19	557	16
东北诸河	16821	465	15729	434
东南诸河	19075	593	18648	581
西南诸河	75014	3732	55594	2684
西藏诸河	84664	4483	2596	120
西北内陆及新疆诸河	18472	806	17174	756

资料来源:据参考文献[11]整理而得。

二、生物能源

生物能源的资源品种、利用的技术途径和产品形式较多,一般可分为沼气、生物质发电、生物液体燃料。沼气经过多年发展,市场和产业均已形成规模。户用沼气用户达到

3050 多万户,沼气年利用量达到 120 亿立方米;建成大型畜禽养殖场沼气工程和工业有机废水沼气工程 2500 处,年产沼气约 20 亿立方米[6]。

生物质发电包括农林废弃物发电、城市垃圾发电、生物质致密成型燃料等。全国生物质发电装机容量约 315 万千瓦,主要是蔗渣发电和垃圾发电。利用农林废弃物的生物质发电当前遇到了原料收购半径过大、原料价格偏高等问题。

生物液体燃料以燃料乙醇和生物柴油发展最快。目前,以陈化粮为原料的定点燃料乙醇年生产能力 132 万吨,以木薯为原料年产燃料乙醇 20 万吨,2008 年全国燃料乙醇总产量达 165 万吨。燃料乙醇发展面临原料来源的巨大挑战,纤维素乙醇技术有待攻克和规模化推广应用。以餐饮业废油、榨油厂油渣、油料作物为原料生产生物柴油的能力达到年产 50 万吨以上。生物柴油同样面临着原料来源的问题。

生物能源的原料来源广泛。需注意的是,各种原料来源除可用于生物能源之外,还可用于其他多种用途。因此,以往对生物能源原料资源的评价结果往往偏大。根据我们的研究,可用于发展生物能源的原料资源共计为 13415.6 万吨标煤,具体构成见表 5—3。

表 5—3　2020 年可用于发展生物能源的原料资源基础　　（单位:万吨标煤）

原料类型	可用规模	原料类型	可用规模	原料类型	可用规模
农作物秸秆	4650.4	油料植物	501.1	城市生活垃圾	457.7
能源农作物	1022.3	畜禽粪便	1011.1	废弃食用油	167.0
林业剩余物	4788.9	工业有机废水	764.0	棉籽油	53.1

资料来源:据参考文献[12]整理而得。

三、风电

自 2002 年风电特许权招标机制开始运行,尤其是 2006 年《可再生能源法》实施以来,风能发电得到了快速发展。大型并网风电总装机容量从 2000 年的 35 万千瓦增长至 2008 年的 1217 万千瓦,年均增长 52%。尤其值得一提的是,2006～2008 年我国风电新增装机连续翻番[7]。2009 年,风电新增装机 897 万千瓦,风电总装机超过 2000 万千瓦。在《新能源产业发展规划》中,提出将在内蒙古、新疆、甘肃、河北和江苏沿海地区规划筹建 7 个千万千瓦风电基地,形成一批"风电三峡"。甘肃千万千瓦风电基地已于 2009 年 5 月在酒泉开建。我国首个海上风电场——东海大桥风电场首批 3 台机组已于 2009 年 9 月并网运行,并将于 2010 年上半年完成剩余 31 台机组的建设。

风能资源包括陆上和海上风能资源。根据中国气象局的数值模拟结果,10 米高空风能理论可开发量为 18.6 亿千瓦,50 米高空风能理论可开发量为 26.8 亿千瓦,技术可开发量为 6～12 亿千瓦。参照中国气象局进行的我国近海风能资源的数值模拟结果,可知在我国离海岸 20 公里的近海区域内,50 米高度上的风能资源技术可开发量约 1.8 亿千瓦,技术可开发面积约3.7万平方公里。

四、太阳能

太阳能的利用包括发电和热利用。总体来看,近年来我国太阳能光伏发电产业扩张迅速,太阳能热水器在城乡居民生活热水供应方面发挥着重要作用。

我国太阳能光伏电池/组件制造业出现了跳跃式发展,2008年太阳能电池生产量已经达到260万千瓦,居世界第一位。然而,目前我国太阳能光伏发电市场还很小,2008年,全国累计光伏发电容量约14万千瓦,但并网光伏发电系统所占的比例较低。值得一提的是,2009年初完成了甘肃敦煌1万千瓦级大型荒漠并网光伏电站的招标工作,标志着我国并网光伏发电的规模化发展已正式启动[7]。

在太阳能热利用方面,目前应用最广泛的技术是太阳能热水器。到2008年,我国累计保有太阳能热水器总集热面积约1.25亿平方米,年生产能力达3000万平方米。

我国具有发展太阳能的良好条件,太阳能资源丰富地区占国土面积的96%。若将40%的屋顶面积、2%的戈壁和荒漠地区面积加以利用,共计有2.4万平方公里可用于安装各类太阳能利用系统。其中,太阳能热水系统为20亿平方米,可以替代煤炭约3.2亿吨标煤;太阳能发电资源潜力可达22亿千瓦,年发电量可达2.9万亿千瓦时[13]。

五、核能

近年来,我国进一步加快了核电的立项核准和建设速度,核电发展加速。2008年,我国已建成运行11个核电反应堆,总装机容量达910万千瓦。由于核电站建设所需周期较长,故2009年核电装机与2008年持平。从核电发电的状况看,2009年,核电总发电量700亿千瓦时,同比增长1.13%,累计平均设备利用小时数为7914小时,同比上升89小时。此外,2009年核准了多台核电机组,即浙江三门2台125万千瓦、山东海阳2台125万千瓦、广东台山2台175万千瓦核电机组,总建设规模850万千瓦,并于年内先后开工建设。截至2009年底,全国核电建设施工规模已达21台2305万千瓦,我国现已成为世界上核电在建规模最大的国家。

目前我国已探明大小铀矿200多个。根据国际原子能机构对铀矿开发成本的划分,我国开发成本小于40美元/公斤的可靠铀储量为25795吨,小于80美元/公斤的铀储量为38019吨,小于130美元/公斤的铀储量为38019吨[14]。我国铀矿矿石以中低品位为主,0.05%~0.3%品位的矿石量在总资源量中占绝大部分。此外,我国铀矿资源分布不均衡,已有23个省(区)发现铀矿床,但主要集中分布在赣、粤、黔、湘、桂、新、辽、滇、冀、蒙、浙、甘等省(区),尤以赣、湘、粤、桂四省(区)储量最为丰富,占探明工业储量的74%。不过由于投入少、工作量小,至今我国尚有40%的国土面积未进行铀矿普查,做过详细勘查的区域更少[15]。从总体上看,我国铀矿资源存在较大的找矿潜力,但核电快速发展已对核燃料的供给构成了明显的压力。

第二节　低碳能源发展情景与规模预测

一、相关机构对低碳能源发展规模的预测

与低碳能源的快速发展相伴,当前对低碳能源发展规模的预测在相关的规划和研究中层出不穷。总体来看,这些预测按发布和研究机构类型的不同可分为三类:

①国家政府部门的相关规划,如《可再生能源中长期发展规划》、《核电中长期发展规划》;

②国外研究机构和国际组织如国际能源署、全球风能理事会(GWEC)、国际原子能机构(IAEA)的预测和分析;

③国内研究机构如中国可再生能源发展战略综合研究组、2050中国能源和碳排放报告研究组的预测和分析。

在进行中国低碳能源发展的情景设计和发展的规模预测之前,有必要对具有代表性的规模预测进行扼要评述。

1. 政府相关规划

政府的相关规划主要包括发改委2007年发布的《可再生能源中长期发展规划》、《核电中长期发展规划》,以及在2010年即将发布的《新能源发展规划》(表5—4)。特别是《新能源发展规划》,是根据当前低碳能源的发展态势,并考虑中长期发展,在前两个规划的基础上编制的。尽管新能源发展规划尚未出台,但基本可以肯定的是,在此规划中低碳能源的发展目标将进行重大调整。

表5—4　政府相关规划中对低碳能源发展规模的预测

类型	构成	可再生能源中长期规划	核电中长期发展规划	新能源发展规划
水电	大中型水电	2.25亿千瓦		
	小水电	7500万千瓦		
	小计	3亿千瓦		
生物能源	生物质发电	3000万千瓦		
	生物质固体成型燃料	5000万吨		
	沼气年利用量	440亿立方米		
	燃料乙醇	1000万吨		
	生物柴油	200万吨		
	小计			

第五章 低碳能源发展情景及减排潜力分析

续表

类型	构成	可再生能源中长期规划	核电中长期发展规划	新能源发展规划
风电	陆上风电	3000 万千瓦		
	海上风电	100 万千瓦		
	小计	3000 余万千瓦		超过 1 亿千瓦
太阳能	太阳能发电	180 万千瓦		超过 1000 万千瓦
	太阳能热利用(太阳能热水器集热面积)	3 亿平方米,相当于 6000 万吨标煤		
	小计			
核能	运行装机容量		4000 万千瓦	超过 1.2 亿千瓦
	年发电量		2600~2800 亿千瓦时	
	在建核电容量		1800 万千瓦	

资料来源:据参考文献[10]、[16]、[17]整理而得。

2. 国外机构预测

由于低碳能源种类众多,与之相关的国外机构则既有专门针对某一种低碳能源的,如全球风能理事会,又有综合性的,如国际能源署。为此,需要挑选在各领域具有代表性的国外机构对低碳能源的预测结果进行分析。由于各项预测的时间节点不尽相同,故下表中列出了不同时间点的低碳能源发展规模。由表5—5可知,国外不同机构对我国低碳能源发展规模预测的结果差异显著。

表 5—5 国外机构对低碳能源发展规模的预测　　　　　　　　　(单位:万千瓦)

类型	预测机构	2005 年	2010 年	2015 年	2020 年	2030 年
水电	IEA(参考情景)	11700		21500		30000
	IEA(可选择政策情景)	11700		26100		38000
	EIA		18600	26500	31000	31800
生物能源	IEA(参考情景)		200	400		1800
	IEA(可选择政策情景)		200	700		3900
风电	IEA(参考情景)		100	1700		4900
	IEA(可选择政策情景)		100	2100		7900
	GWEC(参考情景)		900		2700	4900
	GWEC(稳健情景)		1750		10072	20053
	GWEC(超前情景)		1961		20088	45058
	EIA		1400	2000	4000	12000

续表

类型	预测机构	2005年	2010年	2015年	2020年	2030年
太阳能	IEA(参考情景)	<100		<100		900
	IEA(可选择政策情景)	<100		200		3100
核能	IEA(参考情景)	700		1500		3100
	IEA(可选择政策情景)	700		2000		5500
	EIA		900	2200	3600	5400

资料来源:据参考文献[18]、[19]、[20]整理而得。

3. 国内机构预测

在国内,也有诸多机构对低碳能源的发展规模进行了预测和分析。其中最有代表性的是由中国工程院和国家发改委能源所为主所承担的"中国可再生能源发展战略研究",以及"2050中国能源和碳排放研究课题组"完成的《2050中国能源和碳排放报告》。前者分水能、生物能源、风电、太阳能四个部分探讨了可再生能源的发展战略与路线图,预测结果见表5—6。后者则将时间序列推至2050年,重点分析了我国至2050年的能源和碳排放状况,其对低碳能源发展规模的预测见表5—7。

表5—6 《中国可再生能源发展战略研究丛书》中对低碳能源发展规模的预测

分类	基准年	积极方案	中间方案	常规方案
1. 发电领域(百万吨标煤)	162.4	471.7	441.2	399.5
(1)水电(百万吨标煤)	158.5	355.7	355.7	355.7
(1)水电(GW)	128	300	300	300
(1)水电(TWh)	460.8	1140	1140	1140
(2)风力发电(百万吨标煤)	1.2	65.5	52.4	19.7
(2)风力发电(GW)	2.6	100	80	30
(2)风力发电(TWh)	3.4	210	168	63
(3)光伏发电(百万吨标煤)	0	3.7	1.9	0.7
(3)光伏发电(GW)	0.1	10	5	2
(3)光伏发电(TWh)	0.1	12	6	2.4
(4)生物质发电(百万吨标煤)	2.7	46.8	31.2	23.4
(4)生物质发电(GW)	2.3	30	20	15
(4)生物质发电(TWh)	7.9	150	100	75
2. 供热/供气领域(百万吨标煤)	24	174.3	143.6	119.3
(1)供气(沼气等)	7.9	34.6	34.6	34.6

续表

分 类	基准年	积极方案	中间方案	常规方案
(2)太阳能热水器	14.1	108	84.5	67.3
(3)地热利用	2.1	10.3	10.3	10.3
(4)固体燃料	0	21.4	14.3	7.1
3.交通燃料领域(百万吨标煤)	1.1	42.6	32.6	23.2
4.供应总量(百万吨标煤)	187.5	688.6	617.4	542
5.全国能源需求(亿吨标煤)	24.6	35	35	35
可再生能源占全国能源需求比例(含水电)	7.6%	19.7%	17.6%	15.5%
可再生能源占全国能源需求比例(不含水电)	1.2%	9.5%	7.5%	5.3%

资料来源:据参考文献[13]整理而得。

表 5—7　《2050 中国能源和碳排放报告》对 2020 年低碳能源发展规模的预测

(单位:万千瓦)

情景设置	水电	核电	风电	生物质能电	太阳能发电
基准情景	27043	2891	1710	1697	
低碳情景	38883	6488	8110	2397	126
强化低碳情景	36888	6891	10464	2263	158

资料来源:据参考文献[21]整理而得。

二、低碳能源发展的情景设置

较之以往的低速发展,近年来低碳能源的发展速度很快,且显著受到政策的影响;故已有的对低碳能源发展规模的预测多采用情景分析的方法(表 5—8),并提出了不同的情景设置方法。从总体上看,可划分为保守、稳健、积极 3 种类型的情景。此外,部分研究机构(如国际能源组织)提出了两种情景的划分方法,即参考情景和可选择政策情景。在我国提出 2020 年单位 GDP 碳强度下降 40%～45%目标的情景下,保守情景基本可以舍弃。而从当前风能、光伏发电和核电的大规模扩张来看,甚至不排除出现积极的情景。因此,我国低碳能源发展应该在稳健和积极两种情景下展开。相应地,本研究设置了适度低碳情景和强化低碳情景。适度低碳,指适度提高对低碳能源的投入和政策激励水平,是国家政策所能够实现的低碳排放情景。强化低碳,则需进一步加大对低碳能源投资,强化低碳政策激励,大力推进对低碳技术的开发利用,较之适度低碳情景需要付出更多代价,此情景下所设定目标的完成具有一定的艰巨性。显然,本文在设置不同情景下的低碳能源发展目标时,将重点借鉴已有研究中对稳健和积极情景的研究成果。

表 5—8　国内外对低碳能源的预测与情景设置

	预测时间	情景设计
IEA	2008.1	参考情景、可选择政策情景
GWEC	2008.10	参考情景、稳健情景、超前情景
EIA	2008	未进行情景设置,可认为属适度低碳情景
中国可再生能源发展战略研究	2008.9	常规方案、中间方案、积极方案
2050 中国能源和碳排放报告	2009.7	基准情景、低碳情景、强化低碳情景
可再生能源中长期发展规划	2007.8	未进行情景设置,可认为属保守情景
核电中长期发展规划	2007.10	未进行情景设置,可认为属保守情景
新能源发展规划	预计在 2010 年发布	未进行情景设置,可认为属适度低碳情景

资料来源:据参考文献[10]、[13]、[16]、[17]、[18]、[19]、[20]、[21]整理而得。

三、低碳能源发展的规模预测

1. 发电领域的低碳能源发展趋势分析

① 水电

当前我国已开发水电仅占经济可开发量的一半,技术可开发量的 40%,水电开发仍有较大潜力。然而,水电开发呈现过快发展的势头,且水电进一步开发受移民和环境保护影响的压力愈发明显。目前,学术界和政府对 2020 年水电开发规模的预测结果比较一致,即在 3 亿千瓦左右,占经济可开发量的 75%。显然,由于我国水能资源大多分布在生态环境脆弱的西南地区,75% 的比例已相当之高。为此,可将 3 亿千瓦作为 2020 年强化低碳情景下的发展规模,适度低碳情景下则设置为 2.7 亿千瓦。相应地,可将 2015 年适度和强化低碳情景下的发展规模分别设置为 2.4 亿千瓦和 2.6 亿千瓦。

② 风力发电

风电近些年呈现出迅猛的发展势头,发展规模多次突破规划的目标。《可再生能源中长期规划》中 2020 年装机容量 3000 万千瓦的目标可能在 2012 年就能实现。按照现有的风能资源评估结果和风电产业基础,每年增加 600~1000 万千瓦的风电装机是没有问题的。事实上,仅 2009 年新增装机就达 900 万千瓦。然而,当前电网对风电发展的限制明显。随着特高压输电线的建设与电网容量的增加,从长远来看,风电上网难的问题将得以解决。因此,在设置风电发展速度时,以 900 万千瓦作为强化低碳情景下的年均增加装机容量,600 万千瓦对应于适度低碳情景下的年均装机容量。据此,可测算出 2015 年适度低碳和强化低碳情景下风电装机分别为 5600 万千瓦和 7400 万千瓦,2020 年则分别为

8600万千瓦和11900万千瓦。

③ 光伏发电

《可再生能源中长期规划》设定的2020年光伏发电发展目标为180万千瓦。然而，2008年我国太阳能电池生产量就已达260万千瓦。尽管2008年并网光伏发电容量仅为14万千瓦，但毋庸置疑，只要激励政策到位，到2020年我国光伏发电将获得井喷式增长。事实上，回顾近些年来的风电发展，就不难理解这一点。在即将出台的新能源产业发展规划中，极有可能将2020年光伏发电的目标设置为1千万千瓦以上。在我国可再生能源发展战略研究的积极方案中，亦将2020年的光伏发电目标设为1000万千瓦。

根据当前的光伏产业基础和激励政策，可以认为2009～2012年为初步发展期，年新增容量30～50万千瓦；2012～2015为加速发展期，年新增容量80～100万千瓦；2015～2020年为快速发展期，年新增容量100～150万千瓦。由此可得到2015年适度低碳和强化低碳情景下的发展规模分别为374万千瓦和514万千瓦，2020年则分别为874万千瓦和1246万千瓦。

④ 生物质发电

生物质发电在经过前两年的快速发展后，由于备受原料来源和价格的困扰，目前已大幅降温。2005年生物质发电装机为200万千瓦，2007年则迅速提高至300万千瓦，而2008年仅在2007年基础上略有增加，为315万千瓦。若以生物质发电装机增长最快的2005～2007年的年新增装机作为2010～2020年的年新增量，则2020年生物质发电装机将为915万千瓦，远低于3000万千瓦。显然，《可再生能源中长期规划》中对生物质发电的目标设置偏大，2020年装机容量3000万千瓦的目标很难实现。

因此，可将年新增装机30万千瓦和50万千瓦分别作为适度低碳与强化低碳情景下的生物质发电增长速度，从而得到2015年两种情景下生物质发电总装机分别为525万千瓦和665万千瓦，相应地，2020年的总装机分别为675万千瓦和915万千瓦。

⑤ 核电

近些年我国核准了大量的核电项目，当前核电装机为910万千瓦，而在建装机则达2300余万千瓦。显然，《可再生能源中长期规划》中2020年总装机容量4000万千瓦的目标将提前实现。实际上，当前的《新能源产业发展规划》极有可能将此目标调整至8000万千瓦之上。

2009年，我国累计核准了850万千瓦的核电建设，这是在核电快速发展的形势下实现的，可以此作为强化低碳情景。在我国继续重视核电发展，选址空间较大的情况下，以每年核准两座核电站计，500万千瓦左右的发展速度是可以达到的。故可将此设为适度低碳情景。考虑到核电站的建设周期需4～5年时间，故2020年的累计核电装机也包括2016年之前开工的核电站。显然，2015年的核电投运装机也包括2009年建成和已开工建设的核电站，以及2010年开工建设的核电站。2020年的核电投运装机还包括2011～

2015年5年间开建的核电站。以500万千瓦和850万千瓦分别作为适度和强化低碳情景下的年新增核电装机,则2015年两种情景下的核电投运装机分别为3710万千瓦和4060万千瓦;相应地,2020年分别为6210万千瓦和8310万千瓦。

2. 供热供气领域的低碳能源发展趋势分析

① 供气(沼气等)

供气主要考虑沼气使用量,适度低碳情景均采用《可再生能源中长期规划》的预测,即2010年沼气使用量为190亿立方米,2020年使用量为440亿立方米。按照这一速度,即2010~2020年新增沼气使用量为25亿立方米,可计算出2015年的沼气使用量为315亿立方米。假设强化低碳情景下2010~2020年期间年新增沼气使用量为30亿立方米,则2015年和2020年的沼气使用量分别为340亿立方米和490亿立方米。

② 太阳能热水器

2008年太阳能热水器总集热面积为1.25亿平方米,在2005年8000万平方米的基础上新增加4500万平方米,年均增加1500万平方米。在我国可再生能源战略研究中,提出了不考虑工商业领域的应用与考虑在工商业领域有一定程度的应用两个方案。其中2020年太阳能集热面积分别为3亿平方米和5.4亿平方米,即年均增加1460万平方米和3460万平方米。按照这一增长速度,可测算出2015年在适度低碳情景和强化低碳情景下太阳能集热面积分别为2.27亿平方米和3.67亿平方米,2020年分别为3亿平方米和5.4亿平方米。

③ 固体燃料

目前生物质致密成型燃料的发展规模较小,年生产量仅为20万吨[9],尚不及生物质直燃发电的发展规模。然而,固体成型燃料具有规模小、加工便捷、使用方便的特点,目前已呈现出较之生物质发电更强的竞争力。但须注意的是,生物质致密成型燃料同样受到原料来源和收集的制约。故此处根据《中国可再生能源发展战略研究丛书》中常规方案和中间方案的发展规模预测,到2020年,生物质固体成型燃料年使用量分别为500万吨和2000万吨,即年均分别增加40万吨和165万吨。由此可知,2015年生物质固体成型燃料规模在适度低碳和强化低碳情景下分别为300万吨和1175万吨,2020年则分别为500万吨和2000万吨。

3. 交通燃料领域的低碳能源发展趋势分析

交通领域的低碳能源主要是燃料乙醇、生物柴油。由于这些生物液体燃料均受原料来源、生产技术等的限制,在历经了2003~2007年的快速增长之后,现已出现发展疲软的态势。故此处采用《可再生能源中长期规划》中的发展目标作为强化低碳情景下的目标,即在强化低碳情景下,燃料乙醇和生物柴油的年利用量分别为1000万吨和200万吨,即

第五章 低碳能源发展情景及减排潜力分析

年均分别增加 70 万吨和 12.5 万吨。设定适度低碳情景下年均增加使用量为强化低碳情景下的 60%，即 2008～2020 年燃料乙醇和生物柴油年均分别增加 42 万吨和 7.5 万吨，由此可测算出在两种情景下 2015 年和 2020 年交通领域燃料的发展趋势。

表 5—9　2015 年和 2020 年交通燃料领域的低碳能源发展趋势　　（单位：万吨/年）

类型	2015 年 适度低碳情景	2015 年 强化低碳情景	2020 年 适度低碳情景	2020 年 强化低碳情景
燃料乙醇	454	650	664	1000
生物柴油	103	138	140	200

资料来源：据《可再生能源中长期规划》及作者估算而得。

4. 2020 年低碳能源的总体发展规模

根据对发电领域、供热供气领域和交通燃料领域 2020 年低碳能源发展规模的预测，可汇总得到 2015 年和 2020 年低碳能源在适度低碳和强化低碳情景下的发展规模。

表 5—10　2015 年和 2020 年我国低碳能源的总体发展规模预测

分类	2008 年发展规模	2015 年 适度低碳	2015 年 强化低碳	2020 年 适度低碳	2020 年 强化低碳
1. 发电领域/万千瓦					
(1) 水电	17200	24000	26000	27000	30000
(2) 风力发电	1217	5600	7400	8600	11900
(3) 光伏发电	14	374	514	874	1246
(4) 生物质发电	315	525	665	675	915
(5) 核电	910	3710	4060	6210	8310
2. 供热/供气领域					
(1) 供气（沼气等）/亿立方米	140	315	340	440	490
(2) 太阳能热水器/亿平方米	1.25	2.27	3.67	3	5.4
(3) 固体燃料/万吨	20	300	1175	500	2000
3. 交通燃料领域/万吨					
(1) 燃料乙醇	160	454	650	664	1000
(2) 生物柴油	20	103	138	140	200

第三节　不同情景下我国低碳能源发展潜力评估

一、低碳能源发展潜力评估的技术经济参数

在评估低碳能源发展潜力之前，需明确各类低碳能源利用的技术参数，以及替代化石能源、减排二氧化碳的折算因子。由于低碳能源利用的终端领域不同，其所替代的化石能源类型亦有差异。根据IPCC温室气体排放清单[22]，可确定原煤、原油等化石能源的净发热值与二氧化碳排放因子（表5—11），以及低碳能源利用及替代化石能源的技术经济参数（表5—12）。

表5—11　化石能源净发热值与二氧化碳排放因子

类型	净发热值（千焦耳/公斤）	缺省碳含量（公斤/吉焦）	1公斤燃料燃烧产生的碳（公斤）	1公斤燃料燃烧产生的CO_2排放（公斤）
原煤	20908	25.800	0.539	1.978
原油	42300	20.000	0.846	3.102
汽油	44300	18.900	0.837	3.070
柴油	43000	20.200	0.869	3.185
天然气	48000	15.300	0.734	2.693

资料来源：据参考文献[22]整理而得。

表5—12　低碳能源利用及替代化石能源的技术参数

类型	重要技术参数	替代标煤量
水电	年运行小时数为3500	每发1千瓦时电替代0.342公斤标煤
火电	年运行小时数为5317	同上
核电	年运行小时数为7791	同上
风电	年运行小时数为2000	同上
光伏发电	年运行小时数为1800	同上
生物质发电	年运行小时数为4000	同上
沼气	热值为20908千焦耳/立方米	利用1立方米沼气可替代0.714公斤标煤
太阳能热利用	—	每万平方米集热面积太阳能热水器每年可替代180公斤标煤
固体燃料	14635千焦耳/公斤	1公斤成型燃料可替代0.5公斤标煤
燃料乙醇	27000千焦耳/公斤	1公斤燃料乙醇可替代0.609公斤汽油，相当于0.922公斤标煤
生物柴油	27000千焦耳/公斤	1公斤生物柴油可替代0.628公斤柴油，相当于0.922公斤标煤

资料来源：据参考文献[8]、[13]、[23]、[24]整理而得。

二、低碳能源替代化石能源的总体规模评估

根据对 2015 年和 2020 年低碳能源在适度低碳和强化低碳情景下发展规模的设定,并结合对低碳能源发展潜力评估的技术经济参数分析,可测算出 2015 年和 2020 年低碳能源替代化石能源的潜力。在适度低碳情景和强化低碳情景下,2015 年低碳能源可分别替代 5.05 亿吨标煤和 5.87 亿吨标煤的化石能源,2020 年的替代量分别为 6.60 亿吨标煤和 8.38 亿吨标煤。

三、不同终端领域低碳能源替代化石能源的潜力分析

从表 5—13 可知,在发电、供热/供气和交通燃料 3 大终端领域中,低碳能源在发电领域所替代的化石能源最多。在适度低碳和强化低碳情景下,2015 年低碳能源在发电领域可分别替代 43392 万吨标煤和 48228 万吨标煤,2020 年可替代 56210 万吨标煤和 68211 万吨标煤的化石能源,均占总替代量的 80% 以上。显然,低碳能源电力是低碳能源最重要的应用领域。交通燃料领域的低碳能源替代潜力最低,在 2015 年和 2020 年均不及 1.5%。

从总体上看,2015 年和 2020 年各领域的低碳能源在对应情景中占总替代潜力的比重变化不大。但在不同情景中,各终端领域的低碳能源替代潜力则有明显不同。例如,发电领域的低碳能源在 2020 年强化低碳情景下的替代潜力比适度低碳情景下高 1.2 亿吨标煤,相当于 2020 年适度低碳情景下总替代潜力的 18.2%。

表 5—13　2020 年不同终端领域的低碳能源替代化石能源的潜力 (单位:万吨标煤)

分类	2015 年 适度低碳	2015 年 强化低碳	2020 年 适度低碳	2020 年 强化低碳
1. 发电领域				
(1) 水电	28728	31122	32319	35910
(2) 风力发电	3830	5062	5882	8140
(3) 光伏发电	230	316	538	767
(4) 生物质发电	718	910	923	1252
(5) 核电	9885	10818	16547	22142
小计	43392	48228	56210	68211
所占比重	85.85%	82.10%	85.22%	81.42%
2. 供热/供气领域				
(1) 供气(沼气等)	2401	2591	3353	3734
(2) 太阳能热水器	4086	6606	5400	9720
(3) 固体燃料	150	588	250	1000

续表

分类	2015年 适度低碳	2015年 强化低碳	2020年 适度低碳	2020年 强化低碳
小计	6637	9785	9003	14454
所占比重	13.13%	16.66%	13.65%	17.25%
3. 交通燃料领域				
(1)燃料乙醇	419	600	612	922
(2)生物柴油	95	127	129	184
小计	514	727	742	1107
所占比重	1.02%	1.24%	1.12%	1.32%
合计	50543	58739	65954	83772

四、不同品种低碳能源替代化石能源的潜力分析

从图5—1和图5—2可知,在5种低碳能源中,水电具有最大的替代化石能源的潜力。2015年,水电在适度低碳和强化低碳的情景下可分别替代28728万吨标煤和31122万吨标煤,分别占低碳能源总替代量的56.84%和52.98%;2020年的替代量分别为32319万吨和35910万吨,分别占总替代量的49.00%和42.87%。显然,2020年水电替代潜力所占比重较之2015年有所下降,这说明其他低碳能源比水电发展速度更快。核电次之,其替代潜力在2015年尚不足20%,而在2020年则超过25%,是增长最快的低碳能源。太阳能和风电分别位居第三和第四。生物能源是替代潜力最少的低碳能源,其替代潜力尚不及总量的9%。

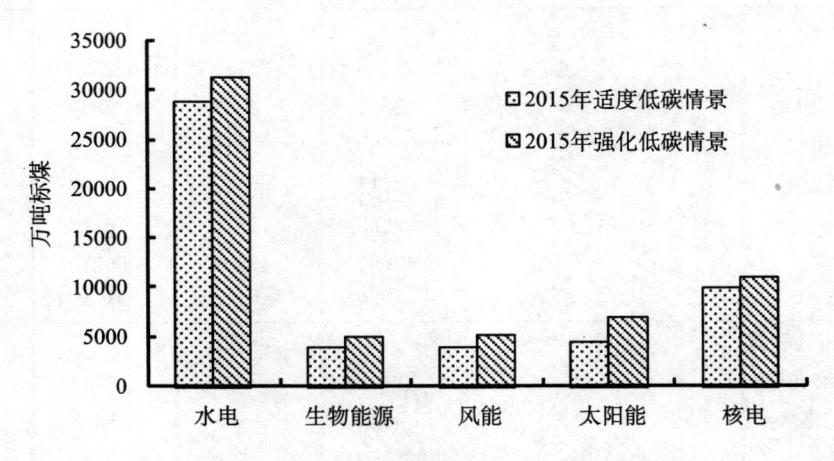

图5—1 2015年各低碳能源替代化石能源的潜力

图 5—2　2020 年各低碳能源替代化石能源的潜力

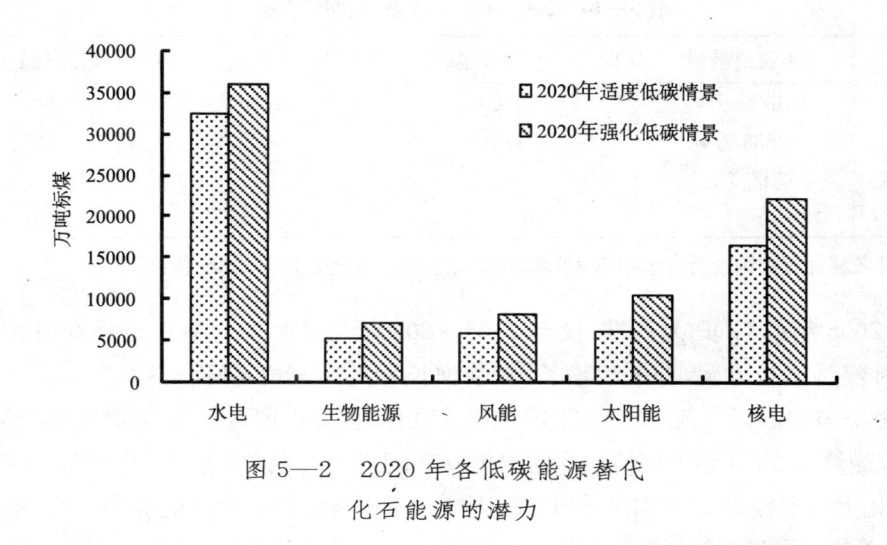

第四节　低碳能源对实现国家减排承诺的贡献

一、2020 年低碳能源新增减排潜力分析

根据上述测算结果,并结合对低碳能源减排二氧化碳技术参数的确定,可知 2020 年我国低碳能源在适度低碳和强化低碳情景下可分别产生 48633 万吨和 61900 万吨碳减排潜力。需注意的是,在这些碳减排潜力中,既包括 2005 年低碳能源已有的减排能力,又包括新增的减排潜力,故需从中剔除 2005 年低碳能源的碳减排能力,方可确定两种情景下低碳能源新增的碳减排潜力。

结合表 5—1 和对相关技术参数的确定,可测算出 2005 年我国低碳能源的碳减排能力为 13662 万吨碳。由此可知,2020 年在适度低碳和强化低碳情景下低碳能源新增碳减排潜力分别为 34971 万吨和 48238 万吨。

二、2010～2020 年 GDP 增长与碳排放预测

根据《中国统计年鉴》(2006)[25]和《中国能源统计年鉴》(2006)[26],2005 年全国 GDP 为 183956.1 亿元,全国化石能源消费量为:煤炭 216723 万吨、石油 32535 万吨、天然气 467 亿立方米。根据表 5—11 中确定的各化石能源的二氧化碳排放系数,可测算出 2005 年全国能源消费产生的二氧化碳排放量为 542155 万吨,碳排放量为 147860 万吨(表 5—14);故每万元 GDP 的碳排放为 0.804 吨。

表 5—14 2005 年化石能源消费量与碳排放

GDP	实物消费量	折合标煤消费量(万吨)	CO_2 排放量(万吨)	碳排放量(万吨)
煤炭	216723 万吨	154802	428656	116906
石油	32535 万吨	47017	100924	27525
天然气	467 亿立方米	6211	12575	3430
小计		208030	542155	147860

资料来源：由《中国统计年鉴》(2006)和《中国能源统计年鉴》(2006)整理得到。

以 2005 年的 GDP 为基准，设定 2006~2020 年 GDP 年均增长率分别为 6%、8%、10% 3 种经济增长方案，即平稳增长、较快增长和高速增长，进而可得到 2020 年全国的 GDP(表 5—15)。以当前的单位 GDP 碳排放强度为基准，即每万元 GDP 碳排放为 0.804 吨，可以测算出 2020 年不同情景下的碳排放量(表 5—15)。考虑到我国政府在哥本哈根气候变化大会上提出 2020 年单位 GDP 碳排放下降 40%~45%，若要完成此项承诺，则 2020 年单位 GDP 碳排放强度应为 2005 年的 55%~60%(此处取 55%)，每万元 GDP 碳排放为 0.442 吨；据此可测算出在此基准下的碳排放量。将两种不同基准下的碳排放量相减，可得出在不同经济增长方案下需完成的碳减排量(表 5—15)。由表 5—15 可知，在平稳、较快和高速三种经济增长方案下，2020 年我国需分别完成 15.95 亿吨、21.11 亿吨和 27.79 亿吨年碳减排量，方可实现减排承诺。

表 5—15 不同经济增长方案下 2020 年 GDP 和碳排放预测

	经济增长方案		
	平稳增长	较快增长	高速增长
GDP 增长率	6.00%	8.00%	10.00%
2020 年 GDP(亿元)	440861	583540	768430
碳排放量(以 2005 年碳排放强度计算)(万吨)	354356	469038	617649
碳排放量(以 2005 年碳排放强度的 55%计算)(万吨)	194896	257971	339707
至 2020 年需减排碳(万吨)	159460	211067	277942

注：在测算三种经济增长方案下的 GDP 时均采用现价。

三、我国低碳能源对国家实现减排目标的贡献

根据上述对 2020 年两种情景下低碳能源新增碳减排潜力的评估，并结合在不同经济增长方案下为实现国家减排承诺需完成碳减排量的测算，可确定在适度低碳和强化低碳两种情景下我国低碳能源对国家实现减排目标的贡献(图 5—3)。

通过对图 5—3 的判读，可确定我国低碳能源发展对实现国家减排目标的贡献如下：

① 在平稳增长、较快增长和高速增长三种经济增长方案下，低碳能源在适度低碳情

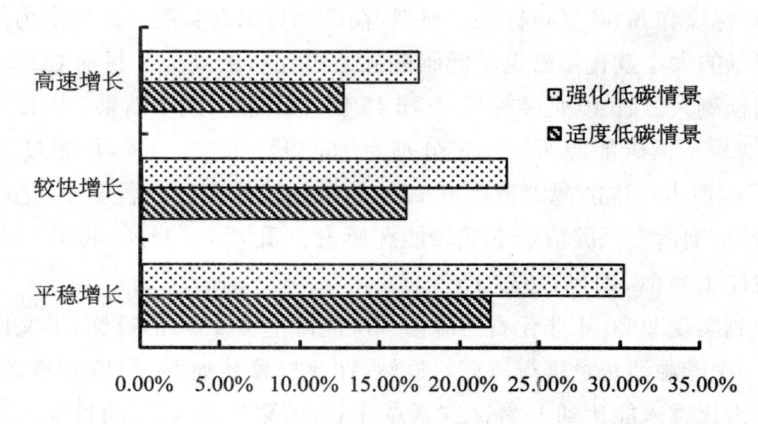

图 5—3 我国低碳能源发展对实现国家减排目标的贡献

景下对实现国家 2020 年单位 GDP 碳排放在 2005 年基础上下降 45% 目标的贡献率分别为 21.93%、16.57% 和 12.58%；在强化低碳情景下则分别为 30.25%、22.85% 和 17.36%。显然，低碳能源对实现国家减排目标的最低贡献为 12.58%，最高贡献则可达 30.25%。

② 低碳能源对国家实现减排目标至关重要。但也需清醒地认识到，除发展低碳能源之外，还需积极发展其他减排手段，方可实现减排目标。即国家减排目标的实现需要从发展低碳能源、提高能源效率、增加碳汇等多个渠道入手。

③ 经济增长速度越快，低碳能源对实现国家减排目标的贡献就越低。通过对比三种经济增长方案下低碳能源对减排目标的贡献率可知，经济增长速度加快，需完成的碳减排量随之增长，低碳能源对实现减排目标的贡献率也将相应下滑。显然，若要在追求较高经济增长率的同时维持低碳能源对减排的贡献率，一方面要加大对低碳能源的投入，提高低碳能源的发展规模，增加其减排二氧化碳的幅度；另一方面则要大力优化经济结构，提高碳生产率，控制碳排放总量的快速增加。

④ 不同情景下低碳能源的减排贡献差异显著。以平稳增长为例，强化低碳情景下低碳能源的减排贡献比适度低碳情景下高 8.32%。由此可知，通过进一步加大对低碳能源的投资和政策激励，可进一步激发低碳能源的碳减排潜力，进而更有利于国家减排目标的完成。

第五节 2020 年非化石能源占 15% 目标的可行性分析和路径设计

一、2020 年非化石能源占一次能源消费 15% 目标实现的可行性分析

根据测算的结果，2020 年我国低碳能源在适度低碳和强化低碳情景下的发展规模分别为 6.60 亿吨标煤和 8.38 亿吨标煤。显然,在已测算出低碳能源发展潜力的前提下,一次能源总消费量的大小就直接决定了低碳能源所占比重的高低。目前对 2020 年一次能源总消费量的预测大致有 40 亿吨标煤[7]和 46 亿吨标煤[21]两个结果。若以 40 亿吨标煤计算,则两种情景下低碳能源所占比重分别为 16.49% 和 20.94%,均超过 15%。显然,2020 年非化石能源占一次能源消费比重 15% 的目标较易实现。若以 46 亿吨为 2020 年一次能源消费量,则适度低碳情景下低碳能源所占比重为 14.34%,低于 15%,而强化低碳情景下所占比重为 18.21%,超过 15%。

为按期顺利实现 2020 年非化石能源占一次能源消费 15% 的目标,本文以 46 亿吨标煤为 2020 年一次能源消费量进行折算。显然,在此折算基础下,2020 年低碳能源在适度低碳情景下所占比重未能达到 15%。这就意味着,若要达到 15% 的目标,需在当前的基础上进一步强化对低碳能源的政策激励、资金投入和技术创新。强化低碳情景下低碳能源所占比重为 18.21%,明显超过 15%。由此可知,通过进一步强化发展低碳能源,非化石能源占 15% 的目标是可以实现和突破的。

二、15% 目标下的低碳能源发展路径设计与新增碳减排潜力分析

通过对低碳能源在不同情景下的发展潜力进行分析,可发现在适度低碳情景下低碳能源 2020 年在一次能源消费量中所占比例为 14.34%,低于 15% 的目标。显然,以适度低碳情景中对低碳能源发展目标的设计为基础,以 2020 年低碳能源占一次能源消费量 15% 为目标,可进行 2020 年低碳能源发展目标的设定(表 5—16)。需要指出的是,实现非化石能源占一次能源消费 15% 目标的低碳能源发展途径有多种,此处仅以适度低碳情景为基础,对 2020 年低碳能源发展目标进行初步设计。

表 5—16　2020 年 15% 目标约束下的低碳能源发展路径设计

	2020 年适度低碳情景下低碳能源发展规模	2020 年 15% 目标下低碳能源发展规模	2020 年发展规模设计(折合标煤)	折合碳减排量
1. 发电领域				
(1)水电	27000 万千瓦	27000 万千瓦	32319 万吨	24407 万吨
(2)风力发电	8600 万千瓦	9200 万千瓦	6293 万吨	4752 万吨
(3)光伏发电	874 万千瓦	874 万千瓦	538 万吨	406 万吨
(4)生物质发电	675 万千瓦	675 万千瓦	923 万吨	697 万吨
(5)核电	6210 万千瓦	7210 万千瓦	19211 万吨	14508 万吨
小计			59284 万吨	44771 万吨

第五章 低碳能源发展情景及减排潜力分析

续表

	2020年适度低碳情景下低碳能源发展规模	2020年15%目标下低碳能源发展规模	2020年发展规模设计(折合标煤)	折合碳减排量
2. 供热供气领域				
(1)供气(沼气等)	440亿立方米	440亿立方米	3353万吨	1502万吨
(2)太阳能热水器	3亿平方米	3亿平方米	5400万吨	4078万吨
(3)固体燃料	500万吨	500万吨	250万吨	189万吨
小计			9003万吨	5769万吨
3. 交通燃料领域				
(1)燃料乙醇	66万吨	66万吨	612万吨	339万吨
(2)生物柴油	140万吨	140万吨	129万吨	76万吨
小计			742万吨	415万吨
合计			69029万吨	50955万吨

由表5—16可知,与适度低碳情景相比,15%目标指向下的2020年低碳能源发展规模设计有所不同,且主要体现在风力发电和核电这两种低碳能源中,即在适度低碳情景中再增加600万千瓦风电和1000万千瓦的核电。

根据表5—16,并结合对低碳能源替代化石能源和减排二氧化碳技术参数的确定,可知2020年我国低碳能源可替代69029万吨标煤的化石能源,减排228251万吨二氧化碳,折合碳减排量50955万吨。扣除2005年我国低碳能源13662万吨的减排能力,可知15%目标下低碳能源新增碳减排潜力为37293万吨。

三、15%目标下我国低碳能源对国家实现减排目标的贡献

根据上述对15%约束目标下低碳能源新增碳减排能力的分析,并结合在不同经济增长方案下为实现国家减排承诺所需完成碳减排量的测算,可确定在15%目标约束下我国低碳能源对国家实现减排目标的贡献(图5—4)。

由图5—4可知,在实现2020年非化石能源占一次能源消费15%目标指向下,我国发展低碳能源可产生的碳减排量分别占经济平稳增长、较快增长和高速增长三种方案下所需减排碳总量的23.39%、17.67%和13.42%。即在15%目标指向下,我国发展低碳能源对实现国家2020年单位GDP碳排放在2005年基础上下降45%目标的贡献率分别为23.39%、17.67%和13.42%。

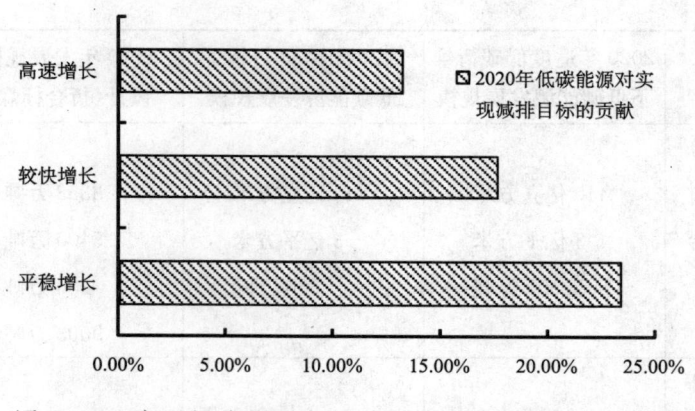

图 5—4 我国低碳能源发展对实现国家减排目标的贡献

第六节 小 结

本章围绕低碳能源发展潜力及对实现国家减排目标贡献这一科学问题,从对低碳能源发展现状和资源基础的扼要梳理出发,提出了我国低碳能源发展的两个情景,即适度低碳和强化低碳,并对两个情景下的低碳能源发展规模进行了预测。以此为基础,系统评价了低碳能源的发展潜力,科学地评判了低碳能源对完成国家 2020 年单位 GDP 碳排放在 2005 年基础上降低 45% 这一减排目标的贡献。最后,围绕 2020 年非化石能源占一次能源消费 15% 这一发展目标,本章评估了目标实现的可能性;并以适度低碳情景下的低碳能源发展规模预测为基础,确定了在 15% 目标指向下的低碳能源发展路径,分析了完成这一目标对实现国家减排的贡献。

本章的主要结论如下:

① 我国低碳能源正进入快速开发阶段,但不同品种的低碳能源所处发展阶段不一,且发展速度亦存在差异。从总体上看,我国低碳能源发展的资源基础较好,但部分低碳能源的发展已明显受到了原料的制约。

② 根据对适度低碳和强化低碳情景下低碳能源发展潜力的评估可知,2015 年低碳能源在适度和强化低碳情景下的发展规模分别可达 5.05 亿吨标煤和 5.87 亿吨标煤,2020 年则分别达 6.66 亿吨标煤和 8.43 亿吨标煤。电力是低碳能源最重要的利用领域,2020 年低碳能源在电力领域所替代的化石能源占总替代量的 80% 以上。水电和核电是发展潜力最大的低碳能源,其发展潜力占低碳能源总量的 70% 以上。

③ 低碳能源是重要的减排手段,对实现国家 2020 年单位 GDP 碳排放在 2005 年基础上降低 40%~45% 目标至关重要。根据测算的结果,可知在平稳、较快和高速三种经济增长方案下,低碳能源在适度低碳情景下对实现减排目标的贡献分别为 22.16%、16.74% 和 12.71%,在强化低碳情景下的贡献则分别达到 30.47%、23.02% 和 17.48%。

④需要注意的是,仅仅依靠发展低碳能源尚无法全部实现减排目标。换言之,国家减排目标的实现还需通过积极调整经济结构、降低化石能源消费等多种途径。再者,低碳能源的减排贡献将随着经济增长速度的上升而下降。若要保持较高的 GDP 增长率,则应加大对低碳能源的投资和政策激励,积极推进能源结构调整和经济发展模式的转变。

⑤2020 年非化石能源占一次能源消费 15% 的目标具有较高的可实现性,但需进一步加大对低碳能源的投入和政策激励。在完成非化石能源 15% 发展目标的指引下,我国发展低碳能源将对实现国家减排目标将至少产生 13.42% 的贡献。

参 考 文 献

[1] 刘燕华、葛全胜、何凡能等:"应对国际 CO_2 减排压力的途径及我国减排潜力分析",《地理学报》,2008 年第 7 期。

[2] 刘刚、沈镭:"中国生物质能源的定量评价及其地理分布",《自然资源学报》,2007 年第 1 期。

[3] 李俊峰、高虎、王仲颖等:《中国风电发展报告 2008》,中国环境科学出版社,2008 年。

[4] 庄幸、姜克隽:"生物燃料在我国公路交通中替代潜力分析",《中外能源》,2007 年第 2 期。

[5] 黄文杰、杨光、刘达:"中国核电在减缓碳排放中的计算方法与作用",《华东电力》,2009 年第 4 期。

[6] 国家发改委:《中国应对气候变化的政策与行动——2009 年度报告》,2009 年。

[7] 韩文科:"我国可再生能源发展战略的若干问题",http://www.mlr.gov.cn/wskt/wskt_dqkt/200912/t20091214_129512.htm,2009-12-14。

[8] 国家能源局:《2009 年电力工业指标》,2010 年。

[9] 王仲颖、任东明、高虎等:《中国可再生能源产业发展报告 2008》,化学工业出版社,2009 年。

[10] 国家发改委:《可再生能源中长期规划》,2007 年。

[11] 全国水力资源复查工作领导小组:《中华人民共和国水力资源复查成果总报告(简要本)》,中国电力出版社,2005 年。

[12] 李红强、王礼茂、郎一环:《能源替代型减排 CO_2 潜力的技术经济分析报告》,中国科学院地理科学与资源研究所,2008 年。

[13] 中国可再生能源发展战略研究项目组:《中国可再生能源发展战略研究丛书·综合卷》,中国电力出版社,2008 年。

[14] 柳正、杨补旺:"世界铀资源状况及供需形势分析",《西部资源》,2007 年第 1 期。

[15] 高素英:"铀矿海外开发提速,避开'铁矿石陷阱'",《第一财经日报》,2008 年 9 月 4 日。

[16] 国家发改委:《核电中长期发展规划》,2007 年。

[17] "新能源发展规划或大调整",中国经济网:http://news.cnfol.com/100126/101,1590,7174400,07.shtml,2010-2-13。

[18] IEA 2007. World Energy Outlook 2007, International Energy Agency, Paris.

[19] Global Wind Energy Council. Global Wind Energy Outlook 2008. http://www.gwec.net/,2009-4-10.

[20] Energy Information Administration 2008. International Energy Outlook 2008：Highlights，http：//www. eia. doe. gov/，2008-9-10.
[21] 2050 中国能源和碳排放研究课题组：《2050 中国能源和碳排放报告》,科学出版社,2009 年。
[22] IPCC：''2006 年 IPCC 国家温室气体清单指南'',http：//www. ipcc-nggip. iges. or. jp/ public/2006gl/index. html，2009-4-10。
[23] 国家电力监管委员会：《电力监管年度报告》,2009 年。
[24] 国家统计局能源统计司、国家能源局综合司：《中国能源统计年鉴2008》,中国统计出版社,2008 年。
[25] 国家统计局：《中国统计年鉴2006》,中国统计出版社,2006 年。
[26] 国家统计局工业交通统计司、国家发改委能源局：《中国能源统计年鉴2006》,中国统计出版社,2006 年。

第六章 交通出行节能减排途径与潜力分析

气候变化问题是国际社会所面临的共同挑战。在哥本哈根会议上,中国承诺到2020年实现单位GDP二氧化碳排放比2005年下降40%~45%的目标。未来10年,中国将把控制温室气体排放纳入到经济可持续发展的总体规划中,通过推动经济发展方式转变和经济结构调整,发展战略新兴产业,转变生产、生活方式,推进节能减排,将低碳理念融入社会经济发展的主线。交通运输行业是仅次于制造业的第二大油品消耗行业,也是实现低碳生活发展路径的重点行业。随着运输需求的快速增长,交通运输能源消耗和污染物排放必将快速增长。在全球能源日益紧缺的背景下,交通运输发展面临着能源和环境挑战日益严峻的局面,推进交通运输部门的节能减排工作具有必要性和紧迫性。

交通运输减排是低碳生活发展的重要组成部分,高度重视、积极开展交通运输行业的节能减排工作具有极为重要的意义。首先,节能减排是我国政府对国际社会做出的郑重承诺,实施交通运输行业节能减排是贯彻国家政策的基本要求。其次,实施交通运输节能减排是解决能源紧缺的重要途径。交通运输行业油品消耗量占全社会油品消耗总量的33%[1]。在全社会能源需求紧张、能源开采量有限的前提下,实施交通运输行业节能减排,不仅是解决能源紧缺的有效途径,同时也对交通运输行业的可持续发展具有推动作用。第三,实施交通运输节能减排有利于转变交通运输的发展模式。现阶段我国交通运输发展更为重视行业规模和效益,忽视了发展过程中所带来的社会成本和负面效应。实施交通运输节能减排,通过强调发展质量,缓解快速发展过程中的矛盾冲突,可降低由于发展带来的负面影响。

第一节 交通运输部门碳排放量现状

交通指货物的交流、人员的来往和信息的传递。运输指借助交通网络及其设施和载运工具,通过一定的组织管理技术,实现人与物的空间位移的一种经济活动和社会活动。根据交通、运输的定义及交通与运输关系的分析,交通运输的概念可概括为载运工具在交通网上流动和载运工具运载人员与物资在两地之间位移这两种经济和社会活动的总称[2]。

政府间气候变化专门委员会第三工作组(IPCC WGIII)的研究结果(2007)表明,2006

年,世界各国交通运输部门能源消耗产生的二氧化碳排放量约占能源消费产生的二氧化碳排放总量的 23%。至 2020 年,世界各国交通运输二氧化碳排放量年均增长率约为 2%。2007 年,我国交通运输部门能耗占全社会能耗的 7.77%,能源消费总量为 20643.37 万吨标准煤,二氧化碳排放占全社会排放量的 7.5%[①](图 6—1)。2000~2007 年,我国交通运输部门能耗年增长率为 10.8%,交通运输部门能耗年均增长率比全社会总能耗年均增长率高出 1.06%。虽然目前我国交通运输部门二氧化碳排放量所占比重较其他国家尚低,但排放基数较大,增长速度较快。据亚洲开发银行国际开发部(DFID)2006 年的预测,若延续目前的经济、技术和能源政策,那么至 2020 年中国交通运输部门的二氧化碳排放量预计每年将增加 6%~9%,远高于世界平均增速。

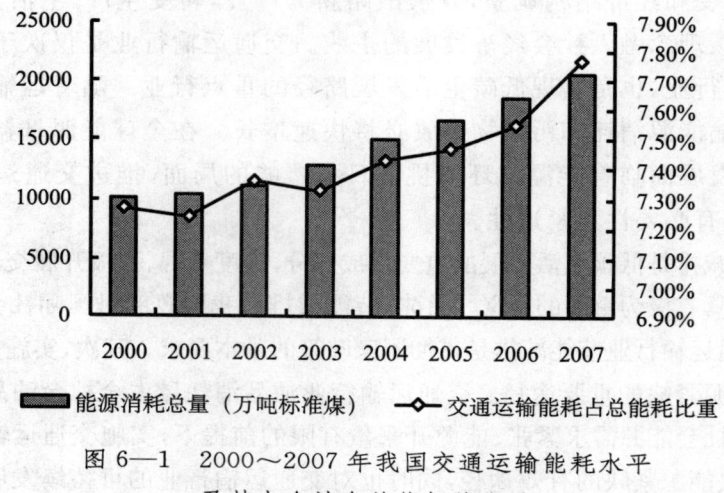

图 6—1 2000~2007 年我国交通运输能耗水平
及其占全社会总能耗的比重

资料来源:《中国能源统计年鉴》,2008 年。

在交通运输部门能源消费总量快速增长的同时,其能源消费结构呈现出"此消彼长"的发展态势(表 6—1)。其中,汽油和柴油消费量由 2000 年的 1388 万吨和 2544 万吨增加至 2007 年的 2763 万吨和 6794 万吨,分别占 2007 年全国汽、柴油消费量的 50.1% 和 54.4%,年均消费增长率分别达 10.3% 和 15.1%。煤油、燃料油、天然气、电力消费量增长幅度也高于全国平均水平。而焦炭、煤炭、原油消耗量分别从 2000 年的 1132 万吨、11.2 万吨和 175 万吨下降为 2007 年的 685 万吨、0.6 万吨和 164 万吨。

---

① 目前我国能源消费统计中的交通运输业包含交通运输、仓储、邮电业三个部门。其中交通运输是能源消耗的主要部门,因此本报告中采用交通运输业总量进行数据分析。

第六章　交通出行节能减排途径与潜力分析

表 6—1　2000~2007 年我国交通运输行业各类能源消耗情况

年份	消费总量 万吨标煤	煤炭 万吨	焦炭 万吨	原油 万吨	汽油 万吨	煤油 万吨	柴油 万吨	燃料油 万吨	天然气 亿立方米	电力 亿千瓦时
2000	10067	1132	11.2	175	1388	536	2544	850	6	309
2001	10363	1041	11.7	170	1419	561	2671	855	6	309
2002	11171	1055	11.4	178	1504	617	2965	872	6	338
2003	12818	1067	10.8	148	1862	622	3485	940	7	397
2004	15104	832	1.8	124	2308	820	4182	1150	11	450
2005	16672	815	1.1	127	2470	882	5019	1161	16	430
2006	18583	725	0.9	164	2722	1001	5747	1281	17	467
2007	20643	685	0.6	164	2763	1130	6794	1390	17	532
增长率	10.8%	−6.9%	−34.0%	−0.9%	10.3%	11.2%	15.1%	7.3%	16.0%	8.1%

资料来源:《中国统计年鉴》(2001~2008);《中国能源统计年鉴》(2008)。

从交通运输部门各行业的能源消耗情况看,2007 年我国交通运输能耗中道路运输占 51.6%(其中货车占 18%,公共汽车占 12%,私人汽车占 10%,农用车占 6%,摩托车占 5%),铁路运输占 17.2%,水路运输占 17.3%,航空运输占 9.7%,管道运输、港口等占 4.2%。由此可见,道路运输减排是我国控制交通运输排放量的关键环节。其中又以城市内的客货运输为主要部门——货车、公共汽车和私人汽车 3 项运输的能耗占交通运输总能耗的 40%。鉴于道路运输具有覆盖面广、能耗需求量大、可控制性强的特点,本报告主要侧重对道路交通减排的路径进行分析。

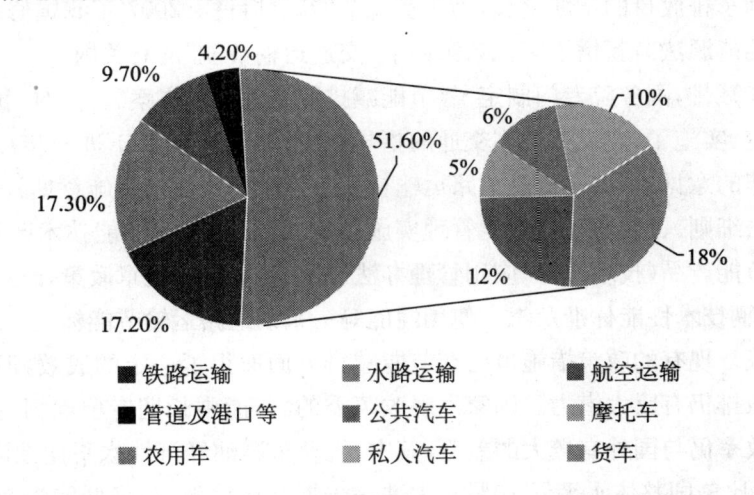

图 6—2　2007 年我国交通运输能源消耗结构[1]

资料来源:China's Clean Revolution, The Climate Group, 2008.

伴随着工业化和城市化的进步,2007年末我国汽车保有量已达到5207.62万辆,其中民用汽车4358.4万辆,占总量的83.7%(图6—3)。2009年末,中国汽车消费量已位居世界第一,生产量位居第三。据气候组织(The Climate Group)预测,如果中国延续现有的发展势头,至2020年中国汽车保有量将突破1.5亿辆,2030年中国汽车二氧化碳排放量将占全球排放总量的20%。因此,我国道路运输减排工作任重道远。

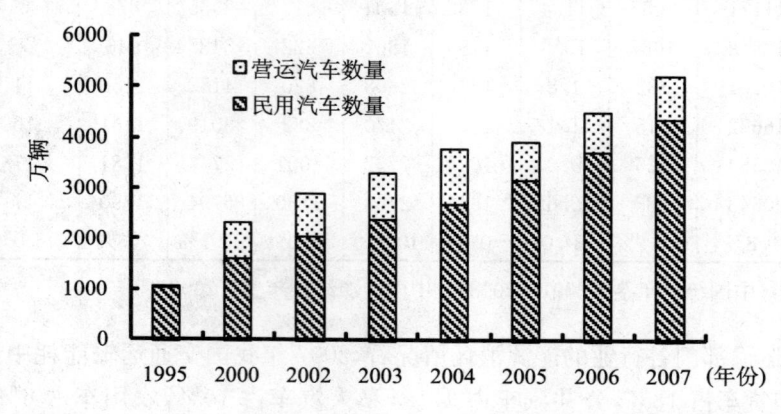

图6—3 1995~2007年全国公路民用汽车及营运汽车保有量
资料来源:《中国统计年鉴》,2008年。

第二节 道路运输行业减排途径

面对机动车排放量的不断增长,为了实现节能减排目标,2007年我国修订了《中华人民共和国节约能源法》,新增了第三章第四节"交通运输节能"的有关内容。为进一步落实交通行业节能减排,国务院专门制定了《节能减排综合性工作方案》。同时,我国政府相关部门相继制定、实施了《建设节约型交通的指导意见》、《交通部关于进一步加强交通行业节能减排工作的意见》、《关于做好道路运输行业节能减排工作的实施意见》、《交通行业实施节约能源法细则》、《交通行业节能管理实施条例》、《交通行业节能技术政策大纲》、《全国在用车船节能产品(技术)推广应用管理办法》等一系列部门规章政策,改进了包括运输管理标准、车辆技术性能标准及汽车使用性能等一系列道路运输节能标准,以推进节能减排的实施步伐。现有的政策措施虽已在节能减排方面取得了一定的成效,但我国道路运输业的节能减排仍有巨大潜力。国家发展改革委的《节能中长期专项规划》报告显示,我国能源利用效率仍与国外有较大的差距,其中,机动车燃油经济性水平比欧洲低25%,比日本低20%,比美国整体水平低10%。为进一步提高运输效率,降低能源消耗和排放水平,至2020年,我国道路运输部门可通过发展公共交通、鼓励发展小排量汽车、降低机动车单耗、控制排放物标准等途径,进一步深度挖潜减排潜力,实现减排目标。

一、大力发展公共交通

扩大公共交通出行需求规模,大力发展公共交通,是降低能耗和改善环境的最有效战略。建设部城市交通工程技术中心统计资料显示,2005 年在中国 660 多个城市居民的出行结构中,50 万人口以上大城市居民公交出行的比例大多仍在 10% 左右,只有少数城市在 20% 左右,在为数众多的 50 万人口以下的中等城市和小城市,居民公交出行的比重则普遍不足 5%。我国城市居民公交出行的比例偏低,既有城市公共交通基础设施薄弱、公共交通发展滞后方面的原因,也与近年来一些大城市以家庭轿车为主的私家车增长过快有很大的关系。家庭轿车等机动车数量急剧增加,使城市交通拥堵问题加剧,城市公交车辆运营速度从过去的平均每小时 12~14 公里下降为 4~10 公里,导致公交车辆新增的运力被运输效率下降所抵消,城市居民公交出行率进一步降低。

气候变化委员会的研究显示,公共交通单位运输量的能耗和排放水平大大低于私人车辆交通(图 6—4)。公共汽车每乘客公里二氧化碳碳排放量约为轻型汽车(汽油)的 1/3,地铁和区域快速铁路的每乘客公里二氧化碳排放量约为轻型汽车(汽油)的 1/2。在机动化出行方式中,轨道交通和公共汽车的能源消耗量最小。提高公共出行比例将极大地促进交通部门的碳减排。

为促进公交发展,我国应在大中城市实施交通需求管理,加强制度设计,综合考虑有效的道路拥挤收费、停车收费、高速公路限速、单双号行车日等措施,合理引导公共交通出行,实施"公交优先"战略,加快推进现代城市公共交通体系建设。同时,积极倡导公众形成健康的交通消费理念,鼓励非机动车等绿色出行方式,引导私人交通转向公共交通。

二、优先发展小排量汽车

鼓励优先发展小排量汽车,加快小型汽车的技术升级,是应对能源紧缺、缓解碳排放压力、实现和谐健康发展的现实选择。小排量汽车车体轻、油耗少、排放量较低。资料显示,经济型轿车每公里二氧化碳排放量约为 134 克,中档和高档车分别为 148 克和 161 克,高档豪华车则为 198 克。而目前小排量轿车的二氧化碳排放量可控制在 107~120 克[3]。

为鼓励小排量汽车的生产和销售,2006 年我国调整了汽车消费税,将发动机排量在 1.0 升以下的乘用车的税率下调 2%,发动机排量在 3.0 升以上的乘用车的税率上调 10%~20%。2009 年国家又进一步减免了小排量汽车的购置税(表 6—2)。受政策影响,2009 年小排量汽车的市场占有率达到 71%。这些政策的出台有效提升了小排量汽车的市场占有率,促进了我国汽车结构的优化调整,也将进一步推动道路交通节能减排。

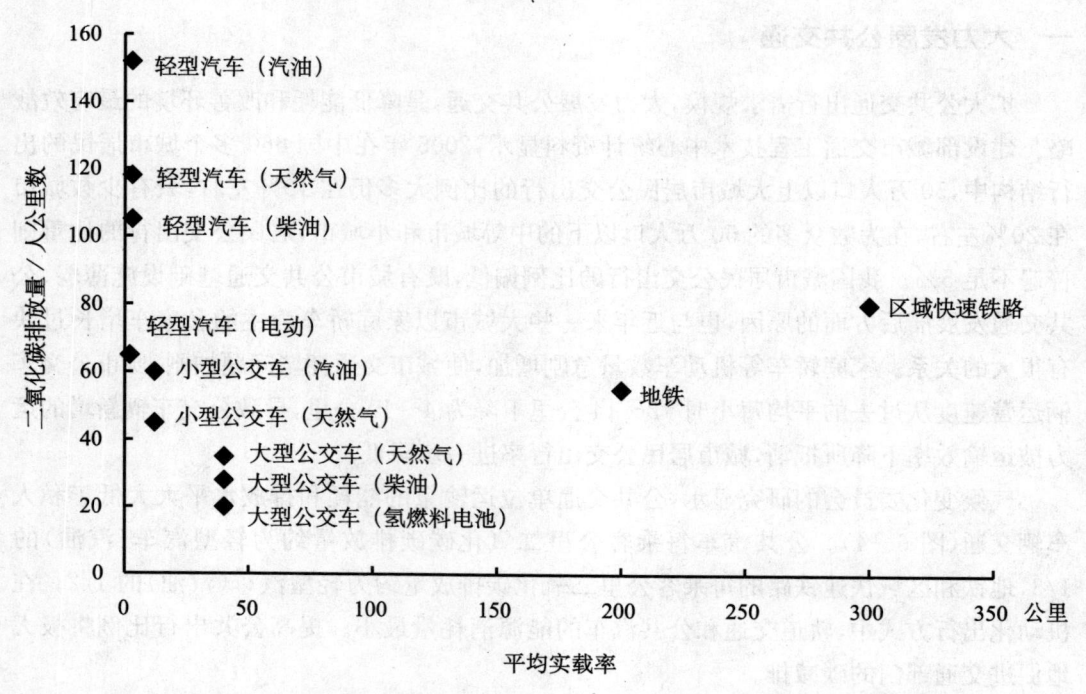

图 6—4　各种交通方式平均实载率与（每人公里）二氧化碳的排放关系
资料来源：政府间气候变化专门委员会第三工作组项目组数据，2008年。

表 6—2　2009 年汽车税率变化

车型类别（按发动机排量划分）	税率	税率变化
汽车消费税税率		
1.0升（含）以下	1%	下调2%
1.0～1.5升（含）	3%	不变
1.5～2.0升（含）	5%	不变
2.0～2.5升（含）	9%	不变
2.5～3.0升（含）	12%	不变
3.0～4.0升（含）	25%	上调10%
4.0升以上	40%	上调20%
汽车购置税税率		
1.6升以下（含）	5%	下调5%
1.6升以上	10%	不变

资料来源：国家税务总局，2009年。

三、降低机动车单耗

1. 技术进步降低单耗

引导汽车发动机减排技术发展,科学降低机动车油耗,可有效降低交通运输部门的碳排放量。表6—3列出了降低机动车能耗可实行的技术手段。

表6—3 车辆技术方面的节油途径与措施

提高行驶效率	减小行驶阻力	减小空气阻力:改进车身形状、改善通用件结构
		减小滚动阻力:改进轮胎
	车身轻型化	使轻型化:轻型材料、轻型设计技术
		使构成部件、附属器轻型化:辅机、电器设备轻型化
	提高驱动效率	提高驱动系统的传动效率:优质轴承、离合器
		改进变速装置:应用AMT、DCT等高效变速器
发动机高性能化	改进现有发动机	提高热效率:高温化、改善燃烧、减少冷却损失
		改善部分负荷性能:可变正时、可变排气量等
		提高机械效率:降低运转部件的摩擦损失和驱动辅机的损失
		采用电子控制实现最优化:微机控制
	开发替代发动机	研制高效率发动机循环:斯特林发动机、兰金循环
		利用化学能:燃料电池
		利用氢能:氢气发动机、氢燃料电池
		利用电能:改良蓄电池、电动车
能源合理化	能源使用合理化	回收废能:涡轮增压、中冷
		回收制动能:储能装置
		提高辅机效率:空调机、电器等装备高效化
	利用代用燃料	低质燃油的利用技术:外燃发动机
		液化气的利用技术:液化天然气、液化石油气等
		合成燃料的利用技术:乙醇、煤的液化燃烧
	利用新能源	氢能的利用:氢气混合燃烧法、氢气储存法
		太阳能的利用:太阳能电池、利用太阳热能

资料来源:司康:"汽车节能及我国近期发展重点",《技术与应用》,2009年第10期。

目前,汽车领域降低机动车油耗技术的发展主要体现在四个方面[4]:①混合电动汽车的研发。该技术将内燃发动机和电力驱动系统及电池结合起来,主要通过回收制动能量、减小发动机体积、关闭发动机来节省怠速运行能耗,利用电驱动替代内燃发动机低效运行状态来提高效率,降低单耗。目前,欧美、日本等国家已经推出了多款混合电动汽车,耗能在低速起停阶段仅为传统汽车的一半,城市路况下中型卡车单耗可降低23%～63%。②材料轻质化。即通过减轻车身重量来降低车辆燃油消耗。目前,美国福特公司已经展示了重量仅有900千克的中型小汽车原型,车身重量比普通小汽车减少550千克,可有效降低能耗20%。目前,一些采用铝合金的小汽车已经投入使用,如奥迪A8、新型大众P010等,后者每百公里耗油量仅为3升/百公里,远低于我国8.06升/百公里的平均油耗。③直喷汽油和柴油发动机。直喷汽油发动机已经在欧洲和日本投入使用,这种新型发动机比传统汽油发动机的燃料经济性提高大约35%,减排25%。④车用燃料电池。燃料电池可以达到比现有发动机高1倍的效率,并且排放基本为0。考虑到燃料电池所用氢气来源于天然气,从开采到车用所形成的二氧化碳排放量比常规发动机减少40%左右;同时,制氢过程中所排放的二氧化碳浓度较大,因此,可以采用收集技术。

参照以上的技术手段,未来10年内,通过发展混合动力汽车、改进机动车发动机技术、控制车身重量等技术途径,我国可大幅度降低能耗,减少碳排放。

2. 改善用车环境,提高汽车运行效率

2006年中国乘用车平均油耗为8.06升/百公里,每百公里比欧洲标准高1.01升,比日本高2.66升[5]。改善用车环境,提高汽车运行效率也是降低碳排放的重要途径之一。改善用车环境主要体现在提高道路交通效率上,如合理布局公路的红绿灯、采用车用智能交通管理系统、减少交通拥堵、降低交通事故等。提高汽车运行效率主要体现在提高驾驶水平,改掉不良驾驶习惯以及提高维修保养质量和强化节能意识等方面。车辆使用方式和司机驾驶习惯对汽车污染物排放也具有一定的影响。例如,城市中机动车辆的频繁加速、高速行驶、刹车、换挡等将产生更多的碳排放(表6—4)。研究显示,教育驾驶员正确驾驶、合理使用车辆,能够使单车耗油量平均每百公里下降近1升。

表6—4 行驶条件和二氧化碳排放量的关系

行驶条件	CO_2排放量(克/公里)	恒速时速度每增加15km/h的效率损失
怠速(0km/h)	120～300	—
加速(0～40km/h)	20～150	—
恒速(40km/h)	155	
恒速(65km/h)	157	—2

续表

行驶条件	CO₂排放量（克/公里）	恒速时速度每增加15km/h的效率损失
恒速（80km/h）	161	−3
恒速（95km/h）	173	−7
恒速（110km/h）	191	−10
恒速（125km/h）	219	−15
减速（40~0km/h）	40~130	—

资料来源：Building a Low-Carbon Economy—the UK's Contribution to Tackling Climate Change, Committee on Climate Change, 2008.12.

四、控制排放物标准

通过技术手段，严格控制排放物标准，也能够有效降低碳排放量。虽然我国目前已经发布了四个机动车污染物排放标准，并于2000年开始实行欧Ⅰ标准，2004年实行欧Ⅱ标准，2008年至今实行欧Ⅲ标准，但欧盟国家已于2008年开始实施欧Ⅴ标准。按照欧Ⅴ标准，轻型汽油汽车的一氧化碳排放率将比欧Ⅲ标准减少54.5%，碳氢化合物排放率减少62.5%。未来10年内，如果我国能够进一步严格排放物限定标准，逐步实施欧Ⅳ、欧Ⅴ标准，辅以车载诊断系统（OBD）实时监测，将能有效控制机动车的碳排放量。

表6—5 欧洲Euro排放物标准及其演变

类型	欧盟小客车排放物标准（克/公里）			
	年份	CO	HC	HC+NOx
柴油				
Euro Ⅰ	1992	2.72		0.97
Euro Ⅱ	1996	1		0.7
Euro Ⅲ	2000	0.64		0.56
Euro Ⅳ	2005	0.5		0.3
Euro Ⅴ	2008	0.5		0.25
汽油				
Euro Ⅰ	1992	2.72		0.97
Euro Ⅱ	1996	2.2		0.5
Euro Ⅲ	2000	2.3	0.2	
Euro Ⅳ	2005	1	0.1	
Euro Ⅴ	2008	1	0.075	

资料来源：欧洲委员会指令70/220/EEC。

第三节 交通出行减排潜力测算

一、测算方法

鉴于道路运输覆盖面广且可控制性强,本报告中的交通出行减排潜力测算主要侧重于道路交通部门。根据前文对道路运输减排途径的分析,预测主要采用排放量估计法来计算。计算中主要考虑对道路减排潜力影响较大且可控制性较高的 4 个因素,即公交出行率、小排量汽车市场占有率、机动车油耗和尾气排放标准。通过设置不同情境,对道路运输减排潜力进行估算。

计算道路运输业的碳排放时,主要考虑 3 个因素:机动车保有量 N、减排潜力系数 e 和平均行驶里程 L。报告采用式(1)来计算碳排放量:

$$EQ_C = \sum_k N_k L_k e_k \tag{1}$$

其中,k 代表减排途径的种类;N 为第 k 种减排途径所涉及的机动车保有量,L 为机动车平均行驶历程,e 为第 k 种途径的减排潜力系数。

各类减排途径的碳减排系数如表 6—6 所示。

表 6—6 减排潜力系数测算结果

减排途径	减排力度	碳减排潜力系数(克)
发展公共交通	公交代替 1 辆私家车出行 1 公里	6.79
普及小排量汽车①	小排量汽车代替大排量汽车出行 1 公里	10.9
降低机动车单耗	单车每百公里平均油耗降低 1 升	627
控制排放物标准	汽车排放标准由欧Ⅲ改为欧Ⅳ(每公里)	6.5

二、情景设定

由于预测带有不可确定性,本报告采用情景分析法来考察不同假设条件下的碳排放变化。情景间假设条件的不同主要体现在政策措施和节能减排途径的实施力度上,包括:①通过发展公共交通提高居民公交出行比重;②通过税费等方式鼓励小排量汽车发展,从而提升小排量汽车市场占有率;③通过发展混合动力汽车等环保型汽车、改进发动机技术、减轻车身质量以及改善驾驶员驾驶技术等方式,降低新增机动车单车每百公里平均油耗;④控制汽车尾气排放标准。情景说明如表 6—7 所示:

---

① 小排量汽车:指发动机排放量在 1.6 升以下(含)的汽车。

第六章 交通出行节能减排途径与潜力分析

表6—7 情景设定及情景描述

政策措施	情景描述
情景一:低度减排情景 制定、实施低度的交通减排政策措施和行业标准	2005~2010年维持2005年标准,即公交出行比重为10%,小排量汽车市场占有率为20%,未采取节油措施,汽车排放实行欧Ⅲ标准;2010~2015年实现公交出行比重30%,小排量汽车市场占有率50%,新增机动车单车每百公里平均油耗达到7升,汽车尾气排放实行欧Ⅲ标准;2015~2020年维持此标准。
情景二:中度减排情景 制定、实施中度的交通减排政策措施和行业标准	2005~2010年维持2005年标准,即公交出行比重为10%,小排量汽车市场占有率为20%,未采取节油措施,汽车排放实行欧Ⅲ标准;2010~2015年实现公交出行比重30%,小排量汽车市场占有率50%,新增机动车单车每百公里平均油耗达到7升,尾气排放实行欧Ⅲ标准;2015~2020年实现公交出行比重40%,小排量汽车市场占有率60%,新增机动车单车每百公里平均油耗达到6.5升,50%汽车尾气排放实行欧Ⅳ标准。
情景三:强化低碳情景 针对能源安全问题和减排压力,更大力度地实施强化的交通减排政策措施	2005~2010年维持2005年标准,即公交出行比重为10%,小排量汽车市场占有率为20%,未采取节油措施,汽车排放实行欧Ⅲ标准;2010~2015年实现公交出行比重40%,小排量汽车市场占有率60%,新增机动车单车每百公里平均油耗达到6.5升,40%汽车排放实行欧Ⅳ标准;2015~2020年实现公交出行比重50%,小排量汽车市场占有率70%,新增机动车单车每百公里平均油耗达到6升,50%汽车排放实行欧Ⅳ标准。

计算中,取2015年我国汽车保有量为9000万辆,其中1500万辆为商用汽车;2020年我国汽车保有量为15000万辆,其中2000万辆为商用汽车;机动车平均行驶里程为2.2万公里/年。情景中的参数设置情况为:

① 公交出行比重:公交出行比重的增加可以由私家车出行、步行、自行车出行等多种交通方式转化而来,计算中重点考虑私家车出行被公交出行替代的情况。计算中假定在低度减排情景中,2015~2020年公交出行率增加的20%中有10%是由私家车出行转化而来;中度减排情景中,2010~2015年公交出行率增加的20%中有10%是由私家车出行转化而来,2015~2020年公交出行率增加的30%中有20%是由私家车出行转化而来;强

化低碳情景中,2010～2015年公交出行率增加的30%中有20%是由私家车出行转化而来,2015～2020年公交出行率增加的40%中有30%是由私家车出行转化而来。

② 小排量汽车市场占有率:该指标的计算参数可用小排量汽车保有量增加的百分比来代替。计算中假定在低度减排情景下,2010～2020年小排量汽车保有量增加10%;中度减排情景下2010～2015年小排量汽车保有量增加10%,2015～2020年增加20%;强化低碳情景下2010～2015年小排量汽车保有量增加20%,2015～2020年增加30%。

③ 新车每百公里平均油耗下降:由于机动车报废年限平均为8～10年,因此2015年及2020年所保有的机动车将基本为油耗较低的新车。根据该指标计算时,假定参数为低度减排情景,2010～2020年50%的机动车每百公里平均油耗为7.0升,其余50%为7.5升;中度减排情景下2010～2015年50%的机动车每百公里平均油耗为7.0升,其余50%为7.5升,2015～2020年50%的机动车每百公里平均油耗为6.5升,其余50%为7.0升;强化低碳情景下2010～2015年50%的机动车每百公里平均油耗为6.5升,其余50%为7.0升,2015～2020年50%的机动车每百公里平均油耗为6.0升,其余50%为6.5升。

④ 汽车尾气排放标准:即使在国家实行欧III标准的情况下,也可有少部分新增机动车达到欧IV排放标准。因此计算式假定低度减排情景下2010～2020年有20%的机动车达到欧IV排放标准;中度减排情景下2010～2015年有20%的机动车达到欧IV排放标准,2015～2020年有50%的机动车达到欧IV排放标准;强化低碳减排情景下2010～2015年有40%的机动车达到欧IV排放标准,2015～2020年有50%的机动车达到欧IV排放标准。

三、减排潜力评价

根据以上情景设定,将四个方面的节能潜力进行加权计算,得到不同情景下碳排放量的变化情况如表6—8所示:

表6—8　2015年、2020年我国交通运输行业碳排放总量预测　　　　（单位:万吨）

年份	情景设定	碳减排量
2015年	情景一:低度减排情景	1881
	情境二:中度减排情景	1891
	情景三:强化低碳情景	2183
2020年	情景一:低度减排情景	4055
	情境二:中度减排情景	5545
	情景三:强化低碳情景	7148

对比3种情景的碳减排量,即可得出道路交通部门碳减排潜力。按照低度减排情景发展,2015年我国将在低度的基础上实现1881万吨的减排量,2020年减排量将达到

4055万吨。此两个减排放量可作为交通运输部门 2015 年和 2020 年的最小减排量。

随着技术进步和政策落实力度的加大,如能实施中度减排情景,2015 年将实现碳减排 1891 万吨,2020 年将实现碳减排 5545 万吨。此两个减排数量可作为道路交通部门 2015 年和 2020 年的适度减排量。

针对能源安全问题和减排压力,如果我国能够更大力度地实施强化交通减排的政策措施,即强化低碳情景模式,则 2015 年将实现碳减排 2183 万吨,2020 年碳减排量将达到 7148 万吨。此两个减排数量可作为行业 2015 年及 2020 年的最大减排潜力。

交通运输行业减排潜力巨大,实施减排兼具环境、经济和社会效益。2010~2020 年将是中国交通运输行业高速发展的重要阶段,在低度减排情景下虽然也能够实现一定的减排量,但减排效果有限。要满足能源安全和温室气体减排的要求,我国需要实施更为严格的产业和环境政策。

第四节　交通出行减排对策

当前,气候变化问题日趋严重,节能减排已经成为衡量我国经济社会可持续发展的重要指标。在此形势下,各交通运输行业都应当从战略和全局的高度,用科学发展观来审视和定位节能减排的管理问题。

在道路运输行业节能减排方面,应主要进行四个方面的改进:第一,改进基础设施,创建良好的出行环境。公共交通方式是交通出行中最为节能的方式之一,为推进交通节能减排,我国应加大公共交通基础设施建设、优化公共交通站点布局、强化各种运输方式之间的便捷换乘、推行城乡交通一体化进程,从多方面提高公共交通出行的比率。同时,在基础设施建设的过程中,也应当重视道路路面情况和道路通畅程度这些直接影响机动车能耗的方面。改善道路条件,完善路网结构,减少拥堵状况也可有效地达到道路运输节能减排的目的。第二,推进技术创新,降低机动车能耗污染。在机动车生产技术方面,我国和世界先进的汽车制造商已经取得了节能技术的创新成果,包括改善发动机的燃料经济性、减轻车辆自重、减少行驶阻力、改进车速箱和传动系等。如能将这些成果运用到生产环节,将能有效降低汽车能耗,减少碳排放量。同时,如能将新型技术应用进一步扩展到汽车保养维护方面,通过加强车辆检测维护,使车辆保持良好的技术性能,也可有利促进节能减排。第三,提升公民素质,加大节能减排的宣传力度。实施节能减排必须充分发挥交通从业人员和交通出行居民的主观能动性,提高民众的道德素质、专业技能、综合品质等,培养全民节能减排的整体意识。只有借助媒体及行业协会的力量,通过制作宣传广告、发布节能减排信息、出版节能减排书籍等措施,采取各种渠道来宣传道路运输节能减排,才能使广大基层人员明确节能减排的意义,真正变被动节能为主动节能,使交通出行节能减排取得长效发展。第四,优化道路运输结构,加强道路运输的能效和经营效率管理,也是提高节能减排工作效率的关键环节。在运输结构方面,建议发展集装箱运输、甩挂运输和汽车、列车等的节能运输模式,通过改善运力结构来提高能源利用效率。在组织结构调整方面,要引导运输企业实现规模化、集约化、网络化经营,整合传统运输企业,组建实力雄厚、技术先进、管理科学、运作规范、集货物运输和站场服务为一体的新型运输集团,引导货运企业由松散挂靠向规模化、集约化、网络化转变。

交通运输部门的节能减排工作需要所有部门的共同配合。本报告仅着重分析了道路运输出行的节能减排潜力,如需对节能减排潜力进行进一步挖掘,则我国应当实施更为严格的交通减排政策。铁路、航空、水运等行业也应当积极有效地开展节能减排工作,贯彻落实节能减排的有关制度和政策。铁路运输方面应加快电气化铁路发展,实现以电代油,提高用电效率,发展机车向客车供电技术,推广使用客车电源,逐步减少和取消柴油发电车,加强运输组织管理,优化机车操纵,降低铁路运输燃油消耗。航空运输方面应优化航线,采用节油机型,提高载运率、客座率和运输周转能力,提高燃油效率。水上运输方面应制定船舶技术标准,加速淘汰老旧船舶,发展大宗散货专业运输和多式联运等现代运输组织方式,优化船舶运力结构等[6]。

总之,要实现交通运输部门的可持续发展,达到节能减排的目标,就必须优化交通资源配置,转变交通发展模式。由以经济发展为导向的拉动内需式交通发展模式向以资源节约为导向的可持续交通发展模式转变;由粗放型的交通消费模式向集约、节约型的交通消费模式转变。不断优化资源利用方式,提高能源生产、转化利用效率,倡导循环经济和可持续发展理念,最终在根本意义上实现交通运输部门节能减排的深化改革和跨越式发展。

参 考 文 献

[1] 徐厚广:"推进节能减排,转变交通发展方式",交通运输部网站,http://www.moc.gov.cn/zhuzhan/jiaotongxinwen/xinwenredian/200906xinwen/200906/t20090611_589691.htm,2009年6月11日。

[2] 王庆云:《交通运输发展理论与实践》,中国科学技术出版社,2006年。

[3] 刘志君:"汽车节能减排可实行方法分析",《中国新技术新产品》,2009年第12期。

[4] 中国科学院可持续发展战略研究组:《2009中国可持续发展战略报告——探索中国特色的低碳道路》,科学出版社,2009年。

[5] 王兆、金约夫:"中国乘用车燃料消耗水平分析",《节能与环保》,2008年第7期。

[6] 《节能中长期专项规划》,发改环资[2004]2505号。

第七章 建筑节能减排潜力分析

第一节 建筑能耗的定义及其构成

一、建筑能耗的定义

2000年,建设部对建筑能耗作了定义。所谓建筑能耗就是指建筑运行使用过程中的能量消耗,它包括采暖、通风、照明、动力、空调、炊事燃料、家用电器和热水供应等所产生的能耗,其中以采暖和空调能耗为主。需要说明的是,建筑能耗不包括建筑施工能耗、新建建筑建材能耗,只计算居民住宅、公共建筑的运行使用能耗。

二、建筑能耗的构成

1. 建筑分类

如图7—1所示,建筑主要分为民用建筑和工业建筑。本章研究的建筑能耗,是指民用建筑的建筑能耗。民用建筑包括居住建筑和公共建筑,居住建筑主要是指住宅建筑,公共建筑则包括办公建筑(写字楼、政府办公楼等),商业建筑(商场、旅馆、饭店等),科教文卫建筑,通信建筑以及交通运输用房等[1]。

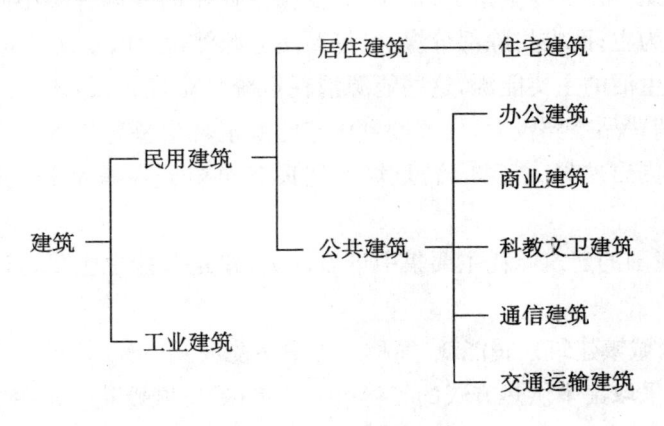

图7—1 建筑的分类

2. 建筑能耗统计

在我国,建筑能耗统计属于能源统计。但是建筑能耗作为能源统计中的一个消费环节,在统计部门长期被分割混杂在能源消耗的各个领域,而没有作为一类能耗进行统计。比如住宅的能耗被归入城乡生活能源消费,而其他各类建筑能耗被归入非物质生产部门的能源消费。相对独立的建筑能耗统计体系仍未建立,切实有效的统计方法还较为缺乏[2]。

2000年后,建设部正式统一了建筑能耗的含义。在定义清晰后,不少学者提出了建筑能耗的各种统计方法。杨秀、魏庆尤、江亿[3]在其研究《建筑能耗统计方法探讨》中介绍了几种较常见的统计方法:建筑能耗宏观模型、建筑能耗微观模型、建筑终端电器使用状况统计模型。在符合我国能耗构成规定的前提下,我国多数学者运用建筑能耗分析的宏观模型方法进行建筑能耗统计,本研究所引用的数据也均为宏观模型统计所得数据。

3. 我国建筑能耗的构成

由于我国南北跨越严寒、寒冷、夏热冬冷、温和以及夏热冬暖等多个气候带,在进行建筑能耗统计时,需要结合我国幅员辽阔、气候复杂等特点,考虑各省、市、自治区行政单元的完整性,对建筑能耗进行分类研究。参考江亿、陆宁、林冠宏、俞允凯、马红军、王源青[4]等学者的研究,可以将我国的建筑能耗依其特点分为五类:农村建筑能耗、北方地区城镇建筑采暖能耗、长江流域城镇建筑采暖能耗、城镇居住建筑除采暖外能耗,以及城镇公共建筑除采暖外能耗。

我国目前存在较大的城乡差别,与城市建筑能耗相比,农村建筑能耗处于很低水平且难以统计。俞允凯[5]在研究中指出:首先,城乡住宅使用的能源种类不同,城市以煤、电、燃气等商品能源为主;而农村除部分煤、电等商品能源外,秸秆、薪柴等非商品的生物能源在许多地区仍是生活的主要能源,这些能源消耗量统计难度较大,未列入我国能源统计。其次,城乡能耗消费品差异较大,导致城乡住宅能源消耗量差异较大,目前我国城乡居民平均每年消费性支出差异大于3倍,且城乡居民各类电器保有量和使用时间的差异也较大。

由上可知,我国的建筑能耗主要集中于后四类,建筑节能也主要讨论后四类的节能,其具体构成如下:

① 北方地区城镇建筑采暖能耗(简称北方采暖能耗)

本类能耗指采取集中供热方式的省份(市、自治区)的城镇建筑采暖能耗,这些地区包括北京市、天津市、河北省、山西省、内蒙古自治区、辽宁省、吉林省、黑龙江省、山东省、河南省、陕西省、甘肃省、青海省、宁夏回族自治区、新疆维吾尔自治区。上述地区冬季较长,气温较低,城镇有70%左右的建筑面积实行集中采暖[5]。北方采暖能耗的构成及数据来源如表7—1所示。

表7—1　北方采暖能耗构成[5]

项目名称	来　源
① 城镇居住建筑煤耗	《中国能源统计年鉴》各省市地区实物平衡表中的生活消费——城镇煤耗
② 公共建筑煤耗	《中国能源统计年鉴》各省市地区实物平衡表中的交通运输、仓储和邮政业，批发、零售业，住宿、餐饮业，以及其他三项煤耗相加得到
③ 供热煤耗	《中国能源统计年鉴》各省市地区实物平衡表中的供热煤耗
④ 发电热电联产用煤	热电联产供热用煤煤耗＝热电联产单位面积供热量×集中供热面积×单位热量
总能耗	①＋②＋③＋④

② 长江流域城镇建筑采暖能耗（简称长江流域采暖能耗）

此类能耗的建筑所在地区包括上海市、安徽省、江苏省、浙江省、江西省、湖南省、湖北省、四川省、重庆市和福建省。这些地区冬季短期会出现0℃左右的低温，但日均温度低于零度的很少，一年内日均温度低于10℃的天数一般不超过百天。这些地区不采用集中采暖方式，一般都采用局部采暖方式。长江流域采暖能耗的构成及数据来源如表7—2所示。

表7—2　长江流域采暖能耗构成[5]

项目名称	来　源
①城镇居住建筑煤耗	《中国能源统计年鉴》各省市地区实物平衡表中的生活消费——城镇煤耗
②公共建筑煤耗	《中国能源统计年鉴》各省市地区实物平衡表中的交通运输、仓储和邮政业，批发、零售业，住宿、餐饮业，以及其他三项煤耗相加得到
③供热煤耗	《中国能源统计年鉴》各省市地区实物平衡表中的供热煤耗
④发电热电联产用煤	热电联产供热用煤煤耗＝热电联产单位面积供热量×集中供热面积×单位热量
总能耗	①＋②＋③＋④

③ 城镇居住建筑除采暖外能耗（简称住宅除采暖外能耗）

本类能耗包括照明、家电、空调、炊事等城镇居民生活能耗，主要耗能形式为电力、煤炭、液化石油气、天然气等，且南北方有所差异。住宅除采暖外能耗的构成及数据来源如表7—3所示。

表 7—3　住宅除采暖外能耗构成[5]

项目名称	来　源
①生活用电	《中国能源统计年鉴》各省市地区实物平衡表中的生活消费——城镇电力
②城镇居住建筑的天然气	《中国能源统计年鉴》各省市地区实物平衡表中的生活消费——城镇天然气
③炊事能耗	《中国能源统计年鉴》各省市地区实物平衡表中的生活消费——北方城镇液化石油气和南方城镇液化石油气、煤炭
总能耗	①+②+③

④ 城镇公共建筑除采暖外能耗（简称公共建筑除采暖外能耗）：

本类能耗包括公共建筑的空调系统、照明、电梯、办公用电设备、饮水设备和其他辅助设备能耗，能源消耗形式以电力消耗为主。公共建筑除采暖外能耗的构成及数据来源如表 7—4 所示。

表 7—4　公共建筑除采暖外能耗构成[5]

项目名称	来　源
①交通运输、仓储和邮政业用电	《中国能源统计年鉴》各省市地区实物平衡表中的交通运输、仓储和邮政业——电力
②批发、零售业和住宿、餐饮业用电	《中国能源统计年鉴》各省市地区实物平衡表中的批发、零售业和住宿、餐饮业——电力
③其他用电	《中国能源统计年鉴》各省市地区实物平衡表中的其他——电力
总能耗	①+②+③

第二节　我国建筑能耗现状及与其他国家的对比

一、我国建筑面积现状

2003~2007 年，我国城镇建筑总面积统计如表 7—5 所示。由于我国经济的高速增长，2003~2007 年，我国城镇总建筑面积的年增长率为 5.49%。以此为参考，在第四节分析我国建筑节能减排潜力时，有关发展速度的预测，如新建建筑增长率、照明设备增长率、用电设备增长率等，均以 5% 的增长速度为标准。

表 7—5　2003~2007 年我国城镇总建筑面积　　　（单位：万平方米）

年份	2003	2004	2005	2006	2007
总建筑面积	1408114	1489313	1643778	1743440	1743440

数据来源：《中国统计年鉴》，2004~2008 年。

二、我国建筑能耗现状

1. 我国城镇各类建筑能耗现状

根据第一节中我国建筑能耗的构成,学者们(俞允凯、陆宁、林冠宏、江亿、马红军、王源青等)计算得出,2003~2007年我国城镇各类建筑能耗及其比例如表7—6和表7—7所示。

表7—6 2003~2007年我国城镇各类建筑能耗[5]　　　(单位:万吨标煤)

	2003年	2004年	2005年	2006年	2007年
北方城镇建筑采暖	9565.02	10994.40	13487.42	14215.33	15208.95
长江流域建筑采暖	2488.38	2974.68	3255.58	3500.22	3963.48
住宅建筑除采暖外	8054.10	8816.70	10085.62	11050.62	12328.61
公共建筑除采暖外	7008.52	7845.72	9023.21	9847.48	11186.00
小计	27116.03	30631.49	35851.79	38613.64	42687.06

表7—7 2003~2007年我国城镇各类建筑能耗占城镇建筑能耗百分比[5]　　(单位:%)

	2003年	2004年	2005年	2006年	2007年
北方城镇建筑采暖	35.27	35.89	37.62	36.81	35.63
长江流域建筑采暖	9.18	9.71	9.08	9.06	9.29
住宅建筑除采暖外	29.70	28.78	28.13	28.62	28.88
公共建筑除采暖外	25.85	25.62	25.17	25.51	26.20
小计	100	100	100	100	100

根据表7—6和表7—7可知,2003~2007年,北方城镇建筑采暖能耗占城镇建筑能耗的36.24%,为能耗最高的一类;长江流域建筑能耗占城镇建筑能耗的9.25%;住宅建筑除采暖外能耗占城镇建筑能耗的28.82%;公共建筑除采暖外能耗占城镇建筑能耗的25.67%。北方城镇建筑采暖、长江流域建筑采暖、住宅建筑除采暖外和公共建筑除采暖外能耗普遍上升。2003~2007年总建筑能耗增加了57.42%;其中,北方城镇建筑采暖能耗增加了59.01%,长江流域建筑采暖能耗增加了59.28%,住宅建筑除采暖外能耗增加了55.07%,公共建筑除采暖外能耗增加了59.61%。在此期间,我国城镇总建筑面积仅增加了23.81%。

由上述分析,陆宁等[4]学者得出如下值得关注的结论:①北方采暖能耗所占比例最大,单位面积能耗也最高。②北方城镇建筑采暖、长江流域采暖和公共建筑除采暖外能耗上涨速度,超过了我国城镇建筑能耗平均上涨速度;长江流域采暖和公共建筑除采暖外能耗上涨幅度最大,是带动建筑能耗加快上涨的主要因素。③住宅建筑除采暖外能耗无论是总体能耗还是单位面积建筑能耗都较少,同时,上涨幅度也低于其他三类建筑能耗。④整体上,长江流域采暖和公共建筑(除采暖外)能耗的节能控制力度弱于其他类建筑的节能控制力度,住宅建筑(除采暖外)能耗的节能控制力度强于公共建筑(除采暖外)能耗和采暖能耗(包括北方采暖能耗和长江流域采暖能耗)的控制力度。

2. 我国城镇建筑能耗占全国总能耗百分比

依据《中国能源统计年鉴》中的数据,采用"能源消费总量—发电煤耗计算法"中我国各年度总能耗的数值,可计算我国城镇建筑能耗占全国总能耗百分比的现状如表 7—8 所示。

表 7—8　2003～2007 年我国城镇建筑能耗占全国总能耗百分比　（单位:万吨标煤）

	2003 年	2004 年	2005 年	2006 年	2007 年
我国城镇建筑能耗	27116.03	30631.49	35851.79	38613.64	42687.06
我国总能耗	174990.3	203226.69	224682	246270	265583
百分比	15.50%	15.07%	15.96%	15.68%	16.07%

由表 7—8 可知,我国城镇建筑能耗占全国总能耗的百分比为 15%～16%,且较为稳定,在 1% 的小范围内波动。由于所使用分析模型的差异,对于我国建筑能耗占总能耗的比例,不同学者有不同的看法。综合各家的看法,这一比例应该在 20%～30%。

三、我国建筑能耗与其他国家的对比

郁文红[6]在研究中指出,西方发达国家大规模开展建筑节能已持续了 30 多年,如今高舒适度、低能耗住宅已十分普遍。特别是,欧洲已成为世界上居住品质最高、住宅建设最科学的地区。例如,法国从 1974 年起分三步走用法律形式正式规定了采暖居住建筑的节能指标,要求 1974 年节能 25%,1982 年和 1989 年分别节能 45% 和 60%。1990 年,法国的建筑能耗已从 1984 年占社会总能耗的 42%～45% 降低到 28%。在法国政府的主持下,当前已完成了 40 座中等城市的旧房节能改造。虽然自 1974 年以来法国住宅面积增加了约 14%,但建筑能耗几乎没有增长,建筑节能成就巨大。

相对而言,我国则缺乏建筑热工和建筑节能方面的研究和相关标准,片面强调降低建筑造价,造成建筑物外围护结构过于单薄,门窗缝隙过大,保温、隔热、气密性差,居住热环境差,建筑用能效率低,建筑节能水平与西方发达国家相比有很大差距。表 7—9 列举了

一些有代表性的国家的建筑物外围护结构传热系数 K 值。

表 7—9　中外建筑物外围护结构传热系数 K 值[W/(平方米♯℃)]比较[6]

地区			外墙	外窗	屋顶
中国	北京	《民用建筑热工设计规程》JGJ24-86	1.7	6.4	1.26
		《民用建筑节能设计标准（采暖居住部分）》JGJ26-86	1.28	6.4	0.91
		《民用建筑节能设计标准（采暖居住部分）》JGJ26-96	1.16(m<0.3) 0.82(m>0.3)	4.0	0.8(m<0.3) 0.6(m>0.3)
	哈尔滨	《民用建筑热工设计规程》JGJ24-86	1.28	3.26	0.77
		《民用建筑节能设计标准（采暖居住部分）》JGJ26-86	0.73	3.26	0.64
		《民用建筑节能设计标准（采暖居住部分）》JGJ26-96	0.52(m<0.3) 0.4(m>0.3)	2.5	0.5(m<0.3) 0.3(m>0.3)
瑞典南部地区（包括斯德哥尔摩）			0.17	2.0	0.12
德国柏林			0.5	1.5	0.22
英国			0.35	2.0	0.16
美国	相当于北京采暖度日数地区		0.32(内保温) 0.45(外保温)	2.04	0.19
加拿大	相当于哈尔滨采暖度日数地区		0.27	2.22	0.17(可燃的) 0.31(不燃的)
	相当于北京采暖度日数地区		0.36	2.86	0.23(可燃的) 0.40(不燃的)
日本	北海道		0.42	2.33	0.23
	东京都		0.87	6.51	0.66

注：表中 m 为建筑物体形系数。

如表 7—9 所示，目前我国北方采暖地区所执行的节能标准与国外相比仍有较大的差距。外墙 K 值高 2.6～3.6 倍，屋顶高 3.2～4.2 倍，外窗高 1.4～2.0 倍，门窗空气渗透为 3～6 倍。也就是说，即使是按最新的 JGJ26-95 节能标准建成的节能住宅，采暖能耗还要比西方发达国家高出 1 倍左右。这一方面反映了我国建筑节能与国外的巨大差距，另一方面也说明我国在建筑节能方面有着较大潜力。

表 7—10 欧美各国建筑能耗占总能耗的比例[1]

国家	美国	英国	德国	瑞典	丹麦	荷兰	加拿大	比利时	日本
比例(%)	31.9	34.3	32.8	33.9	42.4	33.9	31.3	31.8	20.3

由表 7—10 可见,欧美一些发达国家,建筑能耗大约占全国能耗的 30% 左右,比我国的建筑能耗占总能耗的比例略高,但差别不大。

第三节 建筑节能的途径

建筑行业是一条复杂的产业链条,有众多角色参与其中。随着我国城市化进程的加速和第三产业比重的增加,建筑能耗的比例将持续增长。大量研究以及发达国家的实践都表明,建筑节能可能是各类节能途径中潜力最大、可持续性最长的节能途径,应该作为节能工作的重点。为了取得显著的能效改善,从政策、技术、市场三方面来说,建筑节能都应有相应的发展战略。

一、技术途径

建筑运行过程的能源消耗主要是指照明能耗、采暖与空调能耗,以及为建筑物服务的其他设备系统的能耗。《2009 中国可持续发展战略报告——探索中国特色的低碳道路》(以下简称《报告》)[7]中指出,建筑节能实现低碳情景的优先技术和措施有:新建建筑物普遍实施节能 65% 和 75% 的节能建筑标准,逐年提高建筑节能标准;推广超高能效建筑,可持续(绿色)建筑;应用先进的采暖和制冷技术;鼓励采用蓄冷、蓄热空调及普及冷热电联供技术;中央空调系统采用变频调速技术的风机水泵;采用节能节水电器,热泵、太阳能热水器;普及供热计量仪表;建立技术咨询和信息网络;建立建筑能源管理系统;实施能源审计;实施需求侧管理(DSM);对各种电器设备全面实施能效标准和标识制度;采用太阳能系统;采用可再生能源利用技术;采用相变材料蓄能技术;采用新型建筑材料;制定建筑节能标准;制定家用电器标准;使用节能灯等。

其中,《报告》中给出了采用国内外先进技术后能够达到的节能效率的指标及预期普及率,如表 7—11 所示。

1. 新建节能建筑

《报告》中指出,建筑节能的一个重要措施是综合建筑设计,将节能与建筑设计结合起来,同时考虑各个部分的一致性和相互匹配性,如门窗、电器设备、采暖以及通风等的节能。特别是未来的建筑可以采用监控系统,以达到最佳节能效果。对大型商用建筑来说,

表 7—11 《2009 中国可持续发展战略报告》中节能效率指标

技术	效率	2030 年比例(%) 基准情景	2030 年比例(%) 低碳情景	2050 年比例(%) 基准情景	2050 年比例(%) 低碳情景
节能建筑	节能 50%	20	30	34	20
节能建筑	节能 65%	16	25	25	40
节能建筑	节能 75%	4	15	10	30
节能冰箱	节能 65%	85	100	100	100
交流变频空调	节能 30%	65	20	30	0
直流变频空调	节能 50%	15	60	45	70
超级空调	节能 75%	0	20	20	30
紧凑型节能灯	节能 80%	80	95	90	97
节能洗衣机	节能 30%	80	100	100	100
节能电器	节能 40%	65	95	90	97
太阳能热水器		9	15	30	45
LPG/天然气灶	效率 51%			70	0
节能 LPG/天然气灶	效率 58%			30	100

这样的系统可以实现非常大的节能潜力。从第二节我国建筑能耗水平与国外水平的对比中也可以看到，如果提高我国新建建筑的节能技术水平，可以节省一半以上的能耗。

2. 复合墙体的节能

过去采用实心黏土砖等单一材料砌筑外墙主要是考虑其承重功能。但这种重质材料的墙体保温性能较差，已无法达到建筑节能的要求。采用高效保温材料与之复合，则可以发挥二者的长处，既能承重又能保温，而且墙体厚度增加不大。随着我国建筑节能和墙材革新工作的深入，实心黏土砖将被全面禁止，复合墙体将会被普遍采用。复合墙体按照保温材料在墙体所处位置的不同可分为三种：内保温复合墙体、夹心保温复合墙体、外保温复合墙体。复合墙体对冬季供暖和夏季空调都具有良好的节能效果，采用 50 毫米厚的聚苯板进行墙体复合保温后，可以使冬夏季墙体的逐时传热量减少约 60%～70%[6]。复合墙体在我国实施建筑节能和墙材革新中具有较高的推广和应用价值，是今后建筑节能发展的方向。

3. 建筑玻璃的节能

在建筑物的围护结构中，窗户、天窗、阳台门等被称为透明围护结构。透明围护结构的绝热性能差,是影响室内热环境和建筑节能的重要因素。据统计,在冬季供暖条件下,单玻窗所损失的热量约占供热负荷的 30%～50%;夏季因太阳辐射透过单玻窗进入室内而消耗的空调冷量约占空调负荷的 20%～30%。常规意义上的节能玻璃是指夏季遮阳型节能玻璃,主要包括吸热玻璃、热反射玻璃、低辐射玻璃,以及与普通白玻璃组成的复合中空玻璃系统,其温差传热较标准单玻可减少 50% 以上[6]。

4. 既有采暖建筑的节能改造

在目前我国已有的 400 亿平方米建筑中,95% 以上是高能耗建筑,给社会造成了沉重的能源负担和严重的环境污染。郁文红[6]以位于天津市的单元面积为 90 平方米的普通住宅楼为例,对既有采暖居住建筑节能改造前后的全年能耗进行分析。节能改造的具体内容包括:①实心黏土砖外墙用 50 毫米厚膨胀型聚苯板外保温;②屋顶加铺 50 毫米厚挤塑型聚苯板保温;③窗户由单层钢窗改为塑钢双玻窗;④楼梯间不采暖,进户门和楼梯间墙加贴聚苯板;⑤供暖系统增加分户热计量和室温分室控制装置。根据其计算结果,既有建筑节能改造后,建筑物冬季供暖年能耗可降低 55.6%,夏季空调年能耗可降低 35.7%,夏季年能耗的降低幅度比冬季少 20%。

5. 建筑设备的节能

建筑设备节能以用电设备的节能为主。《报告》中指出,建筑部门节能的重大技术发展方向是超高效电器,比如高效空调系统、半导体照明以及其他先进节能电器等。同时,热泵、太阳能热水和采暖系统以及分布式太阳能、风能发电系统,加上储能系统(如氢和燃料电池系统),将对未来的电力和能源供应产生重大影响。

参照各专家的研究,以我国当前的技术,节能用电设备的节能效率如表 7—12 所示。

表 7—12　我国当前节能建筑设备的节能效率

用电设备	节能设备的节能效率
节能灯	70%～80%
节能空调	25%～50%
节能冰箱	30%～50%
节能热水器	30%～75%
节能洗衣机	10%～60%
节能电视机	10%～30%

二、政策和宣传途径

政策途径主要是指在经济手段和激励机制方面采取相应措施,鼓励消费者购买节能建筑。如通过降低税率、改善贷款条件等经济手段和激励机制，加大节能建筑的市场，从而在一定程度上改变市场状况，促进开发商采用节能技术。经济手段通常比法规和标准更为有效，因为由激励机制所带来的效益可算作经济成本或节约成本，可直接转化为投资价值或建筑物自身的价值。

宣传途径主要是指对于节能意识的宣传。有学者指出，节能建筑领域内的相关主体节能意识不高[8]。我国早在20世纪80年代就有节能建筑的相关法规出台，但到目前为止，传统建筑对消费者仍有着根深蒂固的影响，节能建筑对于他们而言仍然是一种新事物，完全理解节能建筑的消费者很少。所以需要加大节能建筑的宣传，尤其是在节能和不节能之间做比较，在开发商和消费者中强化建筑节能的概念。

使用者节能意识的提高，也会带来较大的节能潜力。比如改变空调使用时间或者温度，提倡少开一盏灯，适当降低供暖温度，用户外活动代替室内娱乐（如电视、电脑）等。节能意识提高所带来的节能潜力，有的可以量化，比如空调在制冷时，将设定温度调高2℃，就可节电20%。但是大多数都比较难以量化。

三、市场途径

以市场机制促进建筑节能发展的关键是完善建筑节能的服务机制。建筑节能服务是指为建筑节能的设计、融资、改造、采购、运行管理、能效审计和测评提供全过程或者若干阶段的服务。节能服务机构作为政府与市场的桥梁和纽带，具有非常重要和特殊的作用[9]。政府支持节能的财税政策要充分发挥作用，需要有相应健全的服务机构起媒介和辅助作用。因此，国家应当制定对培育和建立建筑节能服务市场有利的政策，制定对建筑节能服务机构的激励政策，为节能服务公司提供融资渠道等。

第四节　我国建筑节能减排潜力分析

我国经济处于快速增长阶段，能源需求量也呈持续增长的趋势，因此，在考虑节能潜力的时候，要以动态的眼光，思考发展条件下的节能。以2005年为基准年，单位建筑面积耗能为0.0218万吨标煤。根据表7—5可以计算出，2003～2007年我国城镇总建筑面积的年增长速度为5.49%。故本研究在考虑发展速度时，如新建建筑增长率、照明设备增长率、用电设备增长率等，以5%的增长速度为标准。

建设部《关于发展节能省地型住宅和公共建筑的指导意见》（以下简称《指导意见》）明确提出了节能目标：到2010年，全国城镇新建建筑实现节能50%；既有建筑节能改造逐步开展，大城市完成应改造面积的25%，中等城市完成15%，小城市完成10%；城乡新增建设用地占用耕地的增长幅度要在现有基础上力争减少20%；建筑建造和使用过程中的节水率在现有基础上提高20%以上；新建建筑对不可再生资源的总消耗比现在下降

10%。到2020年,北方和沿海经济发达地区以及特大城市的新建建筑实现节能65%的目标,绝大部分既有建筑完成节能改造;城乡新增建设用地占用耕地的增长幅度要在2010年目标基础上再大幅度减少;建筑建造和使用过程中的节水率争取在2010年的基础上再提高10%;新建建筑对不可再生资源的总消耗比2010年下降20%。到2020年,我国住宅和公共建筑建造和使用的能源资源消耗水平要接近或达到现阶段中等发达国家的水平。这是我国节能减排的重大任务,也是实现高效率建筑用能的动力之所在。

本研究根据我国现状及节能途径中的相关数据,将我国建筑节能潜力的计算分为新建建筑节能、改造北方既有采暖建筑节能、建筑设备节能三大部分;其中,建筑设备节能又细分为建筑照明节能、用电设备节能和节能意识提高三个部分。参照《指导意见》标准,结合我国现状及节能技术水平,可得出我国2006～2020年具体的节能情景如表7—13所示:

表7—13 2006～2020年我国建筑节能情景　　　　　　　（基准年:2005年）

		发展趋势	节能标准
新建建筑		每年新增建筑5%	节能50%
改造北方既有采暖建筑		每年改造北方既有采暖建筑4%	节能40%
		2020年完成改造60%	
建筑设备节能	照明设备节能	每年新增建筑照明设备5%	节能75%
		每年淘汰更新建筑照明设备10%	
		2015年完成淘汰更新100%	
	用电设备节能	每年新增用电设备5%	节能40%
		每年淘汰更新用电设备3%	
		2020年完成淘汰更新45%	
	节能意识提高	每年节能意识提高所带来的节能占总能耗的2%	节能2%

一、新建建筑的节能潜力

如表7—13所示,按照城镇建筑面积年增长速度5%、新建建筑节能50%的指标来计算,可得出我国2006～2020年新建建筑的节能潜力结果,如表7—14所示。由表7—14可知,2006～2015年,新建城镇建筑节能潜力累积为57484.53万吨标煤;2006～2020年,新建城镇建筑节能潜力累积为137267.39万吨标煤。

表 7—14 2006~2020 年我国新建建筑的节能潜力计算

	预测城镇建筑面积（万平方米）	以 2005 年单位建筑面积能耗预测总建筑耗能（万吨标煤）	新增城镇建筑面积（基准年：2005 年）（万平方米）	年新建城镇建筑节能潜力（节能 40%）（万吨标煤）
2006 年	1725967	37644.38	82189	896.29
2007 年	1812265	39526.60	168487	1837.40
2008 年	1902879	41502.93	259101	2825.57
2009 年	1998022	43578.07	354244	3863.14
2010 年	2097924	45756.98	454146	4952.59
2011 年	2202820	48044.83	559042	6096.52
2012 年	2312961	50447.07	669183	7297.64
2013 年	2428609	52969.42	784831	8558.82
2014 年	2550039	55617.89	906261	9883.05
2015 年	2677541	58398.79	1033763	11273.50
2016 年	2811418	61318.73	1167640	12733.47
2017 年	2951989	64384.66	1308211	14266.44
2018 年	3099589	67603.90	1455811	15876.05
2019 年	3254568	70984.09	1610790	17566.15
2020 年	3417296	74533.30	1773518	19340.75

从地域来看，山东、重庆、内蒙古、浙江、海南、江苏和湖南等省份（市、区）的节能控制力度低于全国平均力度，是带动中国城镇建筑能耗上涨的主要省份，也是需要重点关注的对象[5]。

二、改造北方既有采暖建筑的节能潜力

如表 7—13 所示，2006~2020 年，如每年改造既有采暖建筑面积的 4%（基准年为 2005 年），则 2020 年最终至少完成 60% 的既有采暖建筑改造。根据表 7—6 中的数据，2005 年北方既有采暖建筑的采暖能耗为 13487.42 万吨标煤。按照改造后建筑节能 40% 的标准，2006~2020 年，每年完成改造指标的分配及所计算出的节能潜力如表 7—15 所示。由表 7—15 中的数据可见，2006~2015 年，改造北方既有采暖建筑的节能潜力累积为 11868.93 万吨标煤；2006~2020 年，改造北方既有采暖建筑的节能潜力累积为 22658.87 万吨标煤。

表 7—15 2006～2020 年我国改造北方既有采暖建筑的节能潜力计算

年份	完成改造百分比(%)（基准年:2005年）	已完成改造采暖建筑的节能潜力(万吨标煤)
2006 年	4	215.80
2007 年	8	431.60
2008 年	12	647.40
2009 年	16	863.19
2010 年	20	1078.99
2011 年	24	1294.79
2012 年	28	1510.59
2013 年	32	1726.39
2014 年	36	1942.19
2015 年	40	2157.99
2016 年	44	2373.79
2017 年	48	2589.58
2018 年	52	2805.38
2019 年	56	3021.18
2020 年	60	3236.98

三、建筑设备的节能潜力

1. 建筑照明用电的节能潜力

根据相关部门的统计，我国照明用电量占全国总用电量的 12%。一般来说，建筑照明用电量占整个建筑用电能耗的比例略大于其他部门。倪德良[10~11]在研究上海住宅建筑节能潜力时指出，据抽样调查，当前上海消耗在照明上的电量约占住宅总电耗的 17%。气候变化委员会在对英国能耗结构进行分析时，指出其照明能耗约为建筑能耗的 20% 左右。由此，估计在我国建筑能耗用电量中，约有 15% 左右的用电量为照明用电。

基准年 2005 年的建筑用电能耗为 6573.15 万吨标准煤（由《中国能源统计年鉴》各省市地区标准平衡表中交通运输、仓储和邮政业，生活消费，批发、零售业，住宿、餐饮业以及其他 4 项用电耗能相加得到）。由此可知，2005 年建筑照明用电量约为 985.96 万吨标准煤。

如表 7—16 所示，2006～2020 年，每年新增建筑照明设备≥5%，每年淘汰更新建筑照明设备≥10%,2015年完成淘汰更新100%。以75%的节电效率计算,2006~2020年,我国城镇建筑照明用电的节能潜力如表7—16所示。由表7—16中数据可见,2006~2015年,建筑照明用电节能潜力累积为9766.02万吨标煤;2006~2020年,建筑照明用电节能潜力累积为16754.54万吨标煤。

表 7—16 2006~2020年我国建筑照明用电的节能潜力计算

年份	以2005年为基准预测照明用电耗能(万吨标煤)	新增节能照明设备占2005年百分比(%)	淘汰更新节能照明设备占2005年百分比(%)	节能照明设备的节能潜力(万吨标煤)
2006年	1035.26	5.00	10.00	110.92
2007年	1087.02	10.25	20.00	223.69
2008年	1141.37	15.76	30.00	338.40
2009年	1198.44	21.55	40.00	455.15
2010年	1258.36	27.63	50.00	574.04
2011年	1321.28	34.01	60.00	695.17
2012年	1387.34	40.71	70.00	818.67
2013年	1456.71	47.75	80.00	944.64
2014年	1529.55	55.13	90.00	1073.21
2015年	1606.02	62.89	100.00	1204.52
2016年	1686.33	71.03	100.00	1264.74
2017年	1770.64	79.59	100.00	1327.98
2018年	1859.17	88.56	100.00	1394.38
2019年	1952.13	97.99	100.00	1464.10
2020年	2049.74	107.89	100.00	1537.31

2. 用电设备的节能潜力

根据上一小节的分析,基准年2005年的建筑用电耗能为6573.15万吨标准煤,除建筑照明用电量约为985.96万吨标准煤以外,其他用电设备的用电量为5587.19万吨标准煤。

如表7—13所示,每年新增用电设备5%,淘汰更新用电设备3%,2020年完成淘汰更新45%。以节能设备节电效率为40%计算,则2006~2020年,我国用电设备的节能潜力如表7—17所示。根据表中数据,2006~2015年,建筑照明用电节能潜力累积为 10854.32 万吨标煤；2006～2020 年，建筑照明用电节能潜力累积为 25159.10 万吨标煤。

表 7—17　2006～2020 年我国用电设备的节能潜力计算

年份	以 2005 年为基准预测用电设备耗能（万吨标煤）	新增节能设备占 2005 年百分比（%）	淘汰更新节能用电设备占 2005 年百分比（%）	合计节能用电设备占 2005 年百分比（%）	节能用电设备的节能潜力（万吨标煤）
2006 年	5866.55	5.00	3.00	8.00	178.79
2007 年	6159.88	10.25	6.00	16.25	363.17
2008 年	6467.87	15.76	9.00	24.76	553.41
2009 年	6791.26	21.55	12.00	33.55	749.81
2010 年	7130.83	27.63	15.00	42.63	952.69
2011 年	7487.37	34.01	18.00	52.01	1162.35
2012 年	7861.74	40.71	21.00	61.71	1379.14
2013 年	8254.82	47.75	24.00	71.75	1603.42
2014 年	8667.57	55.13	27.00	82.13	1835.57
2015 年	9100.94	62.89	30.00	92.89	2075.96
2016 年	9555.99	71.03	33.00	104.03	2325.03
2017 年	10033.79	79.59	36.00	115.59	2583.20
2018 年	10535.48	88.56	39.00	127.56	2850.92
2019 年	11062.25	97.99	42.00	139.99	3128.67
2020 年	11615.37	107.89	45.00	152.89	3416.96

3. 节能意识提高的节能潜力

如表 7—13 所示，以节能意识提高所带来的节能潜力占总能耗的 2% 来计算，则其节能潜力如表 7—18 所示。由表中数据可见，2006～2015 年，建筑照明用电节能潜力累积为 9469.74 万吨标煤，2006～2020 年，建筑照明用电节能潜力累积为 16246.23 万吨标煤。

表7—18 2006～2020年我国节能意识提高的节能潜力计算

年份	以2005年单位建筑面积能耗预测总建筑耗能(万吨标煤)	节能意识提高的节能潜力(万吨标煤)
2006年	37644.38	752.89
2007年	39526.60	790.53
2008年	41502.93	830.06
2009年	43578.08	871.56
2010年	45756.98	915.14
2011年	48044.83	960.90
2012年	50447.07	1008.94
2013年	52969.42	1059.39
2014年	55617.89	1112.36
2015年	58398.79	1167.98
2016年	61318.73	1226.38
2017年	64384.66	1287.69
2018年	67603.90	1352.08
2019年	70984.09	1419.68
2020年	74533.30	1490.67

四、建筑节能小结

根据以上分析,取得综合建筑节能潜力的合成结果见表7—19。

五、建筑减排潜力换算

节能潜力和减排潜力之间有着密切的关系,二氧化碳的排放量和具体消耗的能源类型有着较大关系。具体系数如下:

- 煤炭二氧化碳排放系数＝2.439
- 石油二氧化碳排放系数＝2.146
- 天然气二氧化碳排放系数＝1.629

表7-19 2006~2020年我国综合建筑节能潜力计算

(单位：万吨标煤)

年份	以2005年单位建筑面积能耗预测建筑能耗	新建城镇建筑节能潜力	已完成改造采暖建筑节能潜力	节能照明设备节能潜力	节能用电设备的节能潜力	节能意识提高的节能潜力	总节能潜力	累积节能潜力	节能百分比
2006年	37644.38	896.29	215.80	110.92	178.79	752.89	2154.69	2154.69	5.72%
2007年	39526.60	1837.40	431.60	223.69	363.17	790.53	3646.39	5801.08	9.23%
2008年	41502.93	2825.57	647.40	338.40	553.41	830.06	5194.84	10995.92	12.52%
2009年	43578.07	3863.14	863.19	455.15	749.81	871.56	6802.86	17798.78	15.61%
2010年	45756.98	4952.59	1078.99	574.04	952.69	915.14	8473.45	26272.23	18.52%
2011年	48044.83	6096.52	1294.79	695.17	1162.35	960.90	10209.73	36481.96	21.25%
2012年	50447.07	7297.64	1510.59	818.67	1379.14	1008.94	12014.98	48496.94	23.82%
2013年	52969.42	8558.82	1726.39	944.64	1603.42	1059.39	13892.66	62389.60	26.23%
2014年	55617.89	9883.05	1942.19	1073.21	1835.57	1112.36	15846.38	78235.98	28.49%
2015年	58398.79	11273.50	2157.99	1204.52	2075.96	1167.98	17879.95	96115.92	30.62%
2016年	61318.73	12733.47	2373.79	1264.74	2325.03	1226.37	19923.40	116039.33	32.49%
2017年	64384.66	14266.44	2589.58	1327.98	2583.20	1287.69	22054.89	138094.22	34.25%
2018年	67603.90	15876.05	2805.38	1394.38	2850.92	1352.08	24278.81	162373.03	35.91%
2019年	70984.09	17566.15	3021.18	1464.10	3128.67	1419.68	26599.79	188972.82	37.47%
2020年	74533.30	19340.75	3236.98	1537.31	3416.96	1490.67	29022.67	217995.49	38.94%

第七章 建筑节能减排潜力分析

- 2005 年综合二氧化碳排放系数[①]＝2.655
- 2005 年电力二氧化碳排放系数[②]＝2.026

根据二氧化碳排放和碳排放的对应关系，其系数关系近似有：

$$碳排放系数 = 二氧化碳排放系数 \times 12/44$$

由此可得到各部分建筑节能的二氧化碳排放系数和碳排放系数如表 7—20 所示。根据这些系数可计算建筑减排潜力如表 7—21 和表 7—22 所示。

表 7—20　各部分建筑节能的二氧化碳排放系数及碳排放系数

	新建城镇建筑节能潜力	已完成改造采暖建筑节能潜力	节能照明设备节能潜力	节能用电设备的节能潜力	节能意识提高的节能潜力
节能能源类型	综合能源	煤炭	电力	电力	综合能源
CO_2 排放系数	2.655	2.439	2.026	2.026	2.655
碳排放系数	0.724	0.665	0.553	0.553	0.724

---

① 综合二氧化碳排放系数＝$(2.439x+2.146y+1.629z)/(x+y+z)$，其中，$x$、$y$、$z$ 分别为当年煤炭、石油、天然气占一次能源消费总量的比重。
② 电力二氧化碳排放系数＝煤炭二氧化碳排放系数×火电占电力生产总量比重。

表7-21　2006～2020年我国综合建筑二氧化碳减排潜力计算

(单位:万吨)

年份	以2005年为基准预测总CO₂排放	新建城镇建筑CO₂减排潜力	已完成改造采暖建筑CO₂减排潜力	减排照明设备CO₂减排潜力	减排用电设备的CO₂减排潜力	减排意识提高的CO₂减排潜力	年总CO₂减排潜力	累积CO₂减排潜力	减排百分比
2006年	99945.83	2379.66	526.33	224.72	362.23	1998.92	5491.87	5491.87	5.49%
2007年	104943.12	4878.31	1052.67	453.20	735.78	2098.86	9218.81	14710.67	8.78%
2008年	110190.27	7501.89	1579.00	685.60	1121.21	2203.81	13091.50	27802.18	11.88%
2009年	115699.79	10256.64	2105.33	922.13	1519.12	2314.00	17117.23	44919.40	14.79%
2010年	121484.78	13149.14	2631.67	1163.00	1930.14	2429.70	21303.64	66223.04	17.54%
2011年	127559.02	16186.26	3158.00	1408.42	2354.92	2551.18	25658.78	91881.82	20.12%
2012年	133936.97	19375.23	3684.33	1658.62	2794.14	2678.74	30191.07	122072.89	22.54%
2013年	140633.82	22723.66	4210.66	1913.84	3248.54	2812.68	34909.38	156982.26	24.82%
2014年	147665.51	26239.50	4737.00	2174.33	3718.86	2953.31	39823.00	196805.26	26.97%
2015年	155048.78	29931.14	5263.33	2440.35	4205.90	3100.98	44941.70	241746.96	28.99%
2016年	162801.22	33807.36	5789.66	2562.37	4710.51	3256.02	50125.93	291872.89	30.79%
2017年	170941.28	37877.39	6316.00	2690.49	5233.55	3418.83	55536.26	347409.15	32.49%
2018年	179488.35	42150.92	6842.33	2825.02	5775.96	3589.77	61183.99	408593.15	34.09%
2019年	188462.76	46638.13	7368.66	2966.27	6338.69	3769.26	67081.01	475674.16	35.59%
2020年	197885.90	51349.70	7895.00	3114.58	6922.77	3957.72	73239.76	548913.92	37.01%

第七章 建筑节能减排潜力分析

表7-22 2006~2020年我国综合建筑碳减排潜力计算

(单位:万吨)

年份	以2005年为基准预测总碳排放	新建城镇建筑碳减排潜力	已完成改造采暖建筑碳减排潜力	减排照明设备碳减排潜力	减排用电设备的碳减排潜力	减排意识提高的碳减排潜力	年总碳减排潜力	累积碳减排潜力	减排百分比
2006年	27257.95	649.00	143.55	61.29	98.79	545.16	1497.78	1497.78	5.49%
2007年	28620.85	1330.45	287.09	123.60	200.67	572.42	2514.22	4012.00	8.78%
2008年	30051.89	2045.97	430.64	186.98	305.78	601.04	3570.41	7582.41	11.88%
2009年	31554.49	2797.27	574.18	251.49	414.31	631.09	4668.33	12250.75	14.79%
2010年	33132.21	3586.13	717.73	317.18	526.40	662.64	5810.08	18060.83	17.54%
2011年	34788.82	4414.43	861.27	384.11	642.25	695.78	6997.85	25058.68	20.12%
2012年	36528.26	5284.15	1004.82	452.35	762.04	730.57	8233.93	33292.61	22.54%
2013年	38354.68	6197.36	1148.36	521.96	885.96	767.09	9520.74	42813.34	24.82%
2014年	40272.41	7156.23	1291.91	593.00	1014.23	805.45	10860.82	53674.16	26.97%
2015年	42286.03	8163.04	1435.45	665.55	1147.06	845.72	12256.83	65930.99	28.99%
2016年	44400.33	9220.19	1579.00	698.83	1284.68	888.01	13670.71	79601.70	30.79%
2017年	46620.35	10330.20	1722.54	733.77	1427.33	932.41	15146.25	94747.95	32.49%
2018年	48951.37	11495.71	1866.09	770.46	1575.26	979.03	16686.54	111434.49	34.09%
2019年	51398.94	12719.49	2009.64	808.98	1728.73	1027.98	18294.82	129729.32	35.59%
2020年	53968.88	14004.46	2153.18	849.43	1888.03	1079.38	19974.48	149703.80	37.01%

参 考 文 献

[1] 郭瑞:"公共建筑能耗评价指标体系研究",湖南大学,2007年。
[2] 符佩佩:"长江流域农村建筑能耗调查及节能对策研究",重庆大学,2008年。
[3] 杨秀、魏庆芃、江亿:"建筑能耗统计方法探讨",《中国能源》,2006年第10期。
[4] 陆宁、林冠宏等:"2003~2007年中国城镇建筑能耗的分类分析",《建筑经济》,2009年第12期。
[5] 俞允凯:"中国城镇建筑能耗现状、趋势与节能对策建议",长安大学,2009年。
[6] 郁文红:"建筑节能的理论分析与应用研究",天津大学,2004年。
[7] 中国科学院可持续发展战略研究组:《2009中国可持续发展战略报告——探索中国特色的低碳道路》,科学出版社,2009年。
[8] 张丽、王永慧:"多项举措共同推进建筑节能步伐",《建筑经济》,2007年第10期。
[9] 黎林峰、赖明:"完善财政税收政策,以市场机制促建筑节能发展",《中国建设信息》,2008年第7期。
[10] 倪德良:"上海市建筑能耗之统计分析",《上海节能》,2007年第5期。。
[11] 张蓓红、陆善后、倪德良:"建筑能耗统计模式与方法研究",《建筑科学》2008年第8期。

第八章 生态系统的碳汇效应分析

土地利用变化,尤其是来自热带国家的森林无节制的大面积采伐,是导致全球气候变化的重要因素之一。另一方面,生态系统,不管是自然的还是人工的,通过光合作用吸收并固定二氧化碳,在减缓和稳定大气温室气体浓度方面发挥极其重要的作用。所以,应对和适应气候变化,实现可持续发展及人与自然的和谐,倡导低碳经济,需要充分发挥生态系统的碳汇功能。实际上,走低碳经济发展道路,就是通过提高科学技术和制度创新水平、调整和优化能源与产业结构、节能减排、开发低碳替代能源或可再生能源、增加碳汇等措施减缓全球气候变化,实现生态环境保护、经济发展和社会进步的协调与可持续发展。显然,在低碳经济发展路线图中,与其他技术措施相比,发挥生态系统,特别是陆地森林生态系统的碳汇功能有其独特优势,增加生态系统碳汇成为应对气候变化的主要手段之一。

第一节 过去30年土地利用变化对生态系统碳汇的影响

一、过去30年土地利用变化

自1978年改革开放以来,我国国民经济以前所未有的接近10%的增长速度快速增长。与改革开放和人口不断增长相伴随的工业化、城镇化和国际化,也引起了土地利用与覆盖的深刻而巨大的变化。

从1950年到1978年的28年里,我国城市化率由11%增加到了17.92%。改革开放后的30年里,城市化加速发展,到2007年城市化率达到44.94%。随着城市化的进程,建设用地不断增加。1949年,全国城乡居民点用地为473万公顷,2004年上升到2355万公顷;1949年,全国交通用地用地为200万公顷,2000年上升到576.15万公顷;1949年全国建设用地(城乡居民点及工矿用地、交通用地)为673万公顷,2004年上升到3155万公顷;1949年全国未利用土地面积为3.149亿公顷,2004年减少为2.426亿公顷[1]。

1949年,我国森林面积只有0.828亿公顷,森林覆盖率仅为8.63%[1]。据第二次全国森林资源清查(1977~1981年)结果,改革开放初期,全国森林面积1.15亿公顷,森林覆盖率为12.0%。过去30多年里,由于实施了一系列重大生态建设工程,特别是"三北"(华北、东北、西北)防护林工程的实施,全国森林覆盖率逐年增加,到2008年底已达到20.36%,森林面积达到1.95亿公顷,其中,人工林保存面积0.62亿公顷,居世界首位。

根据1980年的全国草地资源调查,我国约有草地4亿公顷,主要包括北方温带草原、青藏高寒草地和南方热带-亚热带草地。过去几十年里,我国草地面积变化不大,但草地退化、沙化和盐渍化问题较为严重,全国有近1/3的草地(约1.35亿公顷)存在不同程度的退化、沙化和盐碱化[2]。但进入21世纪后,由于实施了退牧还草等草原保护建设重点工程,以及完善草原承包到户责任制,我国草地植被逐渐得到恢复。

1950年,我国的耕地面积约1.08亿公顷,此后呈现波动增加的趋势,到1980年增加到1.3亿公顷。此后耕地面积有所减少,到2008年底,耕地面积为1.22亿公顷(约18.26亿亩)。

据国家林业局的统计资料,我国湿地总面积3848万公顷,位列亚洲第一位,世界第四位,其中94%为天然湿地(3620万公顷)、6%为库塘湿地(228万公顷)。由于不合理的人类活动(如盲目围垦、环境污染等)以及气候变暖的影响,过去数十年里,我国的湿地出现面积萎缩和退化趋势,全国有近1/3的天然湿地面临退化乃至消失的危险。研究结果表明,近40年来,"三江源"地区气候呈增暖和干旱化,导致冰川、雪山逐年萎缩,直接影响湖泊和湿地的水源补给,出现了湖泊水位下降、面积萎缩、河流断流以及沼泽湿地退化等生态环境问题。自20世纪60年代以来,大规模的农业开发活动导致三江平原湿地大面积丧失,湿地退化问题严重[3]。

从应对全球变化的角度而言,土地利用与覆盖变化既有正面的影响,也有负面的影响。土地利用与覆盖变化不仅通过改变下垫面反射率等地球物理参数而改变地表过程与大气间的相互作用关系,而且这种干扰过程也深刻影响生态系统的生物地球化学循环和服务功能,如碳氮水的储量与通量的时空格局与变异[4]。土地利用与覆盖的变化引起的生态环境问题主要包括大气、水体(蓝藻水花、赤潮)和土壤污染、土地退化及其承载力下降和生物多样性丧失等。

二、土地利用变化对生态系统碳汇的影响

在全球大气温室气体含量增加的贡献者中,土地利用变化的作用仅次于化石燃料燃烧的排放。自1850年以来,全球土地利用变化及其引起的碳排放占全部温室气体二氧化碳排放的近1/3。最近20年,这一比例大约下降到了25%。据Houghton[5]的研究,1980~2000年间,我国农田释放了5.5亿吨碳,土地退化释放了3.1亿吨碳,而植树造林固碳量为13.5亿吨碳。据国土资源部的资料,1950~2005年的55年间,全国土地利用变化的累计碳排放为106亿吨碳,约占全部人为碳排放量的30%,占同期全球土地利用变化碳排放量的12%。但是,进入20世纪80年代以来,由于我国开始大规模实施植树造林、退耕还林、退牧还草等重大生态建设工程,使我国陆地生态系统的固碳和碳蓄积明显增加,同期生态系统固碳量可以抵消人为碳排放的1/4~1/3[6]。

开垦和过度放牧是导致草地生态系统固碳能力下降的主要原因。至1998年,全球已

有6.6亿公顷的草地被开垦成农田,造成的碳储量损失高达190亿吨[7];1850～1980年全球由于开垦导致的草原生态系统碳的净损失量约为100亿吨[8]。我国草地研究的结果显示:从1949年至1999年间开垦的草地约为0.193亿公顷,占我国现有草地面积的4.8%[56],草地开垦在农田土壤碳损失中所占比例可达30%～50%[9]。

从1661年到20世纪末的300多年来,我国的耕地面积增加了3000多万公顷,即由6078万公顷增加到9609万公顷;从1700年到1949年,我国森林面积从2.48亿公顷减少到了1.09亿公顷。受土地利用与覆盖变化,即大面积垦殖使林地减少的影响碳排放量增加,其中,大约37亿吨的碳排放是由于地上生物量的损失,约8～58.4亿吨的碳排放来自土壤有机物分解。因此,土地利用与覆盖变化引发的植被和土壤碳排放总计在45～95.4亿吨。这比国外学者估算的碳排放量(171～334亿吨)要小得多[10~11]。

20世纪中期以来,由于气候变化导致的升温和干旱,以及人类活动,我国湿地生态系统受到破坏。华北、东北和青藏高原湿地面积不断减小,盐化、旱化和沙化,威胁着湿地生存。长江湖泊湿地、东北沼泽湿地面积减少严重[12]。东北三江平原沼泽湿地由于沼泽开垦造成的碳损失为2690万吨[13],洞庭湖围湖造田造成的碳损失为82万吨[14]。另有研究表明,三江平原沼泽湿地垦殖为农田,由甲烷源变为汇,但其增加二氧化碳排放造成的碳损失量远远大于甲烷减少量。湿地转化成旱地的碳损失要远大于转化成农田。最近Huang等人[15]在我国东北三江平原湿地的研究指出,1950～2000年间,有291万公顷的湿地被开垦为农田,导致约2.4亿吨土壤有机碳的损失,约140万吨甲烷和13.8万吨氧化亚氮的损失,期间甲烷的排放大幅减少(约减少排放2800万吨);如果按温室气体20年(100年)时段的全球变暖潜力值(GWP)计算,1990年代的GWP比1950年代下降了约1/3(1/5),即由每年1.8(0.73)亿吨二氧化碳当量下降到1.2(0.58)亿吨二氧化碳当量。所以他们的结论认为,我国东北湿地开垦为农田可降低温室效应[15]。

第二节 生态系统碳汇功能的现状

自从工业革命以来,人类因为燃烧化石燃料[碳基能源(煤炭、石油、天然气)]、土地利用与覆盖变化和水泥制造等活动向大气中排放了大量以二氧化碳为主的温室气体,使空气中的二氧化碳浓度从工业革命前的280ppm(1750年)增加到现在的385.2ppm(2008年,2009年已达到创记录的387ppm),上升了38%;过去20多年每年平均升高幅度超过了1.5ppm。2000～2008年,人类活动每年排放的全部二氧化碳中(91亿吨碳),平均有近33%(30亿吨碳)被陆地生态系统吸收,有25%(23亿吨碳)被海洋吸收,剩余的约42%(38亿吨碳)在大气中累积[16]。但是,由于受到气候变化本身的深刻影响,估算陆地生态系统的碳汇,即碳吸收(主要是光合作用)与碳释放(主要是呼吸作用)的平衡存在明显的时空变异与不确定性。所以,在应对气候变化的时候,不仅要考虑减排的重要性,同时也必须明确区域乃至全球的碳循环与碳收支问题,尤其是陆地生态系统的碳汇功能的现状与潜力。

根据《中华人民共和国气候变化初始国家信息通报》,1994年中国温室气体排放总量为40.6亿吨二氧化碳当量(扣除碳汇后的净排放量为36.5亿吨二氧化碳当量),其中二氧化碳排放量为30.7亿吨,甲烷为7.3亿吨二氧化碳当量,氧化亚氮为2.6亿吨二氧化碳当量。2004年中国温室气体排放总量约为61亿吨二氧化碳当量(扣除碳汇后的净排放量约为56亿吨二氧化碳当量),其中二氧化碳排放量约为50.7亿吨,甲烷约为7.2亿吨二氧化碳当量,氧化亚氮约为3.3亿吨二氧化碳当量。从1994年到2004年,中国温室气体排放总量的年均增长率约为4%,二氧化碳排放量在温室气体排放总量中所占的比重由1994年的76%上升到2004年的83%(《中国应对气候变化国家方案》)。我国是当今世界最大的工业二氧化碳排放源之一。我国陆地生态系统能在多大程度上抵消我国工业排放的二氧化碳已成为社会各界普遍关注的重大问题,因此,有必要全面认识我国陆地生态系统的碳源汇现状及其区域分布格局。

一、森林生态系统碳汇现状

作为陆地生态系统中最大的碳汇,森林在固定大气中二氧化碳和平衡区域乃至全球碳收支中发挥着重要作用。联合国粮食与农业组织(FAO)对全球森林资源的统计结果表明,2005年全球森林面积为39.52亿公顷,碳储量为2404.41亿吨[17]。第七次全国森林资源清查结果显示,截至2008年,我国森林面积19545.22万公顷,森林覆盖率达到20.36%,森林蓄积量137.21亿立方米,森林面积占全球森林面积的4.95%,其中,人工林保存面积6168.84万公顷,占全球人工林保存面积的28.73%,人工林蓄积量19.61亿立方米,人工林面积居世界首位。在2004~2008年的5年间,我国森林面积净增2054.3万公顷,森林蓄积量净增11.23亿立方米,年均净增2.25亿立方米。森林的各种生态服务功能,包括涵养水源、固碳释氧、保育土壤、净化大气环境、积累营养物质及保护生物多样性等的年价值可达10.01万亿元。

自20世纪90年代以来,国内学者利用森林清查资料、材积源生物量法以及模型模拟估算了我国森林生态系统的植被和土壤的碳储量和碳密度,不同的学者给出了不同的结果。森林植被的碳储量大致变化范围为37~87亿吨,森林土壤的碳储量大致变化范围为210~232亿吨。据中国林科院依据第七次森林资源清查结果和森林生态定位监测结果评估,我国森林植被总碳储量达到78.11亿吨,森林植被碳储量占全球的3.25%。我国森林的有机碳储量和土壤碳密度高于草地、农田等生态系统。

多数研究表明,我国森林植被表现出明显的碳汇效应。研究指出,我国森林(郁闭度为20%)面积由1980年初的1.165亿公顷增加到2000年初的1.428亿公顷,森林总碳库由43亿吨碳增加到59亿吨碳,平均碳密度由3.69千克碳/平方米增加到4.10千克碳/

平方米,年均碳汇为 0.75 亿吨碳[6]。利用生物量与土壤清查资料,结合遥感和大气二氧化碳浓度反演模型模拟的研究表明,上世纪 80 年代和 90 年代(1980~2000 年),我国陆地生态系统每年从大气中固定 1.9~2.6 亿吨碳,约占同期我国工业温室气体排放二氧化碳当量的 28%~37%,这一比例与美国森林固碳所抵消的二氧化碳排放的比例(20%~40%)相当,而比欧洲森林的这一比例(7%~12%)大得多[18]。他们的研究还指出,我国陆地生态系统的碳汇主要与我国人工林的增加、区域气候变化、二氧化碳浓度增加的施肥效应、自然植被活动增强以及植被恢复特别是灌丛的恢复有关。这一研究结果不仅揭示了我国陆地生态系统在吸收或抵消温室气体排放中的巨大的碳汇功能,进而成为我国制定温室气体减排政策的科学依据和参与联合国气候变化谈判的重要依据,而且也在很大程度上说明了我国当前和未来几十年通过各种增汇措施在利用陆地生态系统的固碳潜力和减缓与应对气候变化的巨大潜力。

二、草地生态系统碳汇现状

草地是我国最主要的植被类型之一,我国草地面积约 4 亿公顷,约占国土总面积的 41%,是我国面积最大的陆地生态系统类型。草地生态系统明显区别于其他生态系统的特征之一,就是草地生态系统的碳储量绝大部分集中在地下根系和土壤中,地上碳库不明显。根据 Houguton and Hackler[8] 的估算,草地生态系统中的碳大约有 92% 储存在土壤中,生物量中不到 10%。目前,我国草地生态系统总的碳储量约为 440.9 亿吨,其中约有 51% 分布在高寒草甸、高寒草原和温性草原。全球草地生态系统碳储量约为 5690.6 亿吨,其中约有 53% 分布在温带草原与灌木地[19~20]。我国草地生态系统碳储量约占全球草地生态系统碳储量的 7.74%,碳密度高于世界平均水平,在世界草地生态系统碳储量中占有重要地位[29],分布在中纬度地区的温带草原、高寒草甸和草原的碳储量约占全球中纬度地区温带草原碳储量的 7.4%[2]。据方精云等[6] 的研究,我国草地(按文章中草地面积 3.31 亿公顷计算)总碳库 11.5 亿吨碳,总碳密度 0.346 千克碳/平方米,年均碳汇 0.07 亿吨。中国灌草丛的面积为 1.78 亿公顷,年均碳汇 0.14~0.24 亿吨,是草地碳汇的 2 倍以上。

我国典型草地生态系统生产力受水分限制,碳汇强度有较大的空间变异性,主要表现为从东北到西南的空间变异。藏北高原地区的高寒草地和灌丛草甸均为碳汇,年均碳吸收强度分别为 0.79~1.93 吨碳/公顷和 0.07 吨碳/公顷,青藏高原腹地高寒草甸的碳收支则接近平衡,并且在干旱年份也有微弱的碳排放。内蒙古半干旱草原的多年碳排放和碳吸收接近平衡,但在干旱年份表现为一定的碳排放。

三、农田生态系统碳汇现状

中国耕地总面积 1.22 亿公顷,农田土壤的固碳作用受到了广泛关注。最近 20 年来,全国自然植被系统生物固碳量仅达每年2000万吨碳,而耕地固碳就达1000万吨碳。另外,农业土壤又是大气甲烷和二氧化亚氮[甲烷和二氧化亚氮的全球变暖潜能(GWP)分别约为二氧化碳的21倍和310倍][2]的重要来源,分别占全球人为排放总量的12%~26%和46%~52%,我国农田甲烷和二氧化亚氮年排放量分别为767万吨和39.8万吨,相当于1.95亿吨碳。如果能采取措施将我国农田年甲烷和二氧化亚氮排放量减少20%,相当于农田土壤从大气中固定3900万吨碳。增加我国农田土壤碳库,减少甲烷和二氧化亚氮排放是我国农业领域面临的重大需求,对国家环境外交决策的制定具有重要意义[22~23]。

对我国1993~2002年农田表土有机碳储量变化趋势的分析结果表明,有机碳储量总体增加了3.11~4.01亿吨,年均增加1560~2010万吨,相当于1994年二氧化碳净排放量(7.27亿吨碳)的2.1%~2.8%。其中,华东和华北地区增加明显,但东北地区呈下降趋势。有机碳含量增加明显的土壤类型为水稻土和潮土,黑土下降显著。有机碳含量增加主要归因于秸秆还田与有机肥施用、化肥投入增加与合理的养分配比以及少(免)耕技术的推广;黑土区有机碳含量下降的主要原因是水土流失和投入不足[22]。

Khalil等[24]首次对我国稻田甲烷排放量进行了估算,结果为每年3000万吨,但这一估算所依据的田间甲烷排放通量数据很少,远远高于随后观测到的大部分稻田的实际排放通量数据,夸大了我国稻田的甲烷排放量。王明星等[25]通过气象和耕作数据计算出1990年中国稻田甲烷的排放量为967~1266万吨;黄耀[22]应用1994年和1995年的数据模拟出我国稻田甲烷的年排放量为589~1117万吨。由于稻田排放的空间和时间变异性非常大,所以导致不同计算方法计算出的甲烷排放量的不确定性也很大。Cai[26]按照水分类型和施肥情况对我国稻田进行分类,计算出我国稻田甲烷每年排放量为805万吨。最新估计中国稻田甲烷的年排放量大致在500~1300万吨[27]。据模型预测,我国农田的二氧化亚氮年排放量为18~44万吨氮[28]。也有根据我国各地农田土壤二氧化亚氮排放通量的测定结果及相应模型分析的研究认为,我国农田二氧化亚氮年排放量为39.8万吨氮,约占全球农田土壤排放总量的10%,其中旱田31万吨氮,水田8.8万吨氮[29]。

四、湿地、近海生态系统碳汇现状

全球湿地面积有5.3~5.7亿公顷,虽只占全球陆地面积4%~6%[30],但碳储量却达到3500~5350亿吨,占全球土壤有机碳储量的20%~25%[31]。湿地生态系统具有持续的固碳能力,是重要的碳库,也是甲烷和二氧化亚氮等重要温室气体的排放源[30~33]。天然和人工湿地甲烷排放量占全球排放量的40%。湿地吸收二氧化碳速率和排放甲烷速率受到气候变化和人类活动影响,研究表明,全球变暖导致湿地吸收二氧化碳能力变弱,二氧化碳释放量增加,甲烷排放量减少;湿地排干、开垦导致碳储量减少,土壤中有机碳分解速率加快,引起二氧化碳排放量增加[33]。

不同类型湿地固碳的速率和能力存在较大差异,固碳速率最高的是红树林湿地,可达4443千克/公顷·年;其次是沿海滩涂盐沼,约为2356千克/公顷·年,内陆盐沼可达671千克/公顷·年;固碳速率最低的是腐泥沼泽(325千克/公顷·年)和泥炭、苔藓泥炭沼泽(248千克/公顷·年)[34]。我国各种类型沼泽湿地每年总固碳能力为491万吨[34];湖泊湿地的面积约910万公顷,固碳能力为198万吨[12]。

近几十年来,中国海洋生态系统碳循环研究得到了长足发展,已初步探明了中国近海的碳源、汇格局。我国海域处于北太平洋,每年吸收约0.3亿吨碳[35]。我国渤海、黄海和东海年固碳量分别为284万吨、896万吨和188万吨[36]。也有研究表明,我国黄海年固碳量在600~1200万吨[37]、东海430万吨[38]、南海1665万吨[39]。近海生态系统海水中储碳量较少,其固碳潜力主要取决于浮游植物和近海大型经济藻类的固碳能力。

第三节 增加生态系统碳汇的可能途径与未来增汇潜力

应对全球气候变化需要我们在认识气候变化和生态系统相互作用关系的同时,采取积极有效的措施,可持续地管理生态系统,使之发挥更大的作用。中国作为发展中国家,虽然按照《京都议定书》中的有关规定不承担减排义务,但作为全球最大的温室气体排放国之一,面临的国际减排压力不断增大。如何应对气候变化不仅成为政府各部门决策过程中必须高度重视的问题,也是社会经济可持续发展所面临的重大挑战。为了实现经济社会的可持续的稳定发展,国家正在为节能减排,缓解全球气候变暖进行着不懈努力。通过实施重大生态建设工程以及保护和改善生态环境,增加我国陆地生态系统的固碳能力,是我国政府应对全球气候变化的重要举措之一。因此,探讨增加我国生态系统碳汇潜力的有效途径和政策措施,评价土地利用变化,如造林、退耕还林、退牧还草等重大生态工程对生态系统碳汇的影响,是当前和今后提高我国应对气候变化的综合能力、走低碳经济发展路线所要解决的迫切问题。

在应对气候变化方面,中国政府强调长期坚持和遵循《联合国气候变化框架公约》、《京都议定书》以及《巴厘路线图》所确立的原则、责任、义务与目标;认为发达国家应当切实履行这些原则,承担其在工业化进程中累积排放温室气体的历史责任,同时向发展中国家转移资源和技术来协助发展中国家进行应对气候变化工作。我国政府于2006年12月26日发布了《气候变化国家评估报告》,2007年6月4日发布了《中国应对气候变化国家方案》,2008年10月29日又发表了《中国应对气候变化的政策与行动》白皮书,提出了一系列应对气候变化的相关政策、措施和行动计划[40~42]。中国政府提出到2020年,GDP的单位二氧化碳排放量比2005年下降40%~45%,非化石能源占一次能源比重达到15%,并将其作为约束性指标纳入了国民经济和社会发展中长期规划。2009年9月胡锦涛主席在联合国气候变化峰会上,提出了中国今后应对气候变化的具体措施:一是加强节能、提高能效,争取到2020年单位GDP的二氧化碳排放比2005年有显著下降;二是大力发展可再生能源和核能,争取到2020年非化石能源占一次能源消费的比重达到15%左右;三是大力增加森林碳汇,争取到2020年森林面积比2005年增加4000万公顷,森林蓄积量比2005年增加13亿立方米;四是大力发展绿色经济,积极发展低碳经济和循环经济,研发和推广气候友好技术。在2009年11月25日由温家宝主持召开的国务院常务会议上,确定到2020年单位GDP的二氧化碳排放强度比2005年下降40%～45%的目标;会议还重申了上述胡锦涛主席在联大上的讲话精神。

一、森林生态系统增汇技术途径与未来增汇潜力

作为主要的陆地生态系统,森林在应对气候变化中发挥着极其重要的作用。在国家《应对气候变化国家方案》中[40～42],保护和发展森林资源被列为我国应对气候变化的重要手段之一。为了更好地发挥森林的碳汇功能在应对气候变化和发展低碳经济中的作用,应大力倡导保护现有森林植被及其生物多样性与碳库资源;植树造林,恢复被破坏的森林植被;加强现有森林的可持续管理,通过适度间伐、择伐并控制轮伐期、施肥、套植等集约化营林措施提高林分质量,增加碳汇能力;严禁乱砍滥伐或非法征占林地行为,预防森林火灾和病虫害,避免其碳汇功能或水平的下降。此外,提高木材或林产品的循环利用效率,以及使用林产品代替高能耗、高碳密度物品,也可以间接起到增加碳汇的功效。在有条件的地方,适度开发与森林有关的生物质能,发挥其在适应与减缓全球气候变化中的作用。

根据《全国生态环境建设规划》和《林业"十五"计划和到2010年长期规划》,中国生态环境建设目标为:2000～2010年全国现有天然林资源得到有效保护和恢复,退耕还林500万公顷,新增森林面积2300万公顷,2010年森林的覆盖率为19.9%。2011～2030年新增森林面积4600万公顷,森林覆盖率达24.2%。2030～2050年新增森林面积1728万公顷,森林覆盖率达到并稳定在26%左右。综合考虑造林、毁林以及森林管理的固碳作用,未来中国林业活动总的表现为碳汇,并呈持续增长趋势,以1990年为基准,2010年、2030年和2050年的林业活动碳汇量分别为0.61亿吨、1.57亿吨和2.23亿吨。未来20年林业活动碳汇潜力与当年温室气体排放量之比将呈上升趋势,2020年以后该比例将维持在7%～8%。2009年11月6日,国家林业局发布了《应对气候变化林业行动计划》。根据该计划,我国目前的宜林荒山荒地约0.57亿公顷,宜林沙荒地约0.54亿公顷,另外还有相当数量的陡坡耕地(坡度大于25度)和未利用地,通过植树造林来增加森林碳汇仍有很大潜力。根据《应对气候变化林业行动计划》,我国将采取22项林业减缓(15项)和适应(7项)气候变化行动。根据该计划,全国年均造林、育林面积在500万公顷以上,到2020年森林覆盖率增加到23%,森林蓄积量达到140亿立方米,使我国的森林碳汇功能进一步提高。

人工林在我国森林碳汇中发挥了重要作用。Fang 等[43]指出中国森林碳汇显著增加主要是人工林生长的结果,人工林对我国森林总碳汇的贡献率超过 80%。刘国华[44]和方精云等[6]的研究也认为,如果对现有森林加以更好的抚育和管理,我国森林还有很大的碳汇潜力。陈泮勤等[45]模拟和评价了不同排放情景下未来植树造林对陆地生态系统碳收支的情形。研究表明,从 2000 年到 2050 年,六大林业重点工程(天然林资源保护工程、退耕还林工程、京津风沙源治理工程、"三北"及长江中下游地区等重点防护林工程、野生动植物保护及自然保护区建设工程、重点地区速生丰产林基地建设工程)的实施,将使我国陆地生态系统在 2000 年的基础上增加固碳量 16~52 亿吨,年均固碳能力达到 1.49~2.75 亿吨。随着中国森林资源的增长,年吸收二氧化碳的能力将逐年增加。季劲均等利用大气-植被相互作用模型(AVIM2)研究了中国陆地生态系统碳储量的变化与大气的碳交换对 IPCC SRES B2 气候变化情景和大气二氧化碳浓度变化情景的响应。研究表明,在 21 世纪初期和中期,森林生态系统净初级生产力(NPP)和净生态系统生产力(NEP)均增加,到 21 世纪中期增加最多,NPP 由 0.485 吨碳/公顷·年增加到 1.262 吨碳/公顷·年,NEP 由 0.233 吨碳/公顷·年增加到 0.411 吨碳/公顷·年;但到 21 世纪末期,NPP 减少到 1.041 吨碳/公顷·年,相应地,NEP 降低为 -0.22 吨碳/公顷·年,在总体上表现为碳源。

二、草地生态系统增汇技术途径与未来增汇潜力

我国草地生态系统是最大的陆地生态系统,由于过去数十年不合理的利用,尤其是过牧超载,草地退化问题比较突出。近年来,国家采取退耕、退牧还草等草地植被恢复措施恢复退化草地生态系统的结构与功能。显然,恢复草地植被,在改善生态环境的同时也将增加草地的固碳水平。此外,加强草地管理,减轻放牧强度,优化放牧方式,防治草原病虫鼠害,建立优质高产人工草地,也是提高草地固碳潜力的有效途径。有研究指出,采取减轻放牧强度、草地围封、人工种草等措施,可以使我国草地的固碳潜力分别增加 0.66 亿吨、0.12~0.18 亿吨和 0.14 亿吨[46]。

三、农田生态系统增汇技术途径与未来增汇潜力

在保证粮食产量和土壤肥力的前提下,寻求切实可行的方法,减少农田温室气体的排放。针对我国不同农田类型区(南方红壤区、水稻土区、华北潮土区、东北黑土区),进一步研究土壤固碳潜力与实施方法,重点研究有机肥施用、秸秆还田、免耕、作物品种更换、耕作制度变化、农田水分管理等措施提高减排增汇的效率和效益。在此基础上,因地制宜,采取最有效的农田管理措施与耕作制度,从而实现最大效益的固碳减排效果。通过在典型区开展示范工作,最终向区域推广。在推广应用过程中,国家应实行整体规划,设立技术规范,完善配套设施。

据研究,我国农田生态系统表层土壤(0~20厘米)有机碳储量每年以0.15~0.2亿吨碳的速率在增加[47],这一速率比Lal[48]的估计值(0.25~0.37亿吨/年)要低得多。1981~2000年,中国农作物的生物量按每年0.125~0.143亿吨碳的速率增加[6],这一增加趋势与氮肥施用增加、免耕、秸秆还田等有关。据经验模型的推算,我国不同农田管理措施(施用化肥、秸秆还田、施用有机肥和免耕)对农田固碳的贡献可达1.014亿吨碳(其中施用化肥、秸秆还田、施用有机肥和免耕分别为4051万吨、2389万吨、3583万吨和117万吨),占1994年能源活动碳总排放量(7.624亿吨)的13.3%;如果这些措施得到进一步推广和应用,对农田固碳的贡献可达1.821亿吨(其中施用化肥、秸秆还田、施用有机肥和免耕分别为9491万吨、4223万吨、4138万吨和358万吨),占1994年能源活动碳总排放量的23.9%[23]。值得关注的是,不同管理措施在不同区域对农田土壤的固碳能力存在显著差异,黄淮海区、长江上中游区和西南区增加量较大,东北区增加量较小,在施用化肥条件下东北黑土有机碳甚至有降低的趋势。

在兼顾水稻产量、保持土壤肥力、不增加其他温室气体排放的条件下,寻求切实可行的稻田甲烷排放减缓措施是一项十分艰巨的工作。研究表明,冬季淹水稻田的甲烷排放量高于排水良好的稻田[49]。我国现有各类冬季淹水稻田约273万公顷[50],约占稻田总面积的12%,主要分布在西南地区。而我国冬水田的甲烷排放量约占全国稻田甲烷排放总量的10%~25%[33],因此,利用西南地区充足的水热资源,改冬季淹水休闲为冬季排水种植旱地作物,不但可以提高作物总产,减少冬水田非水稻生长季的甲烷排放,而且可以减少水稻生长季的甲烷排放,年总量减少幅度在47.2%~67.8%[51]。此外,与持续淹水的稻田相比,烤田和间歇灌溉可降低甲烷排放量30%~72%[52~54]。

四、湿地、近海生态系统增汇技术途径与未来增汇潜力

湿地开垦、改变自然湿地用途和城市开发占用自然湿地是造成我国自然湿地面积削减、功能下降的主要原因。发展低碳经济,增加碳汇,需要对湿地进行保护和恢复工作。要加强湿地立法,完善湿地保护的政策和法律法规体系,降低人类活动对湖泊的干扰,抓紧抢救损失严重但固碳能力很高的沿海盐沼和红树林湿地。

为了提高我国湿地在减缓温室效应中的固碳作用,应当采取退田还湖、退田还泽、合理发展湖泊养殖、防止湖泊污染、保护和恢复退化湿地的水位与植被。研究表明,采取退田还湖、退田还泽措施后的固碳潜力分别为30260吨/年和220吨/年[34]。根据2003年公布的《全国湿地保护工程规划》,2030年将恢复140万公顷湿地,根据实施规划,湿地保护工程在2005~2010年间每年固定6570吨碳。到2008年底,我国湿地保护面积达到1790万公顷,占总湿地面积的49%,保护湿地可减少温室气体排放并提高其固碳能力[34]。

调查结果表明,渤海、黄海、东海的浮游植物固碳强度约为22万吨/年,南海固碳能力

为 42 万吨/年,我国近海浮游植物固碳能力为 64 万吨/年[36]。近年来,随着我国养殖业的发展,大型经济藻类养殖产量达 1200～1500 吨/年,固碳量在 360～450 吨/年,发展海藻养殖业将是增加海洋碳汇的重要措施。

第四节 小 结

综上所述,我国各类生态系统具有明显的碳汇功能和潜力。研究指出,1981～2000年,我国陆地生态系统植被和土壤年均碳汇分别为 0.96～1.06 亿吨碳(相当于同期我国工业二氧化碳排放量的 14.6%～16.1%)和 0.4～0.7 亿吨碳;我国陆地植被和土壤总碳汇相当于同期我国工业二氧化碳排放量的 20.8%～26.8%[6]。也有研究指出这一比例可达 28%～37%[18]。加强生态系统管理,采取有效增汇措施,可以提高我国各类生态系统在抵消大气中累积的由于人类活动产生的温室气体的贡献。如果按照 2004 年我国的温室气体排放量(61 亿吨二氧化碳或 16.636 亿吨碳,《中国应对气候变化国家方案》)计算,这一贡献可达 10% 以上(表 8—1)。国家林业局的数据显示,1980～2005 年,我国通过植树造林、森林经营、控制毁林等林业活动,累计减少碳排放 51.1 亿吨。其中,2004 年

表 8—1 我国生态系统在低碳经济发展路线图中的碳汇贡献分析[55]

生态系统	增汇措施	固碳现状(百万吨碳/年)	固碳潜力(百万吨碳/年)
森林	人工造林	28.88	43.35
	退耕还林	16.22	27
	减少采伐	1.99～6.57	29.4
	防火	2.02～2.86	1～3.28
	防治病虫害		4.97～11.61
	小计	49.11～54.53	100.75～114.64
草地	减低放牧强度		66.42
	围封	11.67～17.64	
	人工种草	14.14	
	小计	25.81～31.78	66.42
农田	施用化肥	40.51	94.91
	秸秆还田	23.89	42.23
	施用有机肥	35.83	41.38
	免耕	1.17	3.58
	小计	101.4	182.1
湿地	退湖还田	0.03	0.003
总计		176.35～187.74	349.27～363.16
占 2004 年化石燃料燃烧释放的 CO_2 的比例(%)		10.6～11.3	21.0～21.8

我国森林就净吸收约5亿吨二氧化碳当量,占同期全国温室气体排放量的8%以上。到2020年,我国将新增造林面积4000万公顷,森林蓄积量比2005年增加13亿立方米,将使森林的碳汇作用进一步增强。按森林蓄积量每增加1立方米能吸收0.50吨碳(1.83吨二氧化碳)计算,则13亿立方米的森林蓄积量相当于增汇6.5亿吨碳,年均0.43亿吨碳。

参 考 文 献

[1] 史培军等:"中国土地利用/覆盖变化的生态环境安全响应与调控",《地球科学进展》,2006年第2期。

[2] 钟华平等:"草地生态系统碳蓄积的研究进展",《草业科学》,2005年第1期。

[3] 宋长春等:"人类活动影响下淡水沼泽湿地温室气体排放变化",《地理科学》,2006年第1期。

[4] 于贵瑞等:《全球变化与陆地生态系统碳循环和碳蓄积》,气象出版社,2003年。

[5] Houghton, R. A. 2002. Temporal Patterns of Land-use Change and Carbon Storage in China and Tropical Asia. *Science in China* (*Series C*), Vol. 45, pp. 10-17.

[6] 方精云等:"1981~2000年中国陆地植被碳汇的估算",《中国科学D辑》,2007年第6期。

[7] Lal, R, Kimble, J. M., Follett, R. F. and Cole, C. V. 1998. *The Potential of U. S. Cropland to Sequester Carbon and Mitigate the Greenhouse Effect*, Chelsea, Mich.: Ann Arbor Press.

[8] Houghton, R. A. and Hackler, J. L. 1995. Continental Scale Estimates of Carbon Flux from Land Cover Change: 1850 to 1980, Rep., ORNL/CDIAC-79, NDP-050. Carbon Dioxide Information Analysis Center, Oak Ridge Natl. Lab., Oak Ridge, TN.

[9] Davidson, E. A. and Ackerman, I. L. 1993. Changes in Soil Carbon Inventories Following Cultivation of Previously Untilled Soils. *Biogeochemistry*, Vol. 20, pp. 161-193.

[10] 葛全胜等:"过去300年中国土地利用、土地覆被变化与碳循环研究",《中国科学(D辑)》,2008年第2期。

[11] Houghton, R. A. and Hackler, J. L. 2003. Sources and Sinks of Carbon from Land-use Change in China. *Global Biogeochemical Cycles*, Vol. 17, p. 1034, doi:10.1029/2002GB001970.

[12] 段晓南、王效科:"中国湿地生态系统的固碳技术措施和潜力",载陈泮勤、王效科、王礼茂等:《中国陆地生态系统碳收支与增汇对策》,科学出版社,2008年。

[13] 宋长春等:"沼泽湿地开垦后土壤水热条件变化与碳、氮动态",《环境科学》,2004年第3期。

[14] 彭佩钦等:"洞庭湖典型湿地土壤碳、氮和微生物碳、氮及其垂直分布",《水土保持学报》,2005年第1期。

[15] Huang, Y., Sun, W. J., Zhang, W, et al. 2010. Marshland Conversion to Cropland in Northeast China from 1950 to 2000 Reduced the Greenhouse Effect. *Global Change Biology*, Vol. 2, pp. 680-695.

[16] Global Carbon Project, 2009. http://www.globalcarbonproject.org/carbonbudget/index.htm.

第八章　生态系统的碳汇效应分析

[17] FAO. 2009. State of the World's Forest 2009. Food and Agriculture Organization of the United Nations, p. 168.
[18] Piao, S. L., Fang, J. Y., Ciais, P. et al. 2009. The Carbon Balance of Terrestrial Ecosystems in China. *Nature*, Vol. 458, pp. 1009-1013.
[19] 樊江文等:"草地生态系统碳储量及其影响因素",《中国草地》,2003年第6期。
[20] Ni, J. 2001. Carbon Storage in Terrestrial Ecosystems of China: Estimates at Different Spatial Resolutions and Their Responses to Climate Change. *Climatic Change*, Vol. 49, pp. 339-358.
[21] Bathia, A., Pathak, H. et al. 2005. Global Warming Potential of Manure Amended Soils under Rice-wheat System in the Indo-Gangetic Plains. *Atmospheric Environment*, Vol. 39, pp. 6976-6984.
[22] 黄耀:"中国的温室气体排放、减排措施与对策",《第四纪研究》,2006年第5期。
[23] 韩冰等:"中国农田生态系统的固碳技术措施和潜力",载陈泮勤、王效科、王礼茂等:《中国陆地生态系统碳收支与增汇对策》,科学出版社,2008年。
[24] Khalil, M. A. K, Rasmussen, R. A., Wang, M. X. et al. 1991. Methane Emissions from Rice Fields in China. *Environmental Science and Technology*, Vol. 25, pp. 979-981.
[25] 王明星著:《中国稻田甲烷排放》,科学出版社,2001年。
[26] Cai, Z. C. 1997. A Category for Estimate of CH_4 Emission from Rice Paddy Fields in China. *Nutrient Cycling in Agroecosystems*, Vol. 49, pp. 171-179.
[27] 李晶等:"农田生态系统温室气体排放研究进展",《大气科学》,2006年第4期。
[28] 王效科、李长生:"中国农业土壤N_2O排放量估算",《环境科学学报》,2006年第4期。
[29] 张玉铭等:"农田土壤N_2O生成与排放影响因素及N_2O总量估算的研究",《中国生态农业学报》,2004年第3期。
[30] Matthews, E., Fung, I. 1987. Methane Emission from Natural Wetlands: Global Distribution Area, and Environmental Characteristics of Sources. *Global Biogeochemical Cycles*, Vol. 1, pp. 61-86.
[31] Gorham, E. 1998. The Biochemistry of Northern Peatlands and Its Possible Responses to Global Warming, in *Biotic Feedbacks in the Global Climatic Systems*, edited by G. M. Woodwell and F. T. Mackenzie, Oxford University Press, New York, pp. 169-187.
[32] Mauquoy, D., Engelkes, T., Groot, M. H. M. et al. 2002. High-resolution Records of Late-Holocene Climate Change and Carbon Accumulation in Two North-west European Ombrotrophic Peat Bogs. *Palaeogeography, Palaeoclimatology, Palaeoecology*, Vol. 186, pp. 275-310.
[33] IPCC. 2001. Climate Change 2001: The Scientific Basis (Chapter 4: Atmosphere Chemistry and Greenhouse Gases). Cambridge: Cambridge University Press, UK.
[34] 段晓男等:"中国湿地生态系统固碳现状和潜力",《生态学报》,2008年第2期。
[35] 宋金明:《中国近海生物地球化学》,山东科技出版社,2004年。
[36] 宋金明等:"中国陆地生态系统固碳潜力",载于陈泮勤、王效科、王礼茂等:《中国陆地生态系统碳收支与增汇对策》,科学出版社,2008年。

[37] Kim, K. R. 1999. Air-sea Exchange of the CO_2 in the Yellow Sea. Proceedings of the 2nd Korea-China Symposium on the Yellow Sea Research, Soeul, pp. 25-32.

[38] 胡敦欣、杨作升：《东海海洋能量关键过程》，海洋出版社，2001年。

[39] 韩舞鹰等："南海的碳通量研究"，《海洋学报》，1997年第1期。

[40] 国家发改委：《中华人民共和国气候变化初始国家信息通报》，2005年。

[41] 国家发改委：《组织编制中国应对气候变化国家方案》，2007年。

[42] 国务院新闻办公室：《中国应对气候变化的政策与行动》白皮书，2008年。

[43] Fang, J. Y., Chen, A. P., Peng, C, H. et al. 2001. Changes in Forest Biomass Carbon Storage in China between 1949 and 1998. *Science*, Vol. 292, pp. 2320-2322.

[44] 刘国华等："中国森林碳动态及其对全球碳平衡的贡献"，《生态学报》，2000年第5期。

[45] 陈泮勤等：《中国陆地生态系统碳收支与增汇对策》，科学出版社，2008年。

[46] 郭然等："中国草原生态系统的固碳技术措施和潜力"，载于陈泮勤、王效科、王礼茂等：《中国陆地生态系统碳收支与增汇对策》，科学出版社，2008年。

[47] 黄耀、孙文娟："近20年来中国大陆农田表土有机碳含量的变化趋势"，《科学通报》，2006年第7期。

[48] Lal, R. 2004. Offsetting China's CO_2 Emissions by Soil Carbon Sequestration. *Climate Change*, Vol. 65, pp. 263-275.

[49] 蔡祖聪等："冬季水分管理方式对稻田甲烷排放量的影响"，《应用生态学报》，1998年第2期。

[50] 李庆逵：《中国水稻土》，科学出版社，1992年。

[51] Cai, Z. C., Tsuruta, H., Gao, M. et al. 2003. Options for Mitigating Methane Emission from a Permanently Flooded Rice Field. *Global Change Biology*, Vol. 9, pp. 37-45.

[52] Mishra, S., Rath, A. K., Adhya, T. K. et al. 1997. Effect of Continuous and Alternate Water Regimes on Methane Efflux from Rice under Greenhouse Conditions. *Biology and Fertility of Soils*, Vol. 24, pp. 399-405.

[53] Yang, S. S., Chang, H. L. 2001. Methane Emission from Paddy Fields in Taiwan. *Biology and Fertility of Soils*, Vol. 33, pp. 157-165.

[54] Yagi, K., Tsuruta, H., Kanda, K. et al. 1996. Effect of Water Management on Methane Emission from a Japanese Rice Paddy Field: Automated Methane Monitoring. *Global Biogeochemical Cycles*, Vol. 10, pp. 255-267.

[55] 王效科、逯非："中国陆地生态系统固碳潜力"，载于陈泮勤、王效科、王礼茂等：《中国陆地生态系统碳收支与增汇对策》，科学出版社，2008年。

[56] 樊江文、钟华平、员旭疆："50年来我国草地开垦状况及其生态影响"，《中国草地》，2002年第5期。